古人房市

怪現狀

小至 房間配置… 大至 都市設計

李開周 著

從西周到民國

古人房市也瘋狂

★貓頭鷹出版★

978-986-2625613

好評推薦

李開周先生在台灣出版的作品，從古人一個月賺多少錢開始，到宋代的飯局與新年；這次則引領我們穿梭時空，透過文字感受古人「住」的問題。一則則故事，讓我們認識到課本「標準答案」以外的歷史紀錄裡，古人也有著跟今日「都更」、「釘子戶」等一樣的「居住正義」問題！

——李彥龍／台北市立中山女高歷史教師

歷史之所以迷人，在於人最好奇與關心的是人類本身，且從認識別人的故事中，好像可以找出自己未來的方向。所以，一位善於說故事的人，不要只是會說發生於過去的事情，還要從現在人的關心處，找出過去能滿足現在人需要的故事。李開周的書之所以迷人，就在這裡。但過去歷史畢竟不同於現在，同樣的現象，發生在不同朝代，其意義截然不同。聰明的讀者，除了跟隨作者的生花妙筆，穿越到古代之外，更要謹記，每個時代都有它的時代限制，切勿把過去都想成現代一樣，那就會迷失時空座標，不僅進不了過去，也回不了現在，更別說想要走向未來了。

——莊德仁／台灣師大歷史所博士，建國中學歷史教師

談的是房市，講的是品味；條列的是當時房價，剖析的卻是亙古人性；而千年沿傳的樓起樓塌，更見市井的血淚真章。我們總以為談房市，多的是第一等的現實與功利，哪知道有了千年來作調料，這房市分析，硬是醞釀出發人深省的醍醐關懷。這是一本上佳的好書！總在行文談笑中雋永風生，但在感慨落筆處，卻無不令人驚心動魄。

——陳啟鵬／歷史作家、補教名師

目次

◆第三篇　租房時代

◆第四篇　住房政策

◆第七篇　裝潢設計

台灣版獨家作者序

一、這本書的緣起

首先表示感謝，謝謝您能從琳琅滿目的海量圖書中發現這一本，並把它打開。

這是一本歷史著作，但跟其他歷史著作不同的是，它講的不是張大帥打敗李大帥、劉皇帝殺死趙皇帝，而是古人的居住問題如何解決。

居住問題當然是個大問題。不管您來自台灣，還是來自香港，抑或來自中國大陸，您都會明白房屋的重要性，都會知道房價漲落對每一個成年人的巨大影響。

我是這本書的作者，是一個在中國生活了三十六年的大陸人。在我著手寫這本書的時候，身邊朋友們每天談論最多的就是房價。現在十年過去了，這本書將在台灣出版，編輯姑娘讓我為它寫一篇序言，我發現身邊朋友每天談論最多的還是房價。

十年以前，大陸房價遠低於台灣，但是由於大陸居民收入太低的緣故，絕大多數年輕人都在抱怨買不起房。十年以後，大陸經濟飛速上升，居民收入翻了幾倍，房屋價格也跟著漲了幾倍甚至十幾倍。現在北京和上海的房價已經超過台北，以前抱怨買不起房的大陸百姓，今天仍然繼續抱怨，因為他們既沒有跑贏人民幣貶值的速度，也沒有跑贏房價上漲的速度。

台灣人到了大陸，只需要稍作體察，就能感受到那股強烈的「物質化」氣息：人們不關心藝術，不關心歷史，不關心內在的精神世界，只關心錢，幾乎每個人都在為了去賺更多的錢而奔忙。沒錢時拚命去賺錢，很累，有錢時又想把妻子變成前妻，很煩。不止一個朋友跟我說過，他們的人生就像吸毒，吸的時候很high，緩過來之後，卻是鋪天蓋地的失落感。

經濟學家說，中國社會正處於經濟上升期，所以會產生濃重的拜金主義傾向。我不懂經濟學，不知道這話對不對，但是從切身感受出發，我覺得居住問題才是最直接的原因。說實在的，大陸房價漲得太快了，住房市場太亂了，人們把房屋看得太重了，不買房就娶不到心愛的姑娘，不買房就不能把孩子送到好一點的學校讀書，不買房就得忍受房東不守契約的亂漲房租。想買就要早些下手，買得越晚越吃虧，買一所還不夠，最好把全部積蓄都拿出來砸到房子上，買完兩所再買兩所，買得越多越划算。越來越多的人湧進房市，大家都很浮躁，誰不浮躁誰後悔，於是整個社會變成了一個非常浮躁的社會。

孟子云：「有恆產者有恆心。」現在很多大陸人都有了恆產，但是恆心並沒有隨之而來，因為大家追求的不僅僅是居者有其屋，還追求擁有更多的房屋，以便耀武揚威地蓋過鄰居。此前日本經歷過類似的階段，台灣也經歷過，恐怕都沒有中國大陸這樣浮躁。

毛病到底出在哪裡呢？我試圖從歷史上找原因，希望搞清楚古代中國人在居住問題上是否也很浮躁，於是就有了這樣一本《千年房市》。

二、古人的心境

對於古代，我們總會有各種偏於浪漫的想像。田園牧歌，雞犬相聞，古人在綠樹成蔭的土地上棲居，不可能為了買房或者租房而擔憂。

這種想像當然是違背歷史的。

白居易《卜居》詩：

遊宦京都二十春，貧中無處可安貧。
長羨蝸牛猶有居，未如碩鼠解藏身。

詩題「卜居」，意思是找房。詩句裡的「遊宦」指做官，「京都」指長安，「二十春」就是二十年。白居易在這首詩裡說，他在長安做官二十年，一直沒有發財，連一套房子都沒有買上，以至於羨慕起蝸牛和老鼠來了，因為蝸牛可以背著自己的房子，而老鼠則有老鼠洞可以安家。

歐陽修也寫詩描述過自己早年的居住情形：

嗟我來京師，庇身無弊廬。
閑坊僦古屋，卑陋雜里閭。
鄰注湧溝竇，街流溢庭除。
出門愁浩渺，閉戶恐為瀦。
牆壁豁四達，幸家無貯儲。

歐陽修二十八歲進京做官，沒有住處，在一個偏僻街區租了一所破舊小屋。那裡地勢低窪，夏天下暴雨，周圍的水洶湧而來，院子裡全是水，把牆壁都泡出幾個大窟窿，幸好家裡沒有多少財產，不然竊賊一準光顧。

在有無住房的問題上，古人跟我們一樣缺乏平常心。蘇東坡的弟弟蘇轍做官大半生，沒有買房，於是兒孫們的抱怨就來了：「我年七十無住宅，斤斧登登亂朝夕。」（蘇轍《李方叔新宅》）「我老未有宅，諸子以為言。」（蘇轍《買宅》）七十歲時尚無住宅可以安身，兒子們紛紛埋怨。唐朝有一位名叫許渾的詩人，他的朋友去長安買房，無功而返，臨走時看見長安富豪之家房屋多得住不完，又非常氣憤：「海燕西飛白日斜，天門遙望五侯家。樓台深鎖無人到，落盡東風第一家。」（許渾《客有卜居不遂》）窮人買一所房尚不可得，富人狡兔三窟，住宅空置，去哪裡尋找平常心呢？

陸游說過：「古人已死書猶存，吾曹賴書見古人。」古人早已死去，可是他們的詩詞和文章還在，通過閱讀那些詩詞和文章，我們可以體悟古人的心境，體悟他們對房屋的態度，甚至還能計算出他們解決居住問題時所花費的成本。

三、怎樣計算古代房價

宋人王璊偁在《李氏園亭記》中寫道：「重城之中，雙闕之下，尺地寸土，與金同價。」這句話的意思是說當時都市土地緊缺、房價高昂。清代嘉慶年間重修的《上海縣志》記載：「乾隆初年，或有華屋減價求售者，望望然去之，今則求售不得。」這句話敘述了上海房價的上漲過程——乾隆初年降價銷售，沒有人買，後來市場繁榮，房價上漲，想買卻買不到了。

諸如此類關於房屋市場的記述在中國古籍中俯拾皆是，可惜並不能告訴我們一個準確的數字。古代文人一向如此，重視修詞，不重視數字，用字遣詞不求精確，只求氣勢。所以要想搞清楚古人買房、建房或者租房時要花多少錢，要想搞清楚不同朝代、不同時期、不同地域、不同房屋的價格，就必須依賴更多與數字有關的文獻。

為了寫這本書，我在搜集數字文獻上花了很長時間，既要從圖書館和私人藏家手裡抄錄現存的房契、地契、租賃文書，又要從地方志裡尋找與田賦、契稅、財產稅有關的記載，還要翻閱歷代名人的信札、日記、詩詞、筆記、墓誌銘。中國古籍浩如煙海，但是與房價有關的資料卻極稀少，有時候翻閱一整天史料，也未必見得到一條有用的東西。諸位讀者朋友想必已經明白，今天市面上歷史書那麼多，寫古代房價的書為什麼只有這一本呢？正是因為文獻搜集太耗時間，別的作家覺得不划算。

即使搜集到了足夠豐富的文獻，即使對手中文獻進行了對比和梳理，也無法給出古代房價有多高的評價。原因無它，古今貨幣不同，我們還需要將古代貨幣換算成現在的貨幣，甚至還需要對同一時代的不同貨幣進行換算。

很多讀者朋友在網路上讀到過古代貨幣的換算公式，大體是一兩白銀等於一石大米、一匹絲綢、一千文銅錢。其實這種換算是嚴重背離歷史真實的。

「古代」這個概念實在太大，春秋戰國是古代，秦漢魏晉是古代，唐宋元明是古代，從有文字記載算起，古代跨越了幾千年。幾千年當中白銀的購買力怎麼可能一成不變？白銀本身也有區別，有成色很好的「九八足銀」（含純銀百分之九十八以上），有成色很差的「八五雜銀」（含純銀百分之八十五左右），也有虛擬的僅作為計價標準的「紋銀」（含純銀百分之九十三點五），它們的購買力肯定有區別吧？我們還要考慮地域差別：同一個時代，同樣的銀子，在京城可能不值錢，去鄉下卻可能很值錢。一兩銀子在不同朝代的重量也不一樣，東漢的「兩」很輕，一兩不到十五克，唐朝的「兩」很重，一兩超過四十克。僅僅為了算出一兩白銀的購買力，就必須加上很多限制條件：請問您指的是哪一年的、哪個地方的、什麼成色的一兩銀子？加上這麼多限制條件以後，本來很籠統的一個問題就變得清晰起來，可是讀者也會變得頭大，人家本來對一兩銀子值多少錢挺感興趣來著，一聽居然這麼麻煩，只好擺擺手說：「算了，我不問了。」大多數朋友就是這樣子，他們喜歡簡單，對太複雜的問題不感興趣，更不願意花力氣去琢磨。換句話說，大家的腦子喜歡偷懶。偷懶的結果是，我們會在一些看似無關緊要的小細節上犯下致命的錯誤。

就拿幾十年前白銀與銅錢的兌換比例來說吧，民國十七年北京一兩銀子可換制錢（面值一文的銅錢）七百文，民國二十年天津一兩銀子可換制錢四百文，而到了民國二十八年，一兩白銀在成都造幣廠卻可以兌換面值十文的銅錢兩萬文！銀錢匯率變動如此巨大，如果您按照一兩白銀等於一千文銅錢的荒誕公式來計算古代房價，計算結果一定非常離譜。

對於房價資料，本書中出現了很多處換算，基本上都是按照購買力來算的。也就是說，無論黃金、白銀還是銅錢、紙幣，一律先算出在當時當地能買多少東西，然後再計算那些東西放到今天值多少錢，依照日常商品價格特別是糧食價格做媒介，將古代房價換算成我們現代人可以理解的數字。

當然，這樣換算仍然存在很不合理的地方，若要評價某個城市的某個歷史時期房價究竟是高是低，更應該算出房價與當時當地普通居民的收入。但是如前所述，史籍中關於房價的記載就很稀少，關於居民收入的記載就更加稀少了。找不到普通居民收入資料，我們只好退而求其次，用貨幣購買力來換算。

四、讀這本書有什麼用

古代有一個僧肇和尚，是譯經大師鳩摩羅什（《天龍八部》中吐蕃國師鳩摩智的原型）的高足，他說：「人則求古於今，謂其不住；吾則求今於古，知其不去。」人們希望通過今天來理解過去，以為時間是變化的；我則通過歷史來理解當前，因為我知道時間是靜止的。

以我等俗人的眼光來看，時間當然不是靜止的，但是在不斷流逝的時間當中，人性卻是恆久不變的。只要我們貪婪、自私、愚昧、短視、浮躁、虛榮的人性不變，我們面對居住問題的心態就不會出現根本的變化。今天我們走過的路，古人已經走過；古人曾經犯過的錯，我們很可能還會再犯。觀今宜鑑古，無古不成今，讀讀這本書，看看古代的房市，也許會對我們理解今天的房市有所幫助。

各位朋友不要誤會，我並沒有誇大這本書的作用，吹噓它能成為您買房或者賣房時的指南。它僅僅是一本歷史讀物，它的文化意義遠遠大於現實意義。

從生存決策上講，歷史幾乎毫無意義。換句話說，千萬不要指望歷史能告訴我們下一步往哪走才是正確的（事實上，即使歷史已經告訴了你，你還是會走錯）。一個修自行車的師傅讀了歷史，他的自行車並不能修得更好。一個投資房地產的商人讀了歷史，他的投資勝算並不能增加。

我們應該學習科學，因為有科學思維的人可以預見將來，他會生活在一個從現在到未來的時間段上。我們也應該多讀歷史，因為有歷史思維的人可以洞察世界，他會生活在一個更為長久的時間段上，彷彿從久遠的過去一直活到了今天。而假如一個人既不學科學，也不讀歷史，或許並不妨礙他發財，但是他將永遠生活在現時現世，而體悟不到更為廣闊的人生。

時間不斷流逝，歷史的許多碎片散落在我們周圍，這些碎片之所以能保存下來，是因為它們能滿足我們現代人的愛好，而不是由於它們包含了什麼無與倫比的精粹。《千年房市》就是這樣一枚碎片，我希望它能滿足一部分讀者的愛好。

再次感謝翻開這本書的所有讀者，祝大家可以開開心心地讀下去。

第一篇 建造與開發

精采內容

- 一次徵收土地事件
- 元豐六年的拆遷補償
- 宋朝的環評
- 太監包工
- 浮報數額
- 房子齊步走
- 北魏第一高樓
- 個性的房，手工的鞋
- 水邊的商鋪
- 用念力完成開發
- 在元朝自主建房
- 唐代巨賈竇乂的經商之道
- 擇日動工

風俗畫

◆好人好事

第一章　一次徵收土地事件

漆俠寫《宋代經濟史》，為了證明封建官僚對老百姓剝削壓迫之慘重，專門講了一個案例：說是宋理宗紹定三年（一二三〇），時任某府某縣第一把交椅的陸子遹陸知縣，徵用農民土地六千畝，然後按每畝一萬文的價格，出讓給開發商。徵用土地要補償，陸知縣定的補償標準，每畝只補五百文，和出讓價格比相差二十倍。失地農民當然不幹，去找陸知縣講理，陸知縣不接待，他們就上訪，告到宰相史彌遠那裡。史宰相先是大罵地方官胡鬧，把好好的政策念歪了，然後當著大家的面，給陸知縣寫了封信，讓他改正錯誤，秉公辦理，最後一一握手，送大夥回去。這些上訪者高高興興回到家，等到的卻不是合理的土地補償，而是陸知縣帶來的捕快和弓手，所有上訪的，以及在下面起鬨的，都被點了名，牽了牛，拆了屋，燒了房，和父母兄弟、老婆孩子一起，逮進了學習班（監牢），用大糞灌了個夠嗆。從學習班出來，還有人納悶，不明白史宰相的親筆信為啥不管用，一打聽才知道，原來人家史宰相就是買地的開發商。這回徹底服了，乖乖交出地契，乖乖在協議書上簽字。至於補償，原先是有的，大家偏要鬧，把陸知縣惹火了，一分錢也沒給。

史彌遠大家都知道，南宋有名的奸相。南宋絕大多數高級公務人員對買地都有強烈愛好，史宰相作為高級公務人員之首，買地也算合乎情理。那個陸子遹陸知縣，《宋史》無傳，本人名氣不大，他爸爸卻是赫赫有名的陸放翁。不過，這廝徵收土地不給錢，還下狠手治老百姓，丟了他爹的臉。所以，跟他同時代的詩人劉宰罵道：「放翁自有閒田地，何不歸家理故書？」另一個詞人魏了翁也罵，說他「巧取豪奪，大傷陰德，虧負乃父多矣」。

但「陰德」這玩意兒是虛的，史彌遠不怕別人給他戴「奸相」帽子，陸子遹也不怕「虧負乃父」。在上述案例中，通過這次土地徵用，史宰相和陸知縣都撈了不少好處。還記得紹定元年（一二二八），史彌遠在臨安（今浙江杭州）城郊買地二十五畝，支付價款二百萬文，每畝花了八萬；這回從陸知縣手裡買地，每畝只花一萬，總共六千畝地，一下子省了四億。而陸子遹按每畝一萬出讓土地，補償款是零，又不用什麼開發，六千畝地賣六千萬，完全是淨賺。這六千萬，本級財政存一點，上級主管送一點，再給辦學習班的縣尉、捕頭們分一點，剩下的，當然要塞陸知縣自己腰包的啦。這只是從經濟上計算，還有政治上的好處：陸知縣讓史宰相省下四億元，又用雷厲風行的手段平息了上訪事件，史宰相會忘了他嗎？當時三年一大計，五年一遷轉——大計就是考核，遷轉就是換屆，不管考核還是換屆，史宰相都會關照一下吏部：「那個誰，精明幹練，很有魄力，放翁家的千里駒嘛，回頭你們研究一下。」那陸知縣還不平步青雲嗖嗖地往上躥？

當然，陸知縣取得這些好處，並非完全沒有風險。按照大宋律條，官府徵用私田而不給補償，或者補償低於市價，屬於「在官侵奪私田」罪，侵奪一畝以內，受杖六十；超過一畝，受杖七十；三畝以上，杖一百；超過五畝，徒一年半[1]。「杖」是往屁股上掄板子，「徒」就是徒刑，強制服勞役。陸子遹強行徵收民田六千畝，掄板子能把他屁股打爛，徒刑能讓他把牢底坐穿，真要有人告到刑部，風險還是滿大的。但律條是律條，現實生活是現實生活，他老兄辦上幾期學習班，哪個皮癢的敢上訪？即使上訪了，還有史宰相撐腰呢，刑部官員敢定罪？不要前程了他?!

盧梭說過，每個官員身上都有三種意志：一種是人民的意志，一種是上級的意志，一種是他自己的意志。陸子遹身上也有這三種意志。我查南宋方志，發現此人剛做官時，「興辦學校，習行禮儀，習俗頓革，民賴以安」[2]，兢兢業業做了不少好事。為什麼後來變壞了呢？我能給出的解釋是：陸子遹剛開始還是生手，以為上有朝廷，下有百姓，人人都能監督他，如果做好官，朝廷提拔，百姓擁護；如果做壞官，朝廷處罰，百姓檢舉。所以，還是做好官更好。換言之，他必須服從上級的意志和人民的意志，才能達成他自己的意志。可是，做到後來，終於明白上級的意志跟他是否清正廉明並沒有必然聯繫；至於人民的意志，老百姓人數雖多，卻不掌握選票，基本上可以忽略不計。既然這兩種意志都不用服從，那麼他自己的意志就蹦出來了，升官還是發財，招數多著呢！

為了避免官員們只服從他自己的意志，盧梭設計了一套雙重監督系統，在這套系統裡，僅憑上級考察不算數，一個官員的前程還決定於老百姓的選票。無論西方世界還是我們這兒，這套系統都在運作著，儘管效果各有差別，但像徵收土地不給錢這樣的荒唐事畢竟不多了。可是，您得明白，陸子遹活在南宋，拉他進雙重監督系統是不現實的，張飛不能打岳飛，時空不同嘛。設身處地替那些失地農民想一想，他們只有一個辦法管用：多打通幾條「言路」，也就是現在說的「資訊披露管道」。姑且想像一下吧，南宋農民又是上訪又是找媒體，南邊大理、北邊大金、東邊高麗、西邊西夏，海外的記者都齊了，如此這番一曝光，史彌遠想捂也捂不住，為了照顧形象，也得把陸子遹關進去。

房市觀察要點

◆上述案例出自南宋俞文豹《吹劍錄外集》，經漆俠引用以後，在經濟史界人所共知。

◆據俞文豹記載，陸子遹是在江蘇常州溧陽縣做官，徵的是溧陽縣福賢鄉的地，面積確實是六千畝，出讓價按「十千一畝」，補償價按「一千二畝」，實際補償為零，陸知縣「逼寫獻契，而一金不酬」。

◆失地農民上訪回家，「子遹會合巡尉，持兵追捕，焚其室廬，……遂各就擒，寘囹圄，灌以尿糞。」關於扒房燒屋、關小黑屋、灌大糞這段，俞文豹寫得極為生動，讀來頗為親切。

◆文中說紹定元年（一二二八）史彌遠在臨安買地，出自《咸淳臨安志》卷七九，寺觀五。溧陽是小地方，地價不能跟臨安比，但為了突出主題，這裡姑且用之。彼時溧陽隸屬建康府，據《景定建康志》卷二八「立義莊」條，宋理宗淳祐十一年（一二五二），建康府的地價是每畝六萬八千七百文，也算接近臨安府。

注解

1. 《宋刑統》卷一三。
2. 《景定建康志》。

第二章 元豐六年的拆遷補償

北宋九朝，一百六十餘年，在首都東京汴梁（今河南開封市），先後實施過幾個大專案：雍熙二年（九八五）九月，宋太宗改建楚王府；景德四年（一〇〇七）八月，宋真宗建造凱旋亭；景祐二年（一〇三五）十月，宋仁宗為百官新建住房；元豐五年（一〇八二）臘月，宋神宗為列祖營造神殿；元豐六年（一〇八三）正月，楊景略擴建內城；崇寧五年（一一〇六）二月，蔡京擴建外城。[1]

這些工程，動作都不小，有的要拆遷民宅，有的要占用耕地，按理說，政府得掏掏腰包，給被拆遷、被占用的權利人一些補償才對。但是很奇怪，除元豐六年擴建內城那回還像模像樣地提到拆遷補償之外，別的工程在預算裡根本就沒這一項。舉例言之，雍熙二年，宋太宗改建楚王府時，共遷出機關三處和居民六戶，沒給人家一分錢的安置費；景德四年，宋真宗建造凱旋亭時，在開封以西、洛陽以東，綿延占地數百頃，大部分是農田，也沒給人家一分錢的補償費。

當然，象徵性的補償還是有的，通常是在另一處地方，指一片空地，讓拆遷戶自己去蓋房子，同時減免房屋稅若干年；以及從官田裡劃出等量的耕地來，交給土地被徵收的農民，作為口分田，同時減免田賦稅若干年。這種實物安置辦法並不是不好，只是當時的安置辦法很難保證拆遷戶生活水平不下降。這一點，也不用拆遷戶喊冤，國家領導自己就清楚。譬如宋太宗，他幾次想擴建宮城，一見圖紙就憋住了，說：「內城褊隘，誠合開展，拆動居人，朕又不忍。」意思是說他很仁愛，儘管內城很小，早該擴建了，他卻一直不擴建，因為不忍心看著老百姓搬家。其實，假如補償到位，有些拆遷戶高興還來不及呢，也犯不著讓他「不忍」。

拆遷戶高興的時候，應該是在元豐六年，也就是西元一〇八三年。在這一年，王安石的追隨者，開封府推官祖無頗，起草了中國第一部拆遷補償條例，並且很幸運地獲得了宋神宗的簽字批准。根據條例規定，政府有責任對拆遷戶進行實物安置和貨幣補償。如果是實物安置，由京城兵馬司測量待拆住宅，由戶部和左藏庫撥款，由將作監在別處建造同等面積的住所，供拆遷戶居住；如果是貨幣補償，由提舉京城所（元豐改制時的新設機構，負責修築城牆與疏通水道）對待拆住宅進行估價，取房契上的原價和房屋的時值，折中作為補償標準，由戶部和左藏庫出資補償。

這年六月，開封府拆遷戶一百二十家，獲得補償「二萬六百緡」，平均每戶能領一百七十一貫，按購買力折算，大約折合新台幣五十七萬元。錢不算多，但我猜那些拆遷戶已經很高興了，畢竟跟以前相比，這是一大進步。

房市觀察要點

◆北宋法律並非沒有設定物權，如在《宋刑統》卷一三，對口分田、永業田和官私住宅都有保護性的規定，尤其是永業田，無論豪強還是政府，都無權侵奪或徵用。但具體實施是另外一回事。

◆文章結尾說，一百七十一足貫補償款大約相當於新台幣五十七萬元，其依據如下：北宋一石是六十六公升，一石米約重五十公斤。在元豐六年，京師一石米要賣六百文，而今天購買同樣重量的普通大米要花兩千元左右，按購買力平價換算，元豐六年的六百文相當於今天的兩千元，一百七十一足貫是兩百八十五個六百文，故此相當於今天的五十七萬元。

◆這裡說「足貫」，是指剛好一千文。因為北宋民間商販進行交易時，一貫銅錢通常不到一千文，一般七百文為一貫，或九百文為一貫。

注解

1. 文中列舉的六項工程，分別見於《宋會要輯稿》第一百八十七冊，方域一和《宋大詔令集》卷一七九。

第三章　宋朝的環評

蓋新房也好，拆舊屋也罷，都會有噪音，有灰塵，有廢棄物，都會對附近的地形、水質、生物種群、文化環境和人類生活造成一些影響。

而且這些影響並非今天才有。

歐陽修有詩：「碧瓦照日生青煙，誰家高樓當道邊。昨日丁丁斤且斫，今朝朱欄橫翠幕。」[1]歐陽修生在北宋，那個時代沒有推土機、攪拌機、挖土機、堆高機，人們蓋房只用斧子、鋸子、鑿子、錘子，但還是免不了發出「丁丁」的噪音。假如歐陽修不是路過，而是住在附近，這持續不停的斧鑿聲必會使他心煩意亂，坐立不安，既填不出好詞，也吟不出好詩。

陸游有日記：「陂澤惟近時最多廢，吾鄉鏡湖三百里，為人侵耕幾盡。閬州南池亦數百里，今為平陸。……成都摩訶池、嘉州石堂溪之類，蓋不足道。」[2]這段話寫於南宋，當時的農業生產和住宅建設已經足以讓湖泊消失，讓河流改道，讓昔日滄海變桑田了。

岳飛的孫子岳珂曾經居住在江西九江，九江有座山叫負山，山上有種黃土，適合塗抹牆面，以致方圓百里的居民都來開採，才幾十年工夫，那座山就被挖掉一半，「獨餘一面壁立」[3]。這是住房建設影響自然環境的事例。

北宋初年的宰相趙普曾經在洛陽蓋房子，光紅松就用了兩萬多根，致使木材供不應求，價格暴漲，許多人為賺錢，紛紛改行去伐木，把隴西地區上萬畝的原始森林砍伐一空[4]。這說明住房建設不僅影響自然環境，而且影響經濟環境。

既然住房建設會對周邊環境造成這麼大的影響，我們就有必要在動工之前做一些可行性分析，看哪些房子是可以蓋的，哪些房子是不能蓋的，哪些房子是應該這樣蓋而不能那樣蓋的。這個過程叫做「環境影響評估」，簡稱「環評」。

一九六〇年代，美國人制定了一部《國家環境政策法》，要求大型建設專案必須做環評。一九九四年，台灣也頒布了一部《環境影響評估法》，規定各種開發行為必須做環評。宋朝當然沒有類似的法律，但已經有人出於某種素樸的公德心或者責任感，開始進行著原始的環評，並依據環評結果決定是否動工了。

這樣的先驅者有兩位。

曹彬仁愛

貓頭鷹印

曹彬，國朝名將，勛業之盛，無與爲比。其所居堂室弊壞，子弟請加修葺。公曰：「時方大冬，牆壁瓦石之間百蟲所蟄，不可傷其生。」其仁心愛物蓋如此。

一位是北宋初年大將曹彬。某年臘月，曹宅正房坍塌，家人要翻修，被曹彬制止了。曹彬說：「現在是冬天，小動物正在冬眠，說不定我們家正房下面就有些蛇啊、青蛙啊什麼的，你這一翻修，把牠們壓死了怎麼辦？」[5]站在環評的角度講，曹彬這段話就是關於生物多樣性的前景分析。

另一位是宋太宗趙光義。雍熙二年（九八五），趙光義準備擴建宮城，後來一看圖紙，又把念頭打消了。大臣詢問緣故，趙光義說：「你瞧這圖上，緊挨著宮城就是民房，宮城外擴至少得強遷幾百戶居民，我不能只圖自己安居而讓更多的人難以安居。」[6]趙光義是對拆遷前後的居民生活條件做了個評估，在今天的環評裡，這也是經常引發爭議之處。

注解

1.《歐陽修集》卷五四〈壽樓〉。
2.《老學庵筆記》卷二。
3.《程史》卷一。
4. 參見司馬光《涑水記聞》。
5. 參見歐陽修《歸田錄》。
6. 參見《宋會要輯稿》第一百八十七冊，方域一。

第四章　太監包工

北京故宮博物院有一座乾清宮，據說以前是皇帝住的地方，由明至清，起碼有一打皇帝在這兒睡過覺，批閱過奏章，接見過大臣，有時候，這兒甚至還要停放皇帝的遺體，所以從功能上講，它相當於皇帝的臥室、書房、會客廳兼太平間。因為它這麼重要，所以被蓋成九間寬、五間深、二十公尺高、紅牆黃屋頂，很高大、很宏偉的樣子。

萬曆年間（一五七三—一六二〇），這座乾清宮的某一扇窗戶壞了——史書上沒說具體哪裡壞了，也許是螺絲生了鏽，也許是框架變了形，也許是皇帝跟皇后打架，一頭把窗紗撞個窟窿，總之是壞了。壞了就要修，幾位負責日常維修工作的太監先編預算，得出的結論是：大概需要五千兩銀子。這個預算報到工部，工部的官員嚇了一跳，說修個窗戶竟然要花這麼多錢。太監們反駁道：「你們嫌多，我們還覺得不夠呢！」[1]

修一扇窗戶究竟要花多少錢，現在可沒法估計，因為我們不清楚那扇窗戶是什麼構造以及用什麼材料。如果窗框用純金，窗格用純銀，窗櫺上鑲翡翠、瑪瑙、夜明珠，說不定就得五千兩銀子；如果只是雕工花稍些，材料只用楊木、柳木之類，那麼甭說五千兩，五兩銀子也綽綽有餘。不過，當時工部的官員還是比較了解情況的，據他們估計，修那麼一扇窗戶連五十兩都花不完。但是，太監們多報少花已成慣例，不管經手什麼工程都要撈一把，所以「天家營建，比民間加數百倍」[2]。翻成白話文就是說，同一項工程，如果甲方是私人，一萬塊錢就能搞定，如果甲方是國家，幾百萬也搞不定。

還有個例子是在清朝。末代皇帝溥儀剛即位的時候，年齡還小，在紫禁城走路老摔跤，隆裕太后看了心疼，讓人把地面平整一下。這項工程由一位叫王子元的太監負責，他大筆一揮，把預算造到一百六十萬兩，實際花在工程上的只有六十萬兩，約一百萬兩銀子被他私吞了[3]。

當時，朝廷有工部，宮廷有營造司，兩個機關都有權對這項工程進行審計，王太監的動作搞這麼大，他們不至於查不出來。但我想，王子元貪汙的那一百萬兩銀子裡面，至少有三分之一是要分給工部和營造司的，這筆錢足以保證在審計環節上不出問題。同樣道理，在明朝那個修窗戶的小工程裡面，工部之所以說預算有問題，想必也是因為太監們還沒打點到，只要能夠利益均分，相信工部官員們會很爽快地在預算上蓋章。這可不是公務人員素質高不高的問題，一般來說，只要腐敗起來沒有風險，就會有大批的官員跟太監合作起來搞腐敗。

注解

1.、2. 參見《萬曆野獲編》卷一九，工部．京師營造。

3. 參見《清稗類鈔》第一冊，閹寺類．王子元中飽。

第五章　浮報數額

孔子他老人家大概是討厭數學的，所以儒教時代的中國也不喜歡數字。從備受黃仁宇批判的「不會用數目字管理」的明朝，到推算曆法都需要傳教士幫忙的清朝，靠的都是尊卑有序，即使有一堆數字，跟聖賢的道理比起來，其威力也可以忽略不計。現在好了，咱們不僅用數字管理國家，還把它引入了幾乎一切公共文書，以便讓咱們的成績更顯著，成效更受歡迎，成果更輝煌，成就更偉大，使樂觀的因素飽滿欲滴，疲軟的道理也變得有力。可是，在咱們學會揮舞數字這根大棒之前，英國政治家迪斯雷利就已經說過，這世上有三種哄人的東西：謊言、可詛咒的謊言以及統計數字。他的意思是，數字瞧起來精確無比，卻未必符合客觀事實。

舉例言之，一九九二年美國做了一次「國家健康與社會生活調查」，結果顯示男人擁有性伴侶的人數比女人多百分之四十七。換句話說，如果女人有一個性伴侶，那麼男人就有一個半。這個數字顯然不符合客觀事實。因為在只有男女兩性、且同性戀因素對男女影響大致相等的情況下，男人的性伴侶有多少，女人的性伴侶就該同樣有多少，否則你無法想像男人多出來的那些性伴侶是些什麼東西。之所以會得出這個不實的結果，可能是統計樣本不夠典型（比如說沒有調查妓女），也可能是樣本本身說了瞎話。你可以想像得到，當調查者讓被調查者站成一排，讓他們由左至右報數（報告自己的性伴侶數量）的時候，男人出於吹牛的心理，本來只有一個，他會報成三個；女人怕羞，本來是三個，她會只報一個。這樣報數很假，但對報數的人很有利。

再舉個例子。一六一〇年，大明朝廷重修北京正陽門，讓太監做造價預算，兩天後，預算報告交了上去，各項費用都列得清清楚楚，每一項都精確到了小數點後面第四位，加總之後，整個工程需要白銀十三萬兩。這個數字顯然也是不符合客觀事實的，工部營繕司承包過類似工程，只花了三千兩銀子，即使近來建材漲價、工資上調，也頂多六千兩就綽綽有餘，怎麼一下子就要十三萬兩呢？合理的解釋只有兩條：

一、編預算的太監不會看圖紙，所以算高了；

二、他們故意往高裡算。

我偏愛第二個解釋，因為當時主要是太監在承包工程，造價算得越高，他們撈錢的餘地就越大。這樣報價很假，但對報價的人很有利。

我是學測量的，做過一些農田水利工程預算，據我所知，施工方報價與性調查對象報數一樣，都有多報和少報的可能。如果那工程是別人掏腰包，那麼就多報，好撈錢；如果是自己掏腰包，那麼就少報，好省錢。這裡多報不是因為吹牛，少報也不是因為怕羞，實際上全都是為了對自己有利。

繼續說正陽門那個工程。如您所知，在大明朝算工程造價是要按定額的，木作、石作都有「料例」，材料、人工都有「時估」，多少土方[1]花多少錢都已定死，按理說不會出現如此大幅度虛報造價的問題，那幾個太監是怎麼把預算做到十三萬兩的呢？我有幸見到另一個案例：一五二三年，大明朝廷整修乾清宮，約需要工匠一百七十人，當時內官監太監陳林做預算，竟上報現役軍匠兩千三百人。定額沒動，造價依然上去了，和今天估價師玩的是同一招，簡直見鬼。

房市觀察要點

◆調查出男人擁有性伴侶的人數比女人多百分之四十七，也許是因為統計樣本不夠典型，也許是因為調查對象說了瞎話，從理論上說兩種可能都會發生。我偏愛後一種可能，是主題的需要。

◆正陽門工程見於沈德符《萬曆野獲編》卷六「箭樓」條，太監初步預算是十三萬兩，工部營繕司郎中張嘉言嫌這個數太大，還和太監吵了一架，最後雙方各讓一步，將造價調整到三萬兩。

◆乾清宮工程見於王世貞《弇山堂別集》「中官考」第九，陳太監虛報人工，為的是貪汙「工食銀」。

注解

1 土方：計算泥土體積的單位。一立方公尺為一土方。

第六章　房子齊步走

東漢末年，黃巾起義，左中郎將皇甫嵩受命討伐，行軍至安陽（今河南省最北部），從中常侍趙忠門前經過，發現他家的房子很大、很豪華，就寫了一封舉報信，說趙忠「舍宅逾制」，應該沒收。這封信遞到中央，朝廷果真把趙忠的房子沒收了[1]。

所謂「舍宅逾制」，就是蓋房違反了朝廷所定標準。眾所周知，過去中國是禮制社會，幹什麼都要講究個標準，包括穿什麼衣服、吃什麼飯、坐什麼車、住什麼房子、戴什麼飾品、說什麼話、行什麼禮，都給你定得死死的，你是什麼身分，就用什麼身分的標準，不用不行，用錯了更不行。據說，這樣把人綁手綁腳，往死裡折騰，是為了給大夥洗腦，讓兒子更孝順，妻子更堅貞，百姓更愚蠢，臣子更忠心。兒子孝順，當爹的高興；妻子堅貞，做丈夫的高興；百姓愚蠢，官員們高興；臣子忠心，皇帝他老人家高興。所以，那些標準的受益者是父親、丈夫、官員和皇帝。對兒子來說，父親是長官；對妻子來說，丈夫是長官；對百姓來說，官員是長官；對臣子來說，皇帝是長官。所以，歸根究柢，那些標準的受益者是長官。所以，當你違反標準的時候，長官會不高興，如果條件允許，他們還會採取措施讓你受受教育。趙忠就是個例子，如前所述，他蓋房違反標準，使得長官對他採取措施——沒收了他的房子。

不過，趙忠是中常侍，中常侍是太監，我不喜歡太監，所以我不喜歡趙忠，也不喜歡前面的例子。

我把稿紙撕掉，揉成一團，趙忠和他的房子隨之消失。

寫個切身經歷。

初中二年級，我是文體委員（類似台灣的康樂股長），負責把學生集合起來，讓他們排隊。不管老師有沒有要求，我都希望大家站成整整齊齊的小樹林，橫平豎直，紋絲不動，好像公墓裡一排一排的小墓碑。不瞞您說，非得這樣我眼睛才舒服。如果某某個子太高，站前站後都不諧調，我心裡那個彆扭啊，恨不得撿塊磚頭在他頭上猛敲，幫他壓縮掉五公分。後來我不當文體委員了，自己站在隊裡，看別人指揮隊伍，才覺得站外面吹哨子的傢伙都是變態，心裡嘀咕：「幹嘛非要別人站齊，有那麼重要嗎？讓大家輕鬆點兒不行嗎？做個操而已，又不是儀仗隊！」

現在琢磨起來，長官們之所以喜歡給什麼事情都弄個標準，倒也未必就是為了洗腦，有時候純粹是圖個眼睛舒服，就像我當年讓同學們排隊一樣。突然想到我也當過「長官」（儘管只是個文體委員），我開始討厭我自己。

我把我自己撕掉，揉成一團，我和我的同學隨之消失。

回到開頭。

趙忠蓋房違反了標準，史書上卻沒說怎樣蓋房才算合乎標準，或許在他那個時代建房，長官就要求整齊劃一了？趙忠和他的街坊們蓋房，是不是要統一蓋成公寓，公寓上統一帶閣樓，閣樓上統一裝太陽能，太陽能統一買同一個牌子？

我不知道。

我知道房子站在隊裡，長官站在隊外，長官喜歡讓房子站得整齊一些，然後他吹起哨子，「一二一，一二一」，所有房子齊步走。

注解

1.《後漢書・皇甫嵩列傳》。

第七章 北魏第一高樓

《洛陽伽藍記》說，北魏時，洛陽有個永寧寺，永寧寺有個南門，南門蓋了一門樓，門樓高二十丈。

一丈即十尺，二十丈就是二百尺。北魏尺又分三種，最短的二十五公分，最長的二十九點六公分，不長不短的二十八公分，我們取最短的，二十丈也有五十公尺。今天建一幢商業大樓，底層挑高五公尺，上面層高三公尺，要建夠十六層，才能趕上北魏一座門樓。所以，這門樓可夠高的。

《洛陽伽藍記》又說，這些門樓全是木構建築。而我們知道，中國現存最高的木構建築是山西應縣木塔，高達六十七公尺，有這位老大罩著，五十公尺高的門樓還不算太驚人。

接下來的記載就有些驚人了。《洛陽伽藍記》說，洛陽還有個瑤光寺，瑤光寺裡有座塔，塔分五層，高五十丈，換言之，至少一百二十五公尺。現在北京有座數碼大廈號稱「中關村地區第一高樓」，也是一百二十五公尺高，但不止五層，也不是原始的木構。

更驚人的是永寧寺塔。《洛陽伽藍記》說，永寧寺塔「高九十丈」，「有剎復高十丈」，「合去地一千尺」，那麼就有二百五十公尺高了，換成辦公大樓，至少得建八十層。鄭州裕達國貿酒店被譽為「中原第一高樓」，才二百二十公尺，跟永寧寺塔一比，就有點兒「山中無老虎，猴子稱大王」的意思。永寧寺塔地下有知，大概也會像阮籍那樣，慨歎一句「時無英雄，遂使豎子成名」吧。

從技術的角度講，我覺得《洛陽伽藍記》是誇大了，因為木構建築全用柱子撐著，柱子的長度限制著挑高，而瑤光寺塔才五層，就高達一百二十五公尺，刨去台基和塔頂，單層挑高也得二十多公尺。我倒不懷疑一座塔能不能建這麼高，只是懷疑當時的建築商從哪兒才能找到這麼長的原木做柱子。

不過，從情理上，我相信北魏人絕對有把佛塔建到上百公尺乃至幾百公尺的決心，就像現在中國每一座城市都有把某個待建項目建成當地第一高樓或全國第一高樓或全球第一高樓的決心一樣。

在《洛陽伽藍記》中，那座二百五十公尺高的永寧寺塔算得上是洛陽第一高樓了，說不定還是當時全中國第一高樓乃至全球第一高樓，因為此塔建成後，有位波斯胡去參觀，感歎自己走遍全球，也沒見過這麼高的建築。又據正史記載，此塔是魏明帝他媽出的資，等裝潢整修完，老太太扔掉拐杖，一直爬到最高層，俯視天下眾樓，無一不在腳下，剎那間容光煥發，腰不疼了，腿不痠了，腳也不抽筋了，比吃維骨力都管用。

二百五十公尺高的建築在今天是不稀罕了，所以這老太太要是活到現在，大概還會把永寧寺塔拆了重建，建到上千公尺，超過「台北一〇一」，超過阿聯的杜拜塔。

第八章　個性的房，手工的鞋

且說《紅樓夢》裡那大觀園，橫跨寧、榮二府，臨著後街，南北七十丈，東西五十五丈，扣除鳳姐院子占去的西南一角，還剩三千六百個平方丈，整六十畝，近一萬兩千坪。在這塊地皮上，錯落有致地安排著怡紅院、瀟湘館、秋爽齋、綴錦樓、暖香塢、蘅蕪苑、曉翠堂、稻香村、玉皇廟、達摩庵、省親別墅、凸碧山莊等十二處主要建築，占地約一千五百坪，建築面積無法測量，但絕對不會超過三千坪，因此土地利用率低於百分之二十，容積率低於百分之三十。至於大樓間的鄰棟間隔，最窄也有四十公尺，而且除了綴錦樓與省親別墅，別的全是單層，絕對低密度住宅，純別墅生活，比一向冒充「別墅」的透天厝概念不知高貴了多少倍。就這麼一社區，放到今天的北京或者深圳，拿裡面綴錦樓掛牌出售，您猜能賣多少？怎麼說也得幾千萬吧。幾千萬？想得美哩！您砸一億出去，能買到李紈那處稻香村就不錯了。

不過，大觀園的招牌並不是靠低密度這一時尚元素撐起來的，如您所知，它的設計理念和人文關懷才是內涵所在。譬如黛玉住瀟湘館，瀟湘館就必須粉牆黛瓦，前竹後泉，清秀俊雅如黛玉詩詞。寶釵住蘅蕪苑，蘅蕪苑就必須大開間、簡約裝潢，豪華打著底子，牆面透著矜持，老成世故如寶釵性格。惜春愛畫，她的藕香榭就四面皆窗，隨處可以取景。寶玉愛玩，他的怡紅院就鎖金嵌寶，花團錦簇，滿牆摳槽子存放五顏六色的傢伙。秋爽齋三間屋子不曾隔斷，因為其業主探春豪爽幹練偏愛闊朗。稻香村黃泥矮牆、木籬茅屋，跟它的房東李紈一樣清心寡欲，無比鬱悶俏寡婦。什麼叫「個性住宅」？這就叫「個性住宅」。

大觀園的設計師名叫山子野，此人在《紅樓夢》中很不顯眼，但如果有機會，我會懷著無比敬仰的心情拜訪他，和他探討一下個性住宅的核心理念。在我看來，個性住宅跟是否水岸別墅無關，跟是否歐陸風情絕緣，跟是否頂級豪宅至尊享受更加地不沾邊兒，它只是更為適合居住者的實際需求而已。山子野沒有拉出來「個性住宅，時尚主張」的巨幅廣告，這就挺好。廣告塑造的個性永遠是反個性的，因此也是反需求的。每個呈現在戶外媒體上的個性住宅，都只能讓小白領在精打細算的有限選擇中，艱難地維持某種臆想的個性。

余生也晚，大觀園是見不到的了，倒是見了不少號稱「個性」的現代住宅，它們鼓足了勁兒往個性靠攏，但您瞧得出來，那些個性都是批發來的。我沒說開發商太笨，也不認為設計師太蠢，企業家掛出「個性」的招牌，出售並不個性的產品，正是經濟上最聰明的選擇。舉個例子，探春曾給寶玉做過一雙鞋，寶玉喜歡得不得了，假定若干年之後，寶玉還想再要一雙那樣的鞋，而此時探春已經遠嫁東南亞，做了華僑，會手工活兒的姐妹也都上班做了白領，那麼寶玉只好拿著舊鞋，找鞋廠照樣子加工一雙。那廠家會說：「不知寶二爺要下多少訂單？五萬雙以下的活兒我們可不接啊……」

蓋房子就和做鞋一樣，當手工技藝變成了建築模組，經驗估算統一為造價定額，你想得到嚴格符合自己需求的住宅，也得有足夠的經濟實力才行。

第九章 水邊的商鋪

「塌房」這個詞，在今天可不是什麼好詞，這個詞一旦粉墨登場，就意味著一聲巨響，然後是塵土漫天，然後舞台的布景上，一片殘垣斷壁，幾口飛血。

在南宋則不然。在南宋，「塌房」不是嚇人一跳的動詞，而是溫文爾雅的名詞，它給人的感覺不但不恐怖，還瀰漫著水氣，泛漾著光影，明眸皓齒，靜女其姝，有點兒「雲在青天，水在瓶」的意思。說得直接點，就是建在水中的房子，懸山、飛簷、曲廊、玲瓏窗，平座[1]高挑，四面皆水，隔岸有浮橋，租給南來北往的客人，當貨倉用，當店面用。

那是南宋中後期了，臨安城擠滿了蜂擁而至的皇族、軍戶、富商和難民，東西南北數十里，人煙生聚，民物阜蕃。人一多，城就窄，空間就成了金錢，有門路的衙門各顯神通，臨街建邸店，背街建客房，把能開發的土地全都開發了，偌大一臨安，只剩下水面還是空的。這時候，又有人把發財的希望寄託在水面上，一群皇親和富戶，以及幾家寺院，在北關水門、梅家橋畔、白洋湖的小島上，見縫插針地建起房子，然後賃出去，按月收租，名叫「塌房」。

翻翻《真宗實錄》，其實早在北宋，東京汴河兩岸就有塌房了，也大都是私人開發，用來做商店，還有租給官妓當營業場所的，極像明代南京秦淮河畔的河房。我不熟悉宋元白話，不懂「塌房」兩字的本義，只能猜測，它大概就是指水邊的房子。

如上所述，北宋東京（今河南開封）有塌房，南宋臨安有塌房，元大都（今北京市）是什麼情況不得而知，到了明朝，塌房則是遍地開花。明太祖朱元璋定都南京，曾讓工部在三山門外，臨秦淮建塌房，然後賃給商戶。明成祖朱棣定都北京，也讓工部在彰義門外建塌房，然後賃給商戶。後來明代宗朱祁鈺執政，不僅京城，連京畿大興、宛平兩縣，也建了塌房上萬間。

宋朝塌房多屬私人開發，政府至多只能收些營業稅，明代塌房則全是朝廷興建的。朝廷有本錢，也有勢力，可以強令商戶們搬進塌房營業，可以讓廂坊長吏代收月租，從客源到管理，每一個環節都沒風險。北宋朝廷向汴河沿岸居民徵收過「塌房錢」，那不是房租，而是營業稅。在《明史‧食貨志》裡，則有歸屬雜課的「塌房稅」，那卻不是稅，而是房租。

最後說說租金吧。洪武二十四年（一三九一年），南京的塌房，每間每月白銀一分，按購買力平價計算，相當於新台幣二百四十元。宣德四年（一四二九年），北京的塌房，每間每月寶鈔[2]五百貫，按購買力平價計算，相當於新台幣一千七百元。

注解

1 平座，高台或樓層用斗拱、枋子、鋪板等挑出，以利登臨眺望；樓閣上的出簷廊。

2 寶鈔是明朝官方發行的唯一紙幣，按面值分為六等：一貫、五百文、四百文、三百文、二百文、一百文。明朝官方最初規定一貫寶鈔等於銅錢一千文或者白銀一兩或者大米一石，但是寶鈔發行不久即迅速貶值，最後不得不退出流通。

第十章 用念力完成開發

一千多年前，南京城還是一片亂攤子，城區很小，人很稀，房價很便宜。城中有位楊先生，總想找個能賺大錢的投資項目。楊先生有個朋友，姓錢，人稱「錢處士」，錢處士建議去炒房地產。楊先生說：「別開玩笑了，就我們這破地方，搞房地產也沒人買呀。」錢處士說：「你只管去西郊圈地，包你穩賺，賺了分我一半，賠了算我的。」

彼時是大唐末年，軍閥割據，群雄並起，小政權接二連三地出現，在江蘇境內，楊行密建立了吳國，定都在揚州（今江蘇省揚州市）。錢處士的分析是，揚州沒有戰略優勢，而南京自古就是兵家必爭之地，楊行密要想發展，一定會遷都到南京來，到時候大批移民也會隨之而來，而南京只有西郊有大片荒地，所以移民們很可能被安置在西郊，西郊也就繁華起來了，繁華之後，地價飛漲，楊先生就賺了。

在我們看來，這個分析頭頭是道，很有戰略眼光。其實不然，楊先生一眼就瞧出了漏洞所在：第一，吳國力量不大，指不定哪天就要被人滅掉，都滅掉了還遷什麼都？第二，即使沒被滅掉，遷都也是個大工程，可能要花三年五年，也可能會是十年八年，如果一直沒遷成，我的錢豈不是一直被套牢？第三，即使很快遷都了，也跟來了大批移民，也不敢斷定西郊就是移民安置區，帶頭的瞎指揮的多了，假如楊行密一拍腦袋，偏在東郊安置移民，西郊還是繁華不起來。

然而，錢處士神祕地說：「風險總是有的，但是老兄，咱是投資方，有規避風險的絕招啊。」楊先生心有所悟，於是圈地，於是建了商鋪和住宅。沒出四年，那裡的地價果然飛漲起來，楊先生狂賺了一筆。這時是大唐天祐二年（九〇五），楊行密並沒遷都，南京西郊並沒出現大批移民，大概錢處士使出了規避風險的絕招，讓大夥都看漲了。至於用什麼絕招呢？比如說，傳播一條即將遷都的消息，找一幫專家論證房價的升值空間，通過什麼協會發布房價一路上揚的統計資料，或者先低價開盤再猛地調高讓你看到果然升值很快等等。

事實上，只要看漲的人超過三分之一，其他不看漲的也會跟著買進（他們固然看跌，卻要賺看漲者的錢），然後本來微漲的地皮，便隨著人們的意念狂漲起來。據說，玄門內功練到極處，只要集中精力一想，就能把油燈撲地弄滅，把玻璃啪地打碎，就能千里之外取人首級，這些都是念力的作用。千年前跟在投資方屁股後面看漲的南京人就有這種念力，他們看漲，房價、地價果真就漲；反過來說，如果大家都看跌，那麼房價、地價果真就跌。想到自己有如此強大的念力，您可能會驕傲起來。然而，必須明白，這念力的一頭操縱在別人手中，你自己其實無能為力。

第十一章 在元朝自主建房[1]

對公務員來講，元朝要比宋朝好得多。宋朝原則上不分配官舍，京官無論大小，一律租房居住，偶爾分一回，也只照顧部級以上官員，以及戰功赫赫的將軍。元朝則從建國起始，就給半數京官和所有地方官分了房。這種房子，史稱「係官房舍」，類似後來的機關大院[2]。

可惜不是每個人都能做公務員，據好事者考證，元朝公務員僅占總人口的千分之零點五。換言之，每兩千個人裡面，平均只有一個能住公房，其餘一千九百九十九個都要自己解決住房問題。那時候，除了將作院這個國營的大型建築企業，不存在專門的開發商，二手房交易正受宗族打壓，宋朝那樣大規模的公房出租風光不再，民間的租房市場要到明朝才會復甦，因此，那一千九百九十九個人走的還是自主建房這條路。

假設當時有個叫李小二的人，此人不是公務員，沒有公房輪到他住，按照我們的要求，他必須建一處四開間、帶小院、漂漂亮亮的青磚大瓦房。

首先，李小二要做個預算：為建這套房，需要多少黃土、多少木料、多少青磚、多少板瓦、多少石灰、多少鐵、多少銅以及多少鋁。再算一下裝潢材料，大概需要多少麻搗[3]、多少桐油、多少朱砂、多少藤黃、多少青黛、多少紫檀、多少綠華[4]、多少細墨、多少定粉[5]和生漆。預算做好後，小二就可以去建材市場了。

元朝的建材市場比較分散，如果小二是大都人，那麼他買木料要去盧溝橋，買青磚要去阜成門，買板瓦要去琉璃局，買石灰要去東土城，買各種金屬要去沙坡峪。買顏料則方便一些，出門就是顏料鋪。另外還有黃土，這是所有建材中需要量最大的。本來隨處能取土，不需要購買，自從至元十三年（一二八一）下了紅頭文件[6]，不僅城內嚴禁取土，在城郊取土也要受罰，想用土必須找五城兵馬司申請，然後拿著批文到少府監購買，一車土寶鈔三十文，童叟無欺。

建材大體備齊，小二選個良辰吉日，開始動工建房。今天咱們迷信分工，功能退化，別說建房，連裝潢都要被人像傻子一樣玩；而在元朝，廣大人民幾乎都是兼職的建築工人，只要給他足夠的地皮、材料和時間，一個人就能把房子建起來。李小二當然也有這個本事，但他不逞能，為了趕進度，除他本人提著瓦刀上陣外，還僱了一個泥水匠、一個木匠和兩個坌工。泥水匠帶著泥鏝、泥托，木匠帶著鉋子、水平尺，坌工帶著麻繩編的泥兜子，他們包工不包料，小二管錢不管飯，各自努力，彼此默契。

約莫三個月以後，李小二的新房拔地而起，連買料帶僱工，合計花去寶鈔一百四十貫，折合新台幣八萬五千元。

這裡一直沒提地皮的事，因為在元朝蓋房不用買地，遞個申請上去，政府會批一塊官地給你的，以後每月交一次租金，時稱「地基錢」。

房市觀察要點

◆元代「係官房舍」來自多種管道，有接管前朝政府的，有接管白蓮教的，有抄家抄來的，有無主歸公的，也有工部牽頭、將作院承包新建的。關於「係官房舍」如何分配與使用，參見《通制條格》第三十卷，「官舍」條目。

◆假定每二千人中有一人是公務員，則其餘一千九百九十九人並非都要自己解決住房問題，因為還有士兵，士兵的住房應由國家營建，即使短期內建不起來，原則上也會發放租房補貼，讓士兵借住附近民房。為使問題簡化，這裡不考慮士兵。

◆盧溝橋是大都西南最重要的木材集散地，從西山一帶砍伐的樹木，順著永定河水運到這裡，或按原木出售，或鋸解成板材。阜成門在元代叫「平則門」，至元十三年（一二八一），工部在此開設窯廠，燒製磚瓦和瓷器。琉璃局歸少府監管轄，是元朝初年「大都四窯廠」之一。

東土城有石灰廠。沙坡峪有鐵礦。當時城中也有出售建材的商店，例如木行、鐵鋪、漆鋪等等，但我總覺得去那種店鋪買建材太傻，所以讓李小二跑遠一些。

◆ 元代疆域遼闊，居民建房未必都像李小二那樣麻煩。像西域高昌（故城位於新疆吐魯番市東）居民，土坯打壘、白堊塗牆，很省工；再如漠北上都（即開平，位於今內蒙古自治區錫林郭勒盟正藍旗境內，多倫縣西北閃電河畔）居民，平地挖洞，蒙草做頂，很省錢。短短千字文，不求面面俱到，這裡只說中原和江南的青磚瓦屋。

注解

1. 文中還提到取土限令和土地年租制度，均見於《元典章》。
2. 指現代中國的政府機關、軍隊、政黨等單位所形成的封閉區域，區域有高牆圍繞，牆內既有辦公區塊，也有生活設施。
3. 拌和泥灰塗壁用的碎麻。
4. 孔雀石製作的綠色顏料，顏色比較淡的稱綠華。
5. 即鉛粉，用作白色顏料。
6. 紅頭文件，並非法律用語，而是老百姓對「各級政府機關（多指中央一級）下發的帶有大紅字標題和紅色印章的文件」的俗稱。

第十二章 唐代巨賈竇乂的經商之道

唐朝中葉，陝西扶風有一人，姓竇，名乂（音一丶），是工部尚書的侄子，安州（轄境相當今湖北安陸一帶）刺史的外甥。十三歲那年，竇乂舅舅從江南來，捎回十幾雙絲鞋，遍送眾甥侄，別的小孩都挑合腳的拿，唯獨竇乂選了雙大號鞋，拿到集市，賣了五百錢。第二天，竇乂用這五百錢，去鐵器鋪鍛造兩根鐵釬，在某寺廟內鬆土挖溝，汲水澆灌，撒上榆樹籽。來年開春，榆籽出苗，長到三尺，竇乂剔去稠苗，拉到集市，賣了一千錢。第二年，榆樹長到雞蛋粗細，竇乂又剔苗出售，賣了四千錢。五年後，榆樹長到椽子粗細，約千餘棵，竇乂把它們全部賣掉，賺了三四萬錢。此時竇乂十八歲，已經有了近五萬錢的身家了。此後竇乂大量收購破布爛鞋，僱人晒乾搗碎，又買了許多油靛、石蠟、硝石、硫磺、木炭、槐籽，與破布爛鞋混合搗勻，搓成三尺長、三寸寬的長條，前後做了萬餘條，取名「法燭」。當年六月，京城連日陰雨，柴炭奇缺，價格大漲，竇乂出售法燭給人做燃料，每條賣到一百文，又賺了百餘萬。有了這麼多本錢，竇乂開始進軍房地產領域，在長安（今陝西西安市）西市買下十畝荒地，建成店鋪二十間，出租給商戶，又大賺一筆。唐德宗建中年間（七八〇－七八三），太尉（相當於國防部長）李晟在長安東市建房居住，因為西征時殺人過多，常疑心宅中鬧鬼，住不安穩，想把房子賣掉，他人得知內情，都不敢買，唯獨竇乂不忌諱，用十萬二千錢買下，推平之後，開發成酒樓，轉手賣了近二百萬。

上述故事在經濟史界屢被引用，有學者認為竇乂頗有現代商業頭腦，其種榆樹、製法燭、買荒地建酒樓的事例甚至可以進入哈佛MBA經典課程。我倒覺得上述故事瞎編的太多，寫實的太少：

第一，竇乂十三歲時撒上的榆樹籽，未必能在五年內長成千餘棵椽子，即便土壤肥沃、風調雨順，又沒有病蟲害，其他條件也不允許——他利用的是寺廟空地，容得下千餘棵小樹苗，容不下千餘棵椽子；

第二，即便竇乂真在廟後空地成功培育了千餘棵榆樹，也未必能賣到好價錢；

第三，做法燭發財那段也非常理想化，畢竟竇乂不見得能夠預測當年六月京城陰雨，更難預測到當年六月柴炭漲價。倘若法燭做好後，京城沒有陰雨，柴炭也沒有漲價，則竇乂的法燭恐怕一根也賣不掉，這小子要血本無歸了；

第四，他斥鉅資在長安西市買下荒地十畝，看似有遠見，可是誰能保證那塊地將來就能成為繁華地段呢？如果長安西市沒能變成商業區，荒地仍然是荒地，不管竇乂花多少錢，都很難收回投資成本。

唯一可信的，倒是竇乂買太尉李晟房子那段。眾所周知，中國自古鬼文化盛行，人民大都相信宅中鬧鬼的事兒，所謂「凶宅賤賣」是可能的，也合乎日常邏輯。

第十三章　擇日動工

秦朝人迷信，修房蓋屋，必挑日子。具體說，有如下講究：

> 春三月，啻（帝）為室申……，夏三月，啻（帝）為室寅……，秋三月，啻（帝）為室巳……，冬三月，啻（帝）為室辰。……凡為室日，不可以筑（築）室。筑（築）大內，大人死；筑（築）右圯，長子婦死；筑（築）左圯，中子婦死；筑（築）外垣，孫子死；筑（築）北垣，牛羊死。[1]

這段話的意思是說，上帝喜歡在春天的申日、夏天的寅日、秋天的巳日、冬天的辰日蓋房。這位上帝很變態，他老人家動工的時候，不許我們凡人動工，你敢不聽他的話，他就讓你家死人。譬如你蓋正房，當家的就會死掉；蓋西廂，大兒媳婦就會死掉；蓋東廂，二兒媳婦就會死掉；築外牆，孫子和兒子就會死掉；築北牆，家裡的牛羊就會死掉。

照這個說法，這年的正月初八、正月二十、二月初二、二月十四、二月二十六、三月初三、三月十五、三月二十七、四月初十、四月二十二、五月初四、五月十六、五月二十八、六月十一、六月二十三、七月初九、七月二十一、八月初三、八月十五、八月二十七、九月初十、九月二十二、十月初三、十月十五、十月二十七、十一月初九、十一月二十一、臘月初四、臘月十六和臘月二十八，都不能動工蓋房，因為它們分別屬於春天的申日、夏天的寅日、秋天的巳日和冬天的辰日。數一數，總共三十天。

一年三百六十五天，刨掉三十天不能動工，還有三百三十五天可以利用，想去秦朝蓋房的同志們可以慶幸一下了，因為需要歇工的日子並不算多。

可是，秦朝人的忌諱還多著吶。《日書》裡說：

春三月庚辛，夏三月壬癸，秋三月甲乙，冬三月丙丁，勿以築室。以之，大主死。

就是說，春天的庚日和辛日、夏天的壬日和癸日、秋天的甲日和乙日、冬天的丙日和丁日，也不宜動工，誰家動工，誰家的戶主翹辮子。

翻了翻日曆，發現正月初四、正月初五、正月二十四、正月二十五、二月初四、二月初五、二月二十四、二月二十五、三月初五、三月初六、三月二十五、三月二十六、四月初八、四月初九、四月十八、四月十九……，共有五十八天需要刨掉。

更慘的是，每逢正月壬日、二月癸日、三月甲日、四月乙日、五月戊日、六月己日、七月丙日、八月丁日、九月戊日、十月庚日、十一月辛日、臘月乙日，土地公都要出來視察工作，為了避免砸傷這位領導，你還是不能動工。

掐指頭一算，剩下可以動工的日子就變得很少啦：只剩二十幾天。而且像羊兒拉屎一樣，稀稀拉拉落在每個月的月初、月中或月尾。

可以想像得到，秦朝人蓋房肯定很妙：他們總是忙了兩天然後停工，再忙個兩天然後再停工，使得他們的房子總是蓋不完，他們的街區總是有深溝敞口、塵土漫天，一如今日某些國家建設中的城市。

注解

1. 節錄自劉樂賢《睡虎地秦簡日書研究》，台北文津出版社一九九四年版。下同。

第二篇 房市也瘋狂

精采內容

- 西周土地有多便宜？
- 漢代居延的超低房價
- 南北朝的高房價
- 陳仲躬買房——大唐房屋交易
- 宋朝購房流程
- 宋朝房奴問題
- 蘇轍買房記
- 宋朝人怎樣用房子賺錢
- 元朝的地價和工資
- 明朝成化八年租售比
- 弘治朝集資購房事件
- 集體躁狂的嘉靖房市
- 從《金瓶梅》看明代房市
- 從《紅樓夢》看清代房市
- 明末清初上海的土地交易
- 清朝小戶型
- 回到民國去買房
- 誰堵了房市的下水管
- 想做房奴而不得
- 題門貼——古代的房屋廣告
- 從《儒林外史》看貸款買房
- 出典、活賣與抵當
- 「找」房款
- 成三破二——房地產經紀人的報酬
- 練氣功和買房子
- 頭陀苦行與不買房運動
- 借房等死

風俗畫

◆聊齋軼聞

第一章　西周土地有多便宜？

陝西省岐山縣董家村出土一銅器，上面刻有這樣的銘文：

隹（惟）三年三月，既生霸壬寅，王爯旂于豐，矩白（伯）庶人取堇章（瑾璋）于裘衛，才（財或裁）八十朋，厥貯，其舍田十田。矩或取赤虎（琥）兩、「鹿乙」賁兩、賁韐一，才（財或裁）廿朋，其舍田三田。

「三年」指周恭王三年，即西元前九一九年；「既生霸」指每月初八到十五（西周人喜歡把每月分成初吉、既生霸、既望、既死霸四段，初吉是月亮剛剛出現，代指月初，既生霸是月光已經皎潔，代指上旬到中旬，既望是月圓已過，代指中旬到下旬，既死霸是瞧不見月亮，代指月末）；「王寅」是當日干支；「矩伯」和「裘衛」都是人名，前者可能是西周宗室，後者可能是衛國大臣；「朋」是貨幣單位，一朋就是串在一起的十枚貝殼。

整段銘文可以這麼理解：西元前九一九年農曆三月上旬的某一天，周恭王在豐邑舉行閱兵儀式，在這場閱兵儀式上，王室的矩伯和衛國的裘衛碰了面，矩伯眼饞裘衛手裡拿的玉璋，用八百枚貝殼去買，這八百枚貝殼如果拿來買地的話，能買一千畝（僅指土地使用權）。後來矩伯還用二百枚貝殼買了裘衛身上佩戴的裝飾品，這二百枚貝殼如果拿來買地的話，能買三百畝。

咱們知道，西周人主要生活在黃河中游，離海較遠，本土不產海貝，所以對沿海諸方國進貢的海貝很感興趣，把它們當作吉祥物、隨葬品和催產藥來用，同時也像夏、商兩朝的先民一樣，用貝殼來計價和付賬。現在出土的西周銅器和金石學家輯錄的文獻中經常有周王賜臣下貝殼若干，讓他們去加工寶器的紀錄，可見這種花花綠綠的小玩意兒在當時是挺值錢的。

前面銘文裡說，八百枚貝殼能買一千畝地，說明每畝地售價零點八個貝殼。銘文裡還說，二百枚貝殼能買三百畝地，說明每畝地售價零點七個貝殼。兩種說法不太一致的原因，可能是矩伯算錯了賬，也可能他指的不是同一塊地，譬如前面一千畝位於中心商務區，後面三百畝位於遠郊區。不過，不管怎麼個不一致，一枚貝殼買一畝地還是綽綽有餘。

《詩經‧小雅‧菁菁者莪》有一句：「既見君子，錫我百朋。」意思是某人見了上司，上司賞他一千枚貝殼，他很高興。以前不知道貝殼在西周的價值，覺得這傢伙小題大作，現在終於明白他為什麼高興了：一千枚貝殼相當於一千多畝地耶！

希望您讀完這篇文章之後，不至於誤會我的意思。我沒說西周的土地很便宜，只是說西周的貝殼很值錢。

第二章　漢代居延的超低房價

「居延」是地名，在甘肅和內蒙交界，曾經是漢代駐軍屯田[1]重鎮，從一九三〇年代起，這裡先後出土過幾萬枚漢代竹、木簡，合稱「居延漢簡」。本書第四篇第二章〈漢代也有財產稅〉一文介紹漢代居民瞞報財產的情況，就曾引用這些漢簡裡的其中一枚。該簡編號為181B，原文如下：

三礁燧長[2]，居延西道里公乘徐宗，年五十。妻一人，子男二人，子女二人，男同產二人，女同產二人。宅一區，值三千；田五十畝，值五千；用牛二，值五千。

翻成現代用語，就是說居延地區某居民徐宗，爵位是公乘，職務是燧長，年齡五十歲，有一個老婆、四個孩子，其中兒女各兩名，都還沒成家。一家六口，共有一套房子、五十畝耕地、兩頭牛，房子估價三千錢，耕地和牛估價均為五千錢。

彼時居延物價，一石粟一百五十錢，一石小麥一百錢，一件皂布單衣三百五十二錢，一條護院狼狗六百錢，一隻成年公羊九百錢。把徐宗家的房子賣掉，只能換二十石粟米，或者三十石小麥，或者八件單衣，或者五條狗，或者三隻羊。

這只是實物比較，還可以換算成新台幣。如前所述，徐宗的房子與三十石小麥市值相等，西漢一石小麥約有二十七斤，三十石小麥共八百一十斤，按現在小麥市價每斤五元換算，徐宗那套房才值四千元。[3]

我還見過一枚漢簡登記居延地區另一位居民禮忠的財產，此人有兩個奴隸，估價三萬錢；一個丫鬟，估價兩萬錢；兩輛牛車，估價四千錢；五百畝地，估價五萬錢；一套房子，估價一萬錢。這位禮忠的房子是比徐宗的房子貴了許多，但跟別項財產比起來，還是讓人覺得他們家的房子未免估價估得太低了——換算成新台幣的話，一萬錢只有一萬三千五百元，現在無論城鄉，哪裡找得到一萬多塊錢一套的房子？

前面提到的兩枚漢簡一直在經濟史界廣為引用，有人據此認為漢代居延地區房價很便宜，我卻不敢苟同。我覺得，也許徐宗的房子和禮忠的房子都是非常簡陋的臨時建築，造價極低，所以才便宜；又或許為了少繳稅，徐宗和禮忠他們故意把自己的房子估價估得低了（具體緣由詳見〈漢代也有財產稅〉一文）。

我比較偏愛第二種解釋，因為在居延漢簡中，還有一枚木簡是徐宗的賬簿，上面顯示這傢伙曾把房子租給一位姓胡的亭長，光一年的租金就有兩千三百三十錢，要說他那套房子只值三千錢，誰信？

注解

1 屯田，指的是利用士兵和農民墾種荒地，以取得軍隊供養和稅糧。

2 古代邊防報警的信號，白天放煙告警叫「烽」，夜間舉火告警叫「燧」。燧是邊防最基本的組織，專司本烽燧的守望職責，設燧長，其秩位相當於亭長。

3 西漢一石小麥二十七斤重量是指市斤，比台斤略小，但是由於購買力換算對精準度要求不高，所以不再換算爲台斤。

第三章 南北朝的高房價

總有人嫌房價高得受不了，也總有人嫌房價漲得還不夠快，比如說替開發商說話的經濟學家。經濟學家替開發商說話喜歡橫向比較：某某城市房價漲到了多少，是我們這地方房價的多少倍；或者某某國家房價有多高，是中國房價的多少倍，等等。這幫經濟學家不大喜歡縱向比較，大概是覺得過去的房子比現在便宜，縱向比較沒意思。

幸虧他們沒有留心南北朝的房價，否則就會發瘋地迷上縱向比較，給虛高的房價再撐上一根柱子。

如果只看交易形態，在南北朝買賣房產要立合約，要交契稅，誰想賣房，就在門上貼個廣告招攬買主，甚至還有人做仲介，既當掮客又當估價師——以上種種跟現在也差不多，所以並不稀奇。稀奇的是，那時候社會經濟還非常落後，房價居然也能飛到天上。比如說，南朝有個蔡廓，在開封建一處房子，經他哥哥按市價估算，值五十萬錢；南朝還有個王琨，在廣州買了一處房子，花一百三十萬錢；北魏建都洛陽後，許多官員在洛陽建房或購房，竟有人耗費上千萬。

您會說，或許南北朝時期的建築面積超大，雖然貴，但物有所值，其實當時的城市規劃不允許有太大的房子存在，僅以北魏都城洛陽為例，全城二百二十個坊，每坊五百餘戶平民，平均每戶占地不超九十八坪。您還會說，或許是通貨膨脹的緣故，當一斗米都值萬錢的時候，一處房子值幾百萬也不是問題，然而當時已經不是物價飛漲的東晉了。

排除了上述可能，我們來看南北朝的房價有多離譜。世界銀行有個說法：當房價超出居民收入的六倍時，就會對居民幸福構成威脅。而《南齊書》記載：「其民資不滿三千者，殆將居半。」也就是說，半數居民的收入只有幾千錢，那幾百萬的房價是居民收入的上千倍，放到現在，這個數字能把世界銀行的分析家們全嚇瘋。

房價高到這個地步，怎麼還賣得動呢？這是因爲除了窮人還有富人，對窮人來說房價很高，對富人來說卻不算什麼。據《南齊書・王琨傳》：「廣州刺史但經城門一過，便得三千萬。」一個市長級別的官員從城門口過一趟，就可以得到三千萬的賄賂，假如每月出幾趟城門，一年就能掙到一大片豪宅了，別說房價漲到一百多萬一所，就算漲到上億，人家也買得起。至於北魏時在洛陽大批購房的那些人，不是皇親國戚就是豪門大族，平時吃一頓飯還數萬錢呢。可以推想得到，如果現在的開發商生在南北朝，還會繼續抬高房價，因為房價再高也有人買。

福利經濟學中有個施肥原理，說財富就像肥料，只有撒勻了才見效，如果沒撒勻，那就不只是苦樂不均的問題，還會造成物價畸形，這個原理同樣適用於南北朝。所以說，在南北朝買不起房的人不該怪開發商漲價，也不該怪買得起房的推動漲價，要怪只能怪貧富懸殊。貧富懸殊是病根，也是頑症，短暫而動亂的南北朝沒能解決，我們寄希望於這個時代。

第四章　陳仲躬買房——大唐房屋交易

大唐天寶年間（七四二—七五六），洛陽有一個社區，名叫清化里，里內有一所住宅，宅中住了一個書生，名叫陳仲躬。陳仲躬原是南京人，參加過科舉考試，名落孫山，心灰意冷，面子上掛不住，覺得難見叔伯兄弟父老鄉親，就離開南京，搬到洛陽，在清化里找了一所房子，想換個環境再考一場。

陳仲躬的住處有一口井，井口很大，以前經常有人失足掉進去。陳仲躬知道這件事，不過他孤身一人在此居住，沒有家小，自己走路又非常小心，所以一點兒也不擔心會掉到井裡。在這裡住了一個多月，鄰居家有個漂亮女孩來打水，不幸落井而死。屍體被打撈上來，陳仲躬往井裡一瞧，井水中竟然出現一個人影，那人影不是陳仲躬，而是剛剛淹死的那個女孩，用衣袖遮著半邊臉，正對陳仲躬笑呢！

又過了幾天，一大早有人敲門，陳仲躬跑過去開門，竟然又是落井的那個女孩！她見陳仲躬大驚失色，便安慰道：「您別怕，我不是妖怪，我是被妖怪害死的。您家的這口井裡一條毒龍，牠把我當成了牠的奴隸，讓我用美貌來勾引別人往井裡看，趁人不注意，撲通一聲拽到井裡去，供牠來吸血。昨天晚上牠出了遠門，大概還要三四天才能回來，求求您趁此機會把井淘淨，不管看到什麼東西都撈上來，那樣我就能永遠脫離牠的壓迫了。」陳仲躬答應了女孩，趕緊僱人下井淘洗，結果撈上來一隻古鏡——也就是那個女孩的真身。

古鏡出離苦海，對陳仲躬說：「謝謝您的救命之恩，不過請您趕快從這個地方搬走，因為毒龍回來發現我不見了，肯定會報復您的。」陳仲躬說：「我好不容易才找到這個安身之所，交了房錢，立了房契，現在身無餘財，一時半會去哪兒再找一所房子呢？」古鏡讓他不要擔心。第二天早上，當地的房牙帶著洛陽另一個社區立德坊的房主來給陳仲躬送房契，盛情邀請陳仲躬搬家。原來古鏡已經安排好了一切，在立德坊找好了房子，簽好了房契，不用再交一分錢房款，直接搬過去就行了。

這個故事出自《太平廣記》，原文描述女孩跳井很詳細，記載陳仲躬換房很簡略，沒有說陳仲躬買清化里的房子時有沒有請房牙，也沒說後來換房時有沒有付給房牙佣金。不過按照唐宋及五代的法律條文和交易慣例，他買房時一定會有房牙在場。例如後唐天成元年，唐明宗曾規定：「如是產業、人口、畜乘，須憑牙保。」[1]意思是但凡不動產、人口、車馬等類交易，必須通過經紀人進行。我們在《唐律疏議》和《宋刑統》裡也能找到類似的規定。政府這樣規定，

又見倩女幽魂？
貓頭鷹印
據聞巷口老宅近日有女鬼現身。
近日一書生租屋於此，夜半步出
房外，見一女子懸於井上。驚嚇
之際，昏迷數日不醒。奉勸諸君
買房租屋前，記得先向左鄰右舍
打聽打聽，以免誤闖了鬼地方。

倒不是為了給房牙拉生意，而是為了避免契稅流失——在整個帝制時代，房牙除了促成交易，同時還都負有監督和催繳契稅的義務，所以政府才強制每宗不動產交易都要讓房牙介入。

房牙不是公務員，沒資格從政府那裡得到報酬，但可以從買賣雙方手中拿到佣金。其佣金比例高低不等，在中唐及五代，洛陽一帶房屋買賣，契稅一般按房款的百分之二，佣金一般按房款的百分之十[2]。也就是說，如果陳仲躬買房花了一百萬，那麼房牙就能掙到十萬。

注解

1.《五代會要》卷二六，市。

2. 參見《冊府元龜》卷五〇四，邦計部・關市。

第五章　宋朝購房流程

在宋朝買房，就跟後來元、明、清三朝一樣，都是先立契，再輸錢，最後印契。「立契」就是簽合約，「輸錢」就是繳契稅，「印契」就是請有關部門在合約上蓋章。

這麼說似乎過於簡單。

事實上，在買賣雙方簽合約之前，還有一道手續，叫做「遍問親鄰」。倘若您在宋朝置了房子，即便房屋所有權狀上注明業主是您老哥一個，其他任何人不得共有，您也不完全擁有對那套房子的處分權。因為宋朝是個宗法社會，在宗法社會裡，個人的財產總有一部分屬於家庭，家庭的財產總有一部分屬於宗族，直截了當地說，你的房子總有一部分屬於你的爸爸媽媽、叔叔阿姨、堂哥堂弟、堂姊堂妹，如果他們不同意你把房子賣掉，那你就不能把房子賣掉。所以，賣方在賣房之前，必須得到家人和族人的首肯，這個環節就叫「遍問親鄰」。

宋朝法律有規定：「應典賣倚當物業，先問房親，房親不要，次問四鄰，四鄰不要，他人並得交易。」[1]可見賣方在賣房之前，不僅要得到家人和族人的首肯，還要得到鄰居的首肯。

有必要說明的是，這種首肯不能只是口頭允許，正規的做法是「以賬取問」[2]，也就是拿一小本子，把親戚鄰居的名字都列在上面，然後從族長老太爺到隔壁王大媽，讓他們一個個簽字。倘若其中一個拒簽，這房就別打算賣了。當然，拒簽也得說出理由，譬如說您敗家啦，說您賣房子有違祖訓啦，說您損害了他的優先購買權啦，等等。您還別不服，如果打官司的話，這些理由一般都能得到法官大人的支持。可以想像得到，一個宋朝人不管平時有多神氣，到了賣房的時候對族人和鄰居都是點頭哈腰的，以便得到他們的簽字。

過了「遍問親鄰」這一關，買賣雙方就可以簽合約了。在北宋前期，對合約的要求還不太嚴格，到了政和六年（一一一六），專項文件開始出現：「人戶典賣田宅，議定價直（值），限三日先次請買定貼，出外書填，本縣上簿拘催，限三日買正契。」[3]按照這份文件的規定，買賣雙方要去縣衙買張「定貼」，起草一份合約，把合約草案交上去，經有關人員審查通過，再買幾份「正契」，才能正式簽訂合約。在這裡，「定貼」和「正契」都由官方統一印刷，都有固定格式，都挺規範，也都要交錢才能拿到。

「定貼」可以只買一份，「正契」則至少要買四份，因為宋朝中葉以後，官方規定購房合約必須是一式四份：一份買方持有，一份賣方持有，一份交縣衙審批，一份留商稅院備案[4]。「商稅院」是宋朝的稅費徵收機構，在京城、府城都有設置，類似現在的國稅局。

四份「正契」都簽完，一塊兒報送縣衙，然後由買方繳上契稅，有關人員會在合約上蓋章確認。前面說過，當時有個稅務機關叫商稅院，按理說，契稅屬於國稅之一種，應該交到商稅院而不是縣衙，但商稅院一般不設在縣城，總不能讓購房者為交回契稅跑百八十里到州城和京城去，所以就常常由縣衙代收。更多的時候，購房者連縣衙也不用去，因為簽合約時都有房牙在場，房牙雖然不吃皇糧，卻能在交易中起到很大作用，他們既是仲介，又是擔保，既是估價師，又是登記代理人，同時還兼任稅務稽察，負責督促購房者及時納稅，買賣雙方如果想省事，可以連合約帶契稅一古腦交給他們，然後跑縣衙也好，跑商稅院也好，這些人都代勞了，就像現在好多房產仲介都能協助您處理房屋貸款和過戶一樣。房牙也不能白忙活，他們得吃佣金，如果沒有特殊約定，佣金都是賣方來出。

像其他所有帝制時代一樣，宋朝也沒有房屋所有權狀，等四份合約都蓋了章，其中一份就是買方對房產擁有所有權的合法憑據。所以，蓋章與否，對買方來講很關鍵，同樣一份合約，不蓋章叫「白契」，蓋了章叫「赤契」（明、清兩代改叫「紅契」），白契在民間或許有用，拿到公堂上就等於廢紙一張了。南宋紹興十三年（一一四三）有規定：「民間典賣田產，齎白契因事到官，不問出限，並不收使，據數投納入官。」[5]打個比方說，您剛買了套房，還沒住進去，就被別人給占了，這時候如果您拿著白契去告狀，法院絕對不會給您做主。不但不給您做主，還要沒收您的房子。

以上是文件規定，具體到司法實踐，當時的官員們處理不動產糾紛時，也不把白契當回事兒：「官司理斷交易，且當以赤契為主。」[6]「今只憑赤契文關，如將來齎出砧基白契，更不行用。」[7]這跟現在買房不過戶就不能取得法律保護是一個道理。

注解

1.《宋刑統》卷一三，戶婚律‧典賣指當論競物業。
2.《慶元重修田令》。
3.《宋會要輯稿‧食貨》六一之六三，民產雜錄。
4.參見《宋會要輯稿‧食貨》六一之六三，民產雜錄。
5.《宋會要輯稿‧食貨》七〇之一四一，鈔旁定帖雜錄。
6.《名公書判清明集》卷六，戶婚門‧以賣為抵當而取贖。
7.《名公書判清明集》卷六，戶婚門‧爭田業‧偽冒交易。

第六章　宋朝房奴問題

且冒險一回，把歷史的時針撥到宋朝，然後紮個筏子，沿長江順流東去。其間我們別忘了停筏上岸，對沿途民居做些考察。

如果我們命大，將有機會看到青海的土窯、四川的塢堡、湖北的竹樓、江西的茅屋……一路到江浙，又能瞧見成片的瓦房，清一色磚木結構，斗拱分瓣，梁柱卷殺[1]，筒瓦琉璃黄，板瓦翡翠綠。這瓦房，比土窯明亮，比塢堡美觀，比竹樓潔淨，也比茅屋更能防火防盜，堪稱小康生活的象徵。這也說明江浙生產力更發達，人民更富裕。

然而，富裕不代表幸福。

從五代到宋初，兩廣人民的住房夠逼仄擁擠了，「四鄰局塞，半空架版，疊垛箱籠，分寢兒女」[2]，建築面積小到連睡覺的地方都不夠，又沒錢擴建，只好自己改成樓中樓。在這樣惡劣的住房條件下，固然不會幸福到哪裡去，卻也不會痛苦到哪裡去——大家都這樣，就淡化了居住不舒適的心理感受。另一個例子是青海，農牧民每天從土窯裡鑽進鑽出，也沒妨礙唱花兒[3]的好心情——想自卑也得有參照物是不是？

江浙跟兩廣、青海有所不同，這裡在五代時期少受戰亂之苦，水利、農業和交通又都占地利優勢，使得當地人在宋朝跑步進入了先富階段，有資本改善自己的居住條件。北宋建國不到五十年，杭州城外東倒西歪的茅屋就已被瓦房代替。建築材料也趨向高檔，不知不覺，青磚取代了土坯，紫檀取代了榆木，桐油取代了麻搗，藤黃取代了紅膠泥。這些材料都很貴，未必所有人都用得起，但只要有超半數的人在用，就會形成標準；當別人都按這個標準時，您如果達不到，您就會被恥笑，即使沒人恥笑，自己也免不了會難過。人是要面子的，富裕起來的人尤其要面子，為了面子，借錢也要置高檔些的房子。就這樣，一個時髦的概念呼之欲出了：房奴。

房奴有很多種，一種確實需要改善住房條件，一種是借錢投機想套利，還有一種便是宋朝的江浙人——為了面子而裝胖。江浙人借錢裝潢，「其或借債等，得錢首先充飾門戶」[4]。到熙寧年間（一〇六八－一〇七七），杭州甚至有人拿政府貸給的青苗錢買宣紙，買來浸濕搗泥，摻上白膠抹牆，據說能讓牆面更光滑。這樣打腫臉充胖子自然要付出代價，掙的錢都拿出去還貸了，日常消費受到影響，「妻孥皆衣蔽跣足」，「夜則賃被而居」[5]，比現在的房奴還慘。

統計一下幸福指數，住瓦房的房奴不見得會比住土窯的農牧民排名靠前，畢竟節衣縮食還貸款的滋味並不好受。也就是說，虛榮心總會驅使相對不富裕的人選擇當房奴，而當房奴的狀態又阻礙著幸福指數隨經濟發展一同上升。在什麼情況下虛榮心會失效呢？一般來說，要麼大家都有錢，都置得起好房子；要麼大家都沒錢，都住土窯；要麼沒錢的人修養很高，別人的優越對他構不成刺激。前兩種情況不現實，因為有錢和沒錢是相對的，只要存在收入差距，就存在有錢和沒錢的區別。剩下第三種情況，假定人人心如古井不起波瀾，不因有房而炫耀，也不因沒房而自卑，從此無欲則剛，肯定不會再去貸錢搞裝潢了。可是，沒了欲望，也就沒了經濟發展的原動力。

還有兩個指望，一是置房的成本不那麼高，二是政府負責為相對沒錢的購房者提供廉價房源。關於後一點，宋朝沒這項政策，現在好多國家都有。

注解

1. 卷殺（或稱「收分曲線」，拉丁語：Entasis），建築學術語，指建築構造中，出於美學上的考量而對柱、梁、枋、斗拱、椽子等構件從底端起的某一比例起始砍削出緩和的曲線或折線至頂端，使構件外形顯得豐滿柔和的處理手法。
2. 陶穀《清異錄》。
3. 花兒，又名「少年」，流行於中國西北甘肅、青海和寧夏的漢、回、土、撒拉、東鄉、保安等族的一種民歌。花兒以抒情居多，通常為獨唱或對唱形式。
4. 張仲文《白獺髓》。
5. 張仲文《白獺髓》。

第七章 蘇轍買房記

朋友送我一套《欒城後集》，說是蘇轍寫的，筆下成熟老到得很，簡直超越他哥蘇東坡。我翻了翻，還沒瞧出來蘇家哥倆哪個水平更高，倒發現一個很有意思的問題：蘇轍這人跟房子打了大半生饑荒。

中國人的老規矩，父在子不立，意思是說，只要當爹的還在，兒子不管長到多大，都不必自立門戶；而父親過世前，也有義務給兒子留些家產。用這個規矩去衡量蘇轍他們家，您會發現，蘇轍的爸爸蘇洵就沒盡到義務。

蘇轍是宋仁宗寶元二年（一〇三九）出生的，從這年起，到嘉祐元年（一〇五六）進京，蘇轍在眉山老家舊宅裡住了十八年。等到他和蘇軾考中進士，爸爸蘇洵也做了十來年的官，在京城卻沒能置上房子，任由兄弟倆借住公署。後來蘇轍、蘇軾的妻妾和孩子也來到京城，加上丫鬟、保母，一家老小幾十口，公署裡住不下了，蘇洵才去賃了一處宅院，幾十口擠在一起。嘉祐五年（一〇六〇），蘇洵帶蘇轍移居河南杞縣，是租的房子；嘉祐六年（一〇六一），蘇洵帶蘇轍回京閒居，還是租的房子；直到治平三年（一〇六六）蘇洵病故，除了眉山老宅，沒有給兒孫留下一處房產、一塊土地。蘇洵遺言中沒提房子的事，我猜他內心應該是有些愧疚和遺憾的。

父親過世後，蘇轍守孝三年，再來京城做官，已經三十一歲，該自立門戶了。然而，蘇轍的運氣似乎不大好，熙寧元年（一〇六八）政府分房，他在家守孝，沒趕上；熙寧三年（一〇七〇）皇帝賜宅，他去了河南淮陽辦教育，還是沒趕上。眼瞅著朋友李遵度在洛陽買地建別墅，眼瞅著朋友王鞏在揚州擴建住宅，蘇轍心裡難過，他在給朋友的詩中感慨道：「恨無二頃田，伴公老蓬萊。」二頃田就是二百畝地。

熙寧十年（一〇七七），蘇轍去山東徐州，租住逍遙堂；元豐三年（一〇八〇），蘇轍去江西高安，借住部使府；元豐八年（一〇八五），去安徽績溪當縣長，住的是縣衙；元祐四年（一〇八九），去浙江杭州當市長，住的是府衙；紹聖元年（一〇九四）下放河南汝州，在許昌租了一處民宅；同年七月下放江蘇南京，還是租的房子。

蘇轍下放南京時，王安石也在南京，人家早已置地買房，「以為終老之計」，蘇轍見了，免不了再次感慨一番——此時蘇轍已經五十六歲，有道是人生七十古來稀，離入土不遠了，即使不為自己考慮，也該給兒孫們置產吧。所以，在元符三年（一一〇〇），蘇轍回河南許昌定居後，趕忙拿出攢了大半生的工資，賣掉一批藏書，花了幾年時間，陸續買下「卞氏宅」、「東鄰園」、「南園竹」，又改建、擴建，治成一處百餘間的大院落，安頓下全家老小。

回到許昌時，蘇轍年近七十，兒子們都已成年，大兒子也做了官，都該自立門戶了。但是，只要蘇轍還在，就有義務給他們買房；只要蘇轍沒給他們買房，他們就有理由抗議。在《欒城後集》中，蘇轍有詩道：「我老未有宅，諸子以為言。」這個「以為言」，恐怕不只是提建議，還有喋喋不休的抱怨吧。

房市觀察要點

◆ 北宋官吏工資不低，蘇轍為官多年，卻一直租房居住，或許不是因為錢不夠，而是工作調動太頻繁的緣故。如元符元年（一〇九八），蘇轍來到廣東龍川，「買曾氏宅以居」，剛住下沒一年多，就被調到永州，只得再把房子賣掉。

◆ 元符三年（一一〇〇），蘇轍在許昌買下「卞氏宅」，此後不斷購併鄰居宅院，擴建至上百間。購併鄰居宅院時，東鄰柴氏出售三間正廳，索價幾百萬錢，可見當時房價是很高的。

◆ 除了先後在龍川、許昌買過房，蘇轍還置過田產，如元祐四年（一〇八九），女兒蘇宛娘出嫁山東，蘇轍曾想「鬻濟南之田以遺之」，說明他在濟南是有田的。《欒城後集》中還屢次出現「浚都別業」，可能是指蘇轍在河南浚縣購置的田莊。

第八章　宋朝人怎樣用房子賺錢

置房要花錢，自然也能賺錢。譬如現在，有的朋友買房，瞅個好地段，選個好時機，低價位買入，高價位脫手，一進一出，落個差價，走的是炒房這條路。五代時也有這麼做的，彼時南京有位楊先生，慧眼獨具，覺得南京會向西發展，就在城西買了一大片荒地，又在荒地上建了一大片店鋪。不出三年，南京城果然西擴，「而楊氏所買之地正在繁會之處」[1]，這位楊先生便高價出售「鋪底」（宋朝人把建築所有權稱作「鋪底」，把土地所有權稱作「地基」），狂賺了一筆。

炒房雖賺錢，卻屬於高風險投資，從安全角度講，遠不如購房取租來得穩便。在宋朝初年，又有人大肆建房，然後賃出去取利，房租或一月一收，或一年一收，源源不斷，細水長流。這樣經營不動產，當然不需要什麼學問，只要本錢充足，連傻子也能做，所以叫做「癡錢」[2]。可別小看了這「癡錢」，有宋一代，許多市民都是靠它養活一家老小的。熙寧年間（一〇六八－一〇七七），汴梁城中有個任先生，一位劍客要他捨棄家業，學那點石成金、點鐵成銀之術。任先生不幹，說他爸爸傳下來一套別墅，每年租出去，「日得一緡」，可供一家人「寒衣錦，暑衣葛，麗日食膏鮮」[3]，小日子過得安閒，才不去學點石成金呢。

或炒房取利，或租房取息，這種讓房子生錢的招兒我們見得多了，所以也沒什麼可稀罕的。宋朝人還有一招絕的，既不用把房賣出去，也不用把房租出去，甚至也不用把房典出去，他們在保留所有權和使用權的前提下，仍然還能讓房子賺錢。這一招，宋朝好多士大夫都用過。比如說司馬光，他在洛陽建了一處小別墅，名叫「獨樂園」，面積雖小，卻弄得山山水水一樣不缺，彷佛放大了的盆景。鑒於這座獨樂園很有觀賞價值，便有人前去遊玩，遊玩可不是免費的，司馬光一老僕站在門口收錢，誰進去看一看，至少五個老錢，多給小費則不限[4]，一年下來，也創收了不少錢呢。而司馬光本人「朝夕燕於其間」[5]，絲毫沒耽誤居住。

對僅有一套房子自住的朋友來說，能在不改變產權的前提下讓房子生錢，實在是最好不過的了。可是，這一招兒只能讓司馬光使，因為他有名氣，您家的房子再好，沒有誰樂意掏錢去看。

注解

1. 吳淑《江淮異人錄》。
2. 陶穀《清異錄》。
3. 劉斧《青瑣高議》。
4. 方勺《泊宅編》。
5. 葉夢得《避暑錄話》。

第九章　元朝的地價和工資

七百三十年前，也就是西元一二八七年，元政府收購大米，價錢是每石十貫。[1]這十貫可不是一堆叮噹亂響的銅錢，而是一堆紙幣。紙幣又分好多種，這裡指的是中統鈔。十貫中統鈔是多少錢呢？可以用糧價折算一下。

元代一石有九十五公升[2]，裝米能裝七十六公斤，今天買這麼一石普通粳米，至少得花三千元。所以，可以粗略地認為，在一二八七年，十貫中統鈔的購買力相當於今天三千元台幣。

就在同一年，廣東省雷州市一塊四畝五分的土地，賣了三十貫中統鈔[3]，換成新台幣是九千元。元代一畝有五百六十平方公尺[4]，約一百七十坪，四畝五分是約七百五十坪，平均每坪售價十二元，夠便宜的。

但是，地價很快就漲上去了。

西元一二九三年，同樣在廣東省雷州市，同樣是那塊土地，被買主轉賣給一位姓王的人，售價是一百貫（中統寶鈔，下同）。

西元一二九七年，還是那塊地，被再次轉賣，售價是一百二十五貫。

西元一二九八年，那塊地很快又被轉賣，售價是五百三十貫。

從最初的三十貫到後來的五百三十貫，才十來年工夫，地價漲了近二十倍，而且漲價的速度越來越快，漲幅越來越高，最後一年居然翻了四次。

跳出個案，放眼全國，我們會發現，幾乎當時所有地方的不動產價格都在瘋漲。

至元二十一年（一二八四），山東省東平路行政長官說：「典賣田產房舍，……今比年添十倍之上。」

大德元年（一二九七），江西省行政長官說：「目今百物踴貴，買賣房舍，價增數倍。」

大德六年（一三〇二），浙江省湖州路行政長官說：「即目地價，比之往日陡高數倍。」[5]

眾所周知，對於地價和房價，官員們一向很難跟小百姓取得一致，小百姓都喊高的時候，官員們會說：「還沒有跟紐約、倫敦、東京、巴黎接軌呢！」如果連長官都說高，那說明實在是高得離譜了。

有朋友開始犯嘀咕：「咱們開頭算過，廣東一塊地每坪最初只賣十二元，漲個十倍、二十倍的，單價也才幾百元，仍然不算高嘛。」

別急，咱們還沒說到收入問題。西元一二八七年，一位在省級機關上班的普通公務員，月薪是十貫（當時六部和地方政府中「典書」的薪俸），如果他自主建房的話，花一個月工資就可以買一畝土地。兩年後工資上調，漲到每月十五貫，這時候買地應該也不困難[6]。但此後直到元朝中葉，除了個別年月可以領到一些糧食補貼，工資再也沒有上調過，原來一個月工資能買一畝，最後一年工資砸出去，連一分也未必買得到，換了誰不罵街？

注解

1. 《農田餘話》卷上。
2. 依據商務印書館出版的《中國度量衡史》計算。
3. 土地的交易紀錄見於《元典章》十九，戶部卷之五・田宅・房屋。這裡參考的是元刻本《大元聖政國朝典章》，台灣故宮博物院一九七二年影印版，下同。
4. 同注2。
5. 各省行政長官對房地產價格的評述出自《元典章》十九，戶部卷之五・田宅・典賣。
6. 文章結尾敘述「典書」月薪及上調情況，其依據是《元史》卷九六，食貨志四・俸秩。

第十章 明朝成化八年租售比

判斷買房是否划算，一般參考以下兩點：

一、存款利息有多高；

二、同類房子的租金有多高。

如果存款利息很低，房屋租金很高，買房當然划算；如果存款利息很高，房屋租金很低，買房就不如租房了。

比方說，您花一百萬買套房子，存款年利是百分之三，租同樣一套房子每年要花五萬元，您買房就是一理性行為，因為把那一百萬存進銀行，遠沒有買房取租更來錢。如果存款年利是百分之五，而同類房子一年的租金只有三萬元，花錢買房就不如存款取利了。存上一百萬，光年利就有五萬元，您靠利息完全可以租一套更好的房子，還可以一直住下去。

還可以簡化一下判斷過程，拿年租除以購房款，得到的資料叫「租售比」，再拿租售比和利率比較，租售比小於利率，買房就不如租房；租售比大於利率，租房就不如買房；如果租售比等於利率，租房和買房就都是理性選擇。

但也不能武斷地下結論，說入市買房的朋友都吃了瘋藥。先賢講過，人除了是經濟人，還是社會人；換成大白話，就是說人除了愛錢，還愛面子。比如我本人，一早就明白怎麼算租售比，也信死了中國房市泡沫必破，但我寧可拋棄穩定的存款年利和自由的租房生活，跑去讓人按在地上，每月揭一層皮，也得換一「有產者」的稱號，不然心裡發虛：別人都有房，偏你沒房，算怎麼回事兒？

突然想起成化八年（一四七二）的吳江（今屬江蘇蘇州市）來了，那年吳江出賃係官房舍（即國有房產）一萬六千零三十五間，收租七千三百五十二兩，平均每間租金不到半兩銀子，如果買斷的話，每間售價則在八兩左右，租售比約為百分之六，而民間放貸至少能取九分利，也就是年利百分之九，可見租售比小於利率，買房不如租房。可是，當時買房的人前赴後繼，租房的人寥寥無幾，到弘治元年（一四八八），一萬多間係官房舍差不多賣完了。[1]

宋朝有位葉夢得先生，置房買地從來不瞧租售比，「勿計厚值」，「能買則買之」[2]。這種變態心理不只他有，我也有，從兩宋到現在，我們這些華夏子孫統統都有，這就叫有中國特色的置產觀念。

房市觀察要點

◆租售比有兩種演算法，一種拿月租除以購房款，一種拿年租除以購房款，為了方便比較，我選擇了後一種演算法。

◆文中說，合理的租售比應該高於或等於百分之五，這是我自己推算的，這個結果不同於中國國內學者的一般提法，但非常接近國際警戒線。而且我覺得，由於銀行五年期存款利率要高於三年期國債利率，直接取銀行利率作為租售比參照物，要比取國債利率加風險調整係數作為租售比參照物更簡便。

注解

1. 出自《弘治吳江志》卷二，「貢賦」一節。
2. 出自葉某所著《石林治生要略》。

第十一章　弘治朝集資購房事件

話說明孝宗弘治年間（一四八八－一五〇五），南京有個部門叫國子監，負責管理國立大學，並對國立大學的學生進行教育和監管，屬於那種油水不多、威權也不重的公共事業單位。這個單位的在編人員共有三十三個，其中祭酒一個，是頭頭；司業一個，是副頭頭；下面又有五個博士、十五個助教、十個學正。祭酒是從四品，副廳級公務員；司業是正六品，正局級公務員。這種品級輪不到享受皇上的賜第，下面的博士啊、助教啊、學正啊什麼的，就更別提啦。

那時候，南京有一半以上的土地屬於國有，剩下的掌握在私人手中。這三十三位公務員要想建房，必須先從國家的樓店務或者私人手裡買地，而南京城內寸土寸金，地價已經漲到了「一步一兩」（這裡的「步」是「弓步」簡稱，二百四十弓步合一畝，明代一畝有六百三十八個平方，因此每弓步不到三平方公尺）。有道是房隨地走，地皮這麼貴，房子也不會便宜；且不說秦淮河畔的獨棟別墅，單是夫子廟後一間破瓦房，沒幾十兩銀子也是搶不到手的。而明朝又不玩高薪養廉，國子監諸位同仁薪水都不多，祭酒每年能領二百五十二石老白米，司業能領一百二十石，五經博士是九十石，助教是七十二石，學正只有六十六石。按政府一厢情願，一石老白米相當於一兩銀子，其實只要不逢災年，一石米還賣不到七錢銀子，這麼一換算，祭酒年薪不到一百八十兩，學正年薪不到五十兩。身為高官大臣，最差也要租個小獨院不是？而當時一處三間正屋不帶耳房的宅子，月租在五兩左右——年薪不到五十兩的學正根本租不起。

怎麼辦呢？幸虧頭頭有辦法，想到了集資購房。這位頭頭就是謝鐸，明代有名的文學家和大藏書家，此人在弘治初年當上南京國子監的祭酒，很快就用集資購房的辦法，給全體同事解決了住房問題。

明朝規定，凡正九品以上的官員，都可以配勤務，如果不要勤務呢，勤務那份工資就成了官員的補助。就像中國現在給領導配車，本來該配一輛紅旗，如果不要紅旗，每月就有一千五百塊錢的車補。當時謝鐸號召大家，勤務能不要就不要，補助能多領就多領，把錢攢起來，然後一起買房。就靠這種辦法，國子監這幫人每年攢下三百三十兩銀子，後來由謝鐸出面，從當時的國有房屋管理機構，也就是樓店務手裡，買下了「官廨三十餘區」[1]，國子監三十三位在編人員，剛好每人一所。

如前所述，勤務是為大家配備的，靠省下勤務多出來的補貼，本來就屬於國子監全體同仁，為什麼非要作為小金庫貯存起來，再集體購買呢？再說了，每年多出來三百三十兩銀子，分攤到每人頭上也不過十兩而已，只多出來這個小數目，怎就能很快買上房呢？

要知道，謝鐸是向樓店務買的房，樓店務是公共事業單位，國子監也是，大家同在一個系統，自然要給點兒優惠。相信謝鐸他們集資購房時享受到的優惠，不比今天中國公務員集資建房時享受到的優惠差。

注解

1. 焦竑《玉堂叢語》卷二。

第十二章　集體躁狂的嘉靖房市

明世宗嘉靖年間（一五二二—一五六六），江西、江蘇和浙江都屬於比較富裕的省份。論農業，稻米平均畝產接近兩石。論工商業，明初興建的兵工廠大半集中在江西和江蘇，民營的絲織作坊則在浙江城鄉遍地開花。論經濟活躍程度，近三分之一的農民離開土地，移民城鎮，「以貨殖為恆產」[1]，而「縉紳士夫多以貨殖為急」[2]，連公務員也紛紛下海經商，「官之賈十七」[3]。這三個地方，跟全國其他省份比起來，也算是率先跨入了先富行列。

奇怪的是，這三個地方的人也最摳門。

比方說，您回到嘉靖年間，在江西南昌某位市民家裡做客。早餐是大米飯，您邊往嘴裡扒，邊東張西望找菜碟。甭找，前兩碗只能乾吃，吃到最後，餐桌上才會出現幾根老鹹菜。江西老鄉這種吃法叫「齊打底」，意思是說，前面光吃白飯，到最後再來點兒爽口的鹹菜，吃完了一回憶，似乎吃過的每一碗都配了菜。這樣既省菜，又能哄住肚皮。

然後您又去浙江杭州某位市民家裡做客。這回碰上個大方的主兒，給您擺了滿滿一桌，七葷八素琳琅滿目。您高興，捏個桃子放嘴裡，一咬，木頭的；再夾隻火腿放嘴裡，一咬，還是木頭的。滿桌子美食，除了中間那碟老鹹菜是真的，其餘都是木雕。

這麼待客並無惡意，人家平日吃的比這還慘，那位江西老鄉招待您，用的是「齊打底」，而他自己吃米飯，連打底都略去，從頭到尾白飯到底。您會說：「又不是沒錢，這麼節省圖什麼啊？」這話如果是對杭州那位市民說的，他會興奮地拉住您的手，邀請您參觀他的房子。而他的房子肯定又寬敞又漂亮，因為他從牙縫裡省下來的錢，都花到買房和裝潢上了。

也不知道這股風是從哪年哪月颳起來的，反正自從弘治（一四八八－一五〇五）以後，浙江人的房子就必須帶客廳了，江西人的房子就必須帶獸頭了（一般來說，官方禁止民間建築使用獸頭做裝飾，但在明朝中後期，這類禁令形同虛設），江蘇人的房子裡面就必須擺上時尚家具和精美古玩了。浙江太平縣，人們起房蓋屋，「屋有廳事，高廣倍常，率仿品官第宅」[4]。江蘇儀真縣（今屬江蘇儀徵縣），人們典到二手房，不管能住多少年，先擴建再裝潢，讓房屋鳥槍換砲金碧輝煌，「重簷獸角，有如官衙」[5]。

大房子比小房子住著寬敞，高檔裝潢的房子比毛坯房住著舒暢，居室裡面陳設花樣多一些，也比光禿禿的四堵牆更養眼，所以只要經濟條件允許，把多少錢花到房子上面都無可厚非——都是滿足日益增長的物質文化需要嘛。另外，如果你的房子很大，很豪華，別人就會羨慕和妒忌，而對大多數普通人來講，別人的羨慕和妒忌都是他快感的源泉，所以更有必要把房子往豪華上弄了。

最省錢的請客方式

據聞明代江西人請客吃飯，先吃白飯，到最後再來點兒爽口的鹹菜，吃完後回憶起來，彷彿吃過各種山珍海味。若是嫌白飯太少，浙江人還有一招。桌上擺滿木製假魚、假肉，只有中間的鹹菜可以吃，即便口中味道不足，視覺上也能得到滿足。事實如何，試試便知。

貓頭鷹印

問題是，當時大多數市民還沒富到可以盡情往房子上砸錢的地步，許多家庭就像咱們前面講的那樣，為了弄套好房子，不得不縮減最基本的日常開支。胃口不要了，營養不要了，健康也不要了，只為一房子，讓別人羨慕，讓別人妒忌。其實，他們根本沒那條件。沒條件而硬上，就叫「打腫臉充胖子」，就是炫耀和賣弄了。

也不必過於貶低人家的素質，嘉靖年間的明朝人總不至於都淺薄，總有一部分朋友是鄙視炫耀和賣弄的。那部分朋友，他們很理性，他們不跟流行，他們量米下鍋，他們租房，他們買小房，他們簡約裝潢；但最後，他們都吃了虧，因為超前消費的那撥人已經把房價抬得越來越高……

有個詞兒叫「集體躁狂」，嘉靖年間的房市就是集體躁狂的房市，在那種房市裡面，你越不躁狂入市越晚，入市越晚越吃虧。

注解

1.《皇明經濟文輯》卷九，地理一。
2.黃省曾《吳風錄》。
3.《松窗夢語》卷四，商賈紀。
4.嘉靖《太平縣志》卷二，地域志下。
5.隆慶《儀真縣志》卷一一，風俗考。

第十三章 從《金瓶梅》看明代房市

《金瓶梅》這本書，從出世到現在，不知被扣了多少帽子。天下第一淫書，說的是它；中國第一部世情小說，說的還是它；一個狠罵，一個猛誇，褒貶不一相差千里。然而，色情還是歷史，關鍵在於欣賞角度，比如說，我們以購房者的眼光讀它，看到的就全是房產交易。

《金瓶梅》裡的明代市民（這裡需要補充一下，《金瓶梅》講的雖是宋朝故事，卻是寫於明朝，文中風土人情也處處表現明代特色，僅看以白銀作為日常貨幣這一點就知道），主要靠三種途徑解決住房問題：一是租房，二是典房，三是買房。翻開第一回，原籍陽穀縣（今屬山東聊城市）的武大郎來到清河縣（今屬河北邢台市），作為流動人口，自然沒房，而賣炊餅本小利薄，又沒錢買房，所以就在紫石街「賃房居住」。後來與潘金蓮結婚，被原房東張大戶的老婆趕出來，「遂尋了紫石街西王皇親房子，賃內外兩間居住」。像武大郎這種人，屬於典型的租房群體。

典房比租房要划算。武大郎租房，每月都要向房主交租金，如果換成典房，只需要把一筆典房款付給房主，就能按約定期限，住上十二三年，到期後，典房款一文不少還是自己的。這種房產交易現在很少見，而在明代，甚至到了民國，典房一直與租房並駕齊驅，為眾多無房人士解決了燃眉之急，唯一的缺陷，需要押上一大筆典房款。《金瓶梅》裡，潘金蓮建議典房，武大郎說：「我哪裡有錢典房？」潘金蓮說：「呸！濁才料，你是個男子漢，倒擺布不開，常交老娘受氣。沒有銀子，把我的釵梳湊辦了去，有何難處！」於是賣了首飾，「湊了十數兩銀子，典得縣門前樓上下兩層四間房屋居住」。

從租房到典房，武大郎算是升了一個檔次，照這個趨勢下去，不要多久，他們夫婦就能買上自己的房子了；可惜武大郎早早被老婆毒死，沒能圓上買房的夢。事實上，即便沒被毒死，憑他賣炊餅那點兒利潤，一輩子也湊不夠房錢——因為房子太貴了。《金瓶梅》第五十六回，西門慶的結義兄弟常峙節要買房，朋友幫他做預算：「一間門面、一間客坐、一間床房、一間廚灶——四間房子是少不得的。論著價銀，也得三四千多銀子。」一套四開間的房子，要花三四千兩，而那時候清河縣的縣令，堂堂從七品的國家公務員，一年的薪水才八十四石老白米，折合銀子三百五十兩。也就是說，就算縣長去買房，如果不貪汙的話，也得十年不吃不喝才能攢夠房錢。可見在明代買房，也並不是一件容易的事兒。

第十四章 從《紅樓夢》看清代房市

《紅樓夢》第四回，薛姨媽舉家遷往京城，在路上，薛蟠和母親商議道：「咱們京中雖有幾處房舍，只是這十來年沒人進京居住，那看守的人未免偷著租賃與人，須得先著幾個人去打掃收拾才好。」這裡面就有個疑問：既然好幾處房子都沒人住，又不讓往外租，為什麼不賣掉呢？

您會說，他們薛家富得流油，不在乎那點兒房錢；然而，薛家又開當鋪，又放高利貸，一直變著法子弄錢，說他們不在乎錢那是騙人。您還會說，那是薛家備用的，指不定哪天就要住進去；然而，薛姨媽一行進京之後，住的卻是榮府「東北角上梨香院一所」，他們薛家那幾處閒房仍然是閒著。

我倒覺得，薛家之所以不賣房，未必是因為他們不想，很可能是因為他們不敢：薛家是旗人，而在清朝鼎盛時期，旗人的房產交易是受政策限制的。比如說，清初曾規定：「旗地、旗房概不准民人典買，如有設法借名私行典買者，業主、售主俱照違制律治罪，地畝、房間價銀一併撤追入官。」雍正元年（一七二三）頒布《八旗田宅稅契令》：「查定例內，不許旗下人等與民間互相典賣房地者。」到乾隆時期（一七三六－一七九五），政策雖然有所放鬆，仍然禁止旗人把超過五畝的住宅對外出售——薛家是名門望族，估計哪一處房子都不會少於五畝。有這些政策管著，薛家當然不敢賣房了。

現存的史料沒有說明清政府是否也限制旗房出租。《紅樓夢》裡，榮府入不敷出那會兒，探春理家，平兒幫襯，薛寶釵在旁參謀，仨姑娘一致認為大觀園裡到處是閒房閒地，應該盤活了換錢花。可是到最後，只把池塘、竹林、稻田什麼的承包了出去，房子好像一所也沒外租。這大概是因為旗房出租也在政策限制之列，想出租必須暗地裡來，就像上個世紀中國八〇年代的機關家屬院，大夥把房子租給了外來戶，也只能給人說那是他們家親戚。

政策限制會使房市低迷，房市低迷會使房價回落，所以清代的房價要比明代便宜。康熙十一年（一六七二），北京的旗人李某買房三十二間半（清代限制旗人賣房，但並不限制旗人買房），價銀只有二百二十兩；康熙三十二年（一六九三），正黃旗常某賣房兩間給同旗的何某（清代不許旗人賣房給民間，但允許房子在旗人內部流轉），僅得銀三十兩。而《紅樓夢》裡賈璉偷娶尤二姐，在「寧榮街後二里遠近小花枝巷內」買房二十間，大概也用不了三百兩銀子，要知道，當時一斛老白米還一兩銀子呢。

或許您會懷念清朝，因為房價不高，可是您別忘了，清朝的低房價也伴隨著種種限制，就像中國改革之前的公房，它確實很便宜，但您未必買得到。

第十五章 明末清初上海的土地交易

從明末到清初，上海農田取租標準基本上沒有什麼變化，上等水田通常按每畝一石五斗，中等水田通常按每畝一石，下等水田通常按每畝五斗。

變化較大的是糧價和地價。

崇禎（一六二八－一六四四在位）後期，白米一石紋銀二兩；順治（一六四四－一六六一）初年，白米一石紋銀四兩；康熙朝（一六六二－一七二二），米價又回到崇禎後期的水平。

隨著糧價的起伏，地價也在不斷變動。崇禎後期，上海中等水田賣到十兩一畝，順治初年漲到十五兩一畝，康熙十九年（一六八〇）又降到八兩一畝。

可見在一定程度上，地價是跟著糧價走的。

這裡面的因果關係並不複雜：作為資本之一種，農田價格取決於它能帶來的收益。鑒於每年收取的實物地租不變，則糧價越高，農田的收益越大，農田的售價也就越可觀；反之糧價越低，農田的收益也就越少，農田在市場上越不受歡迎。

現在的不動產市場流行「租售比」這一概念，就是拿不動產的年收益除以不動產的售價，咱們也可以算算明末清初上海農田的租售比。

如前所述，上海稻米在崇禎後期和康熙年間是每石二兩，在順治初年是每石四兩，而當地中等水田一直按每畝一石取租，則一畝中等水田在崇禎後期和康熙年間的年收益應該在二兩左右，在順治初年的年收益應該在四兩左右。

拿年收益除以同期農田售價，得出上海農田在崇禎後期、順治初年和康熙年間的租售比，分別是百分之二十、百分之二十七、百分之二十五。

這組資料說明，從明末到清初，上海農田的年收益可以達到售價的五分之一到四分之一。換言之，買進土地比賣出土地更划算，因為每買進一畝土地，四五年內累積的租金就能再購買一畝土地——相對於租金而言，地價實在太便宜了，只要明末清初的上海人不犯傻，就該盡可能多地買進土地，而盡可能少地賣出土地。有買必須有賣，當大多數人都選擇買進而拒絕賣出的時候，就會出現兩種結果：要麼土地市場冷下去，要麼土地價格漲上來，一直漲到租售比合理、買進和賣出同樣划算為止。

可是不管在明末還是在清初，上海一帶的土地交易都旺盛不衰，其地價雖然時有漲落，租售比卻一直維持在百分之二十以上的畸高水平。這是為什麼呢？

清初文人葉夢珠有合理的解釋。他說從表面上看，買地取租要比賣地划算，不過一旦考慮到賦稅問題，人們買地的積極性就大減了。譬如康熙二年（一六六三）前後，朝廷和地方官吏附加在每畝土地上的稅費高達三兩五錢，土地淨收益一下子成了負值，持有田產的人紛紛賤價出賣，中等水田便宜到每畝一文，上等水田最貴也不過每畝五錢而已。

葉夢珠還總結出一條規律：「賦役日重，田價立見訓減。」[1]用現在的話說，就是不怕你地價高，政府一路重稅下去，它就老老實實地降下去了。

我堅信這條規律也適用於房價。

注解

1.《閱世編》卷一，田產一。

第十六章　清朝小戶型

第一個問題，什麼是小戶型？

我想，應該就是指小臥室、小客廳、小房間吧。別的兩房二十七坪，小戶型的兩房十五坪。別的三房三十坪，小戶型的三房十八坪。別的四房四十五坪，小戶型的四房二十七坪。同樣的建築面積，劃分更多的功能區間，或者同樣的功能區間，占用更少的建築面積。我覺得，這就是小戶型了。

但是，怎樣才叫「更多」，怎樣才叫「更少」，都只是憑感覺，缺乏量化標準，沒有指導意義。

專業人士的說法：一房的房子不超過十八坪，二房的房子不超過二十四坪，三房的房子不超過三十坪，是為小戶型。

但這種說法跟政策有衝突。中國政策認可的小戶型，必須在二十七坪以下。

二十七坪以下的房子又有很多種，假如是在農村蓋一瓦房，兩架三間[1]，二十四坪，誰要喊它「小戶型」，我就跟他急。因為「戶型」這個詞看似只適合別墅以及公寓，咱們那民居連個起居室都沒有，跟「戶型」不相干。

第二個問題，清朝有小戶型嗎？

單從面積上說，應該是有的。譬如滿人剛進北京那會兒，給官員們分房子，一品官二十間，二品官十五間，三品官十二間，四品官十間，五品官七間，六、七品官四間，八品官三間，其餘不入流小軍官每人兩間[2]。舊式房宅，每四根柱子圍合一間，面積大小不等，少則三、四坪，多則六、七坪，我們取中位數，按每間四坪半估算，則當時一品官九十坪，二品官七十五坪，三品官五十四坪，四品官四十五坪，五品官三十二坪，六、七品官十八坪，八品十四坪，不入流的九坪。六品以下，房子都不超過二十七坪，當然是小戶型了。

但是，清朝的房子都屬於舊式建築，最多面積大些，間數多些，前堆假山，後挖魚池，點綴點兒人文景觀，至於內部格局，並不比現在農村的青磚大瓦房先進多少。似乎也跟「戶型」沾不上邊。

為了繼續下面的問題，現在請大夥把標準放寬一些，咱們只管面積，不管構造，睜一隻眼閉一隻眼，把所有面積在二十七坪以下的房子都當成小戶型。

這樣一來，清朝就有許多小戶型了。

第三個問題，在清朝買一套小戶型要花多少錢？

康熙五十七年（一七一八），北京大興縣北城日南坊（坊名「日南」，相當於某某街道）有一所樓房出售，該房臨街，下面兩間開店，上面兩間住人，樓後加蓋廂房一間，合計五間房，賣了二百一十兩[3]。

乾隆五十八年（一七九三），安徽休寧縣二十一都二圖（「都」相當於鄉鎮，「圖」相當於行政村）也有一所樓房出售，不臨街，但用地較大，房子共四間，賣了二百七十兩[4]。

咸豐七年（一八五七），浙江山陰縣三十六都三圖有人賣房，共計平房三間，賣了六十兩[5]。

這三套房子，最大的五間，最小的三間，如果不考慮土地，單算建築面積，每間還按四坪半計算，那麼它們都不超過二十七坪，它們都是小戶型。

清朝糧食價格，大米一石，賤時二三錢，貴時三四兩，咱們姑且取乾隆時江南平均米價：每石一兩五錢[6]為標準，對當時白銀價值做個估算：

首先，清朝一石相當於今天一百零三公升，每公升大米重約零點八公斤，故此當時一石米有八十公斤。按今天中等粳米每公斤四十元計算，買八十公斤米需要三千二百元。而如前所述，乾隆朝江南地區每石大米一般賣到一兩五錢，故此當時一兩五錢銀子相當於今天三千二百元，即一兩銀子相當於新台幣兩千一百元。

如前所述，康熙五十七年（一七一八）北京大興那套小戶型售價二百一十兩，折成新台幣是四十四萬；乾隆五十八年（一七九三）安徽休寧那套小戶型售價二百七十兩，折成新台幣是五十七萬；咸豐七年（一八五七）浙江山陰那套小戶型售價六十兩，折成新台幣是十幾萬。都不算貴吧？

最後，再瞧瞧單價。假設每間都是四點五坪，則第一套房有二十二點五坪，每坪將近兩萬元；第二套房有十八坪，每坪約三萬兩千元；第三套房有十三點五坪，每坪九千多元。

親愛的朋友們，每坪九千多元的小戶型，現今上哪兒找去！

注解

1. 傳統建築空間的基本單位，由「間」與「架」構成，間為與長向平行橫向跨距，架為與短向平行縱向跨距，由於不同形制建築皆有不同規定，因此可從一棟建築物幾間幾架來推測次建築物的平面規模面積與身分地位。間以奇數為單位。
2. 參見《大清會典事例》卷一一二〇，八旗都統・田宅。
3.、4.、5. 參見張傳璽《中國歷代契約彙編考釋》。
6. 參見常建華《清代的國家與社會研究》第二章第二節。

第十七章　回到民國去買房

北京市崇文區東柳樹井那兒，原來有一處四合院，四合院門前豎了一座碑，碑上寫道：

> 北平市為貨殖薈萃之區，芝麻油尤閭閻必需之品。歐風東漸，百二十行，非團結團體，不足與言商戰也，而公會尚已。……本會辦公地址，向租賃巾帽胡同，今籌措經費，置買得東柳樹井西口路南房屋一所。……南房三間帶廊子，西頭門道半間，北房三間，西頭大門道半間，東西房各一間，院後小平房一間。用款大洋二千九百五十圓。

碑後落款是「民國二十二年歲在癸酉夏四月」。[1]

大致意思是說，一九三三年初夏，北京市香油製造業協會在崇文區東柳樹井買下一宅子，該宅子有正房，有廂房，有南房，有圍廊，是座挺不錯的四合院，共計瓦房十間，總價兩千九百五十塊大洋。

北京四合院每間房屋的建築面積沒有固定規格，從三、四坪到六、七坪都有，我們取中位數，按每間四點五坪來估計，則香油製造業協會買下的那十間房約有四十五坪，每坪單價約六十五塊大洋。

六十五塊大洋是多少錢呢？還記得民國二十二年（一九三三），北京大米每石賣到八塊大洋[2]。民國的「石」是重量單位，約合今天八十公斤，而今天購買八十公斤大米，要花三千二百元左右，故此按糧價折算，當時八塊大洋相當於今天三千二百元新台幣，每塊大洋折合四百元，六十五大洋也就是兩萬六千元左右。翻開民國地圖，東柳樹井在當時還算是繁華地帶，房子每坪才兩萬六千元，夠便宜的。

您會說，上述事例不足以說明問題，或許那個香油製造業協會強買強賣呢。咱們再看兩宗交易：民國四年（一九一五），北京阜成門內王府倉胡同居民明昆賣掉自家四合院一處，共計瓦房十一間，售價一百五十塊大洋。民國十六年（一九二七），北京宣武門西大街住戶李桂森賣掉自家四合院一處，共計瓦房十八間，售價兩千五百塊大洋[3]。而在民國四年，北京大米每石賣到六塊大洋，民國十六年漲到每石十二塊[4]，借助糧價折算一下您就會發現，兩宗交易的房屋價格甚至還不到每坪一萬元。

您還會說，借助糧價來推算房價不一定可靠。這也沒關係，還有其他指標管著呢，比方說，可以算一下房價收入比。在民國初期，北京市一位十二級三等科員，月薪就有五十塊大洋，如果他專門攢錢買房子，一年工資可以買下四處四合院——如前所述，民國四年阜成門內一處四合院僅售一百五十塊大洋。而在今天，即便您是中等收入群體，攢十年工資也未必買得起阜成門內一套小戶型的商品房[5]。

所以，我很有信心地得出結論：跟今天相比，民國時房價低到了讓人驚喜的地步。

我還認為，那時候房價之所以很低，很大程度上是因為地價不高。譬如民國十六年（一九二七），北京東直門外一塊土地，面積一畝五分，喊價只有十六塊大洋[6]。按糧價折算之後，每坪二十元。

房市觀察要點

◆ 民國元年（一九一二），國民政府規定了各級公務員薪酬標準，其中十二級三等科員月薪最低，略高於技術工人，當屬中等收入群體。該標準轉引自建國後重修的《吉林省志》卷一一。

◆文末每坪二十元，換算說明：一畝五分約二百坪，總價十六塊大洋，每坪零點零八塊大洋，民國十六年十二塊大洋買一石大米三千二百元，一塊大洋相當於新台幣二百六十六元，零點零八塊相當於二十元。

注解

1. 《明清以來北京工商會館碑刻選編》所輯錄〈芝麻油同業公會成立始末及購置公解記〉。
2. 《長期米價研究》。
3. 《中國歷代契約彙編考釋》。
4. 同注2。
5. 商品房，指中國由房地產開發商統一設計，批量建造後，作為商品出售的房屋，通常是作為居民住宅，一般擁有齊全的配套設施，如供水供電、綠化、停車位等。商品房的建設和交易通常需要經過政府部門的審批。
6. 同注3。

第十八章　誰堵了房市的下水管

在我老家，村級公務人員一般安家到鄉鎮，鄉級公務人員一般安家到縣城，縣級公務人員一般安家到市區，市裡的公務人員則要在省會置產。至於省會的公務人員，按照一般規律，他們會進京買房，或者跑得再遠一些，在風光無限的澳洲大草原挖洞築巢。俗話說得好：「水往低處流，人往高處走。」只要有辦法，誰不樂意給自己弄個更好的窩呢？所以，也不光這些當官的，這兩年，教師、工頭、司機、廚子、攤販甚至撿破爛，都一批一批地往城裡搬。您說是為了投資也好，為了提高生活水平也好，為了方便孩子上學也好，為了躲計畫生育也好，反正他們借了錢、貸了款，學著那些官員的樣子，向更高一級的地方，喬遷了。

在我現在居住的城市，還有另外一種購房群體，他們要麼為了投資，要麼是聞厭了都市的煙塵和車輛廢氣，要麼錢包太小，被越吹越大的房價泡沫所放逐，放逐到鄉村、集鎮和小縣城，在那裡買房，或者買地建房。從置產動機上看，這群購房者和前面那群人大體一致，都是為了對自己更有利。從表現形式上看，兩者的方向剛好相反，前面那群是往上走，有如農村包圍城市；後面那群是往下走，彷彿當年知青下鄉。

我試圖把這些表象歸納為某種普遍定律，譬如可以叫它「不動產對流定律」。具體來講，就是由於不同購房者的存在，使得城市的不動產產權總是流向鄉村人口，同時村鎮的不動產產權也總是流向城市人口。這樣對流，有助於城鄉一體化，也讓城區外擴的勢頭更難控制，使本來不高的村鎮地價飆升起來。但不管結果好壞，對流本身難以避免。

我還試圖跳出當前，在塵封的過去找尋不動產對流定律，結果發現，在任何一個正常的商業時代，都有和今天非常相似的對流現象。換言之，只要有物權、有交換，就有不動產對流。比方說，明朝初年，城區土地完全國有，城市住房統一分配，農村居民也被里甲和戶籍牢牢捆住，這時就像中國二十年前那樣，無論城市不動產還是村鎮不動產，都真的「不動」了。然而，明朝開國不到五十年，兩浙商販就殺向京城，辦了假戶口，移民造屋，開鋪建房。同時，南京的士大夫也開始進軍江北，在鄉下大規模買地，建起莊園或別墅。從這時起，到民國結束，對流持續五百年沒有間斷。

如果把不動產看成是流動的水，那麼不動產對流定律就是一套水循環系統。該系統主要有兩根管子，一根從鄉村到城市，是上水管；一根從城市到鄉村，是下水管。明朝以後五百年間，進城買房的多，上水管流量大一些；下鄉置產的少，下水管流量小一些。這樣很正常，很符合自然規律。不正常的是，那根下水管經常堵塞。

舉例言之。大明代宗景泰三年（一四五二），在北京上班的御史王義鄰去大興（今為北京市東南一區）買地建房，交了錢款，相關部門卻不給過戶，非要在百分之三的契稅之外另加一筆附加稅。大清乾隆三十九年（一七七四），在蘇州上班的師爺孫潛用去吳縣買地建房，合約簽了，產權也過戶了，四鄰卻鬧到官府，說他和原賣主沒經四鄰同意，屬於非法交易。民國八年（一九一九），松江府一位姓朱的老闆攜家屬遷到城外，買下某寺院閒房若干居住，卻被松江駐軍趕走，說買的是公產，要沒收，給駐軍長官塞了五十塊大洋才算完事。

這些都是陳年舊事，卻給人一種似曾相識的親切感。在中國內陸小縣城自己蓋房的朋友都知道，如果您一不是當地土生土長的居民，二不是本地官員，三不是黑社會，四又跟當地人、官員、黑社會等等拉不上關係，那就等著惹麻煩吧。或許您順順利利拿到了地皮，但人家不給過戶；即使過戶了，人家也不給立項[1]；哪怕立項過關，還會有一幫當地人、官員或者黑社會找上門來，通過各種讓你頭疼的方式暗示你做點兒貢獻。也就是說，您想讓村鎮不動產流向自己的時候，面臨的不只是經濟問題，還有許多非經濟的勢力，是它們堵塞了不動產對流的下水管。

下水管堵塞可不是小事兒，它會給當事人帶來許多意想不到的麻煩，還會讓越來越多的業主和資金壅堵於大城市。這邊是繼續飆升的城市地價，那邊是嗷嗷待哺的鄉村經濟。

有一點讓人樂觀：上述現象總是發生在中國內陸小縣城，而不在商品經濟發達、商業環境良好的沿海。也許是越窮的地方，當地人越惡，官員越貪，黑社會越猖獗，然後下水管越堵塞。

有一點讓人悲觀：下水管越堵塞的地方，也就越窮，然後當地居民越惡，官員越貪……這是個惡性循環。

注解

1 立項，指某項工程經有關部門批准立為建設項目。

第十九章　想做房奴而不得

一刀下去，可以把我們的居住史切成兩段：一段是現在，暫時做穩了房奴的時代；一段是過去，想做房奴而不得的時代。

在今天，房價很高，錢包很小，怎麼辦?貸款啊。銀行很樂意做這筆生意，因為這是它們的最優資產，只要房市不崩盤，它們都將旱澇保收，有賺無賠。

銀行樂意放貸，我們也樂意貸款，因為房價越漲越高，無數次觀望和等待都已失效，血淋淋的事實一再證明，入市越晚只能越吃虧了。所以還是先走一步，花明天的錢，辦今天的事，哪怕以後每月都要把大半工資交給銀行，哪怕那利息還要不停地往上竄，我們也認了，畢竟利息的漲幅跟不上房價的漲幅，畢竟勒緊褲腰帶還款的痛苦勝過觀望和等待時的恐懼和不安。

我們得感謝這個時代。這個時代房價高昂，剝奪了我們詩意地棲居的機會；同時也推出許多金融產品，讓我們得以痛苦地棲居。痛苦地棲居也是棲居，總比貸不到錢，買不到房子，最後沒地方棲居要強一些。所以我們暫時做穩了房奴。

過去則是想做房奴而不得的。中國在上世紀末房改前那一段且不說了，那時候公房大行其道，銀行就是推出個人房貸也不會有生意。而在漫長的帝制時代，以及在民國，商品房卻是有的，房屋買賣也常見，私設的錢莊和官辦的銀行也發放貸款，民間金融譬如高利貸也興旺過，卻見不到個人房貸。我曾翻遍魏晉以來的正史，從隋唐到民國的文人筆記也讀過不少，還試圖在俗講話本雜劇小說中尋找房貸的蹤影，結果一無所獲，沒發現任何一家金融機構開辦房貸業務。

您會說，過去的人思想陳舊，不願意花明天錢、辦今天事，房貸在當時沒市場。可我讀過一本宋人筆記，叫《白獺髓》，裡面講北宋初年的浙江人，借了高利貸搞裝修，然後節衣縮食還債。宋朝高利貸月利是常事兒，比今天的房貸利息高多了，為了裝修連高利貸都借，說明咱們先人也未必全是老頑固。

您還會說，過去房子便宜，想買房，自籌資金就足夠，用不著去貸款。可我知道北宋初年的京官大半租房居住，南宋初年的居民普遍租住公房，明朝中葉北京的地皮已經漲到每畝紋銀兩千兩，折成新台幣也有四五百萬。到了清朝光緒年間，浙江蕭山民房有賣到百兩一間的，北京大興縣一套小院的報價竟然是兩千四百兩[1]，早在南北朝的時候，廣州市的房價收入比還曾高到上千倍[2]。在那個年月，倘若有某家銀行推出個人房貸業務，我堅信會有大批準備購房和自主建房的朋友前去諮詢。

相對合理的解釋是，當時的金融系統太落後，沒跟上購房者的腳步，沒能注意到他們對資金的強大需求。但這或許也是好事，因為房貸的產品越多，門檻越低，房奴越容易橫空出世，然後房價就越高。

注解

1. 參見張傳璽：《中國歷代契約彙編考釋》。
2. 參見《南齊書》卷。

第二十章　題門貼——古代的房屋廣告

南北朝時有位庾杲之，在南齊做尚書左丞，相當於行政院副院長。庾副院長好口才，有回會見北魏使節，人家問他：「貴國的老百姓是不是特愛炒房啊？要不然，怎麼家家戶戶門前都貼一張賣房告示呢？」庾副院長當即反駁道：「雖然我們南齊一貫珍視與北魏的傳統友誼，可是時刻沒有忘記北進中原，統一華夏。在當今這個時代，我們南齊國力強盛，軍民一心，舉國上下一致認為，在齊武帝和尚書台的英明領導下，統一全中國的宏偉目標很快就能實現，所以老百姓這才賣掉自己的房子，以便將來搬到中原去住。我個人覺得，這充分體現了我們南齊人強烈的民族自豪感和堅定的民族自信心，現在您卻往炒房上扯，可真夠異想天開的。」一番話把北魏使節說得七葷八素、頭昏腦脹，再也不提炒房的事兒。

庾杲之的這番話，原載於《南史》第四十九卷。《南史》是正史，正史裡的外交辭令跟今天某些新聞一樣，往往只重導向而不求真實。也就是說，庾杲之十有八九講了瞎話，南齊老百姓在自家門前貼廣告賣房子，要麼就是在炒房，要麼是因為受不了南齊的統治，想賣掉房子移民海外，總之跟自豪感、自信心之類的狗屁沒啥關係。

不過，這篇文章不是談政治，而是談房子，所以咱們暫且不管庾杲之說話的真假，只關注南齊老百姓貼的那些賣房告示。在南齊，房屋仲介是沒有的，更不可能有所謂網上二手房交易市場，人們想賣房子，只能靠熟人介紹、房牙牽線，以及自個兒做廣告，賣房人往自家門上糊一張售樓啟事，就是當時最主要的廣告方式。這種廣告在當時叫做「題門貼」。

余生也晚，沒到南齊去過，北魏使節看到的那種千家萬戶張掛題門貼的壯觀景象，我是沒福氣看到啦，恐怕您也沒有。不過，我們可以發揮想像，想像一下題門貼的樣子。在我心目中，南齊的題門貼應該是用高麗紙[1]做的，半個平方公尺大小，白亮亮的底子，上面幾行拳頭大的黑字，寫著戶型、面積和報價，如果可能的話，還會留下手機和電子信箱什麼的。之所以這麼想，是因為在我居住的小城裡，就有人張貼這樣的廣告。該小城經濟落後，資訊不發達，沒有像樣的房屋仲介，也沒幾個人懂得上網，頗像一千五百年前的南齊。

南齊的題門貼雖然見不著，我卻有幸見到了清朝的一張題門貼。那張題門貼是這麼寫的：

立經賬錢奇賓，今有自置房屋壹所，坐落吳邑閶五圖高崗子上，朝南門面出入，計上下樓房四間，上下兩披廂，一應裝摺在內，情願央中絕賣與人，如要者即便成交。

這張題門貼寫於嘉慶二十四年（一八一九），現藏日本東京大學東洋文化研究所（編號是8-21）。

注解

1 高麗紙，造紙術大約在漢代傳入朝鮮半島，後來經過當地不斷地改良完善，形成了獨具特色的高麗紙。高麗紙以楮樹皮為主要原料，經數百次敲打和熬煮、烘乾、壓實等複雜工序，纖維之間密集交織。其色白如綾，堅韌如帛，從宋代開始即為重要貢品。

第二十一章　從《儒林外史》看貸款買房

相信您在清代小說《儒林外史》裡讀到過如下場景：

深秋夜半，萬籟俱寂，浙江省樂清縣大柳村青年匡超人正挑燈夜讀，忽聽門外一聲響，幾十人吆喝起來，頃刻間幾百人一起大喊，窗紙變得通紅。他叫一聲：「不好了！」忙開門去看，原來是本村失火。一家人一齊跑出來道：「不好了，快些搬！」那火頭已有丈把高，一個個火團子往天井裡滾。等村民們逃到稻場上，全村房子都已燒成空地。

——這是江南民居怕火的典型例證。

不過，這篇文章並不關心江南民居怎樣防火，而是想藉上述事例，談談在清朝貸款買房的事兒。

且說匡家被火燒了房子，沒處容身，只好託人在村南大路口租下一間屋，搬了進去。此後到匡超人考中秀才、出門遠遊、娶妻生子、就業，一直到他故事結束，匡家都住在那間小屋裡，而沒有像別的村民那樣重建家園，更沒有在大城市裡買房置產。原因很簡單：他們家沒錢，蓋不起房，也買不起房。

換在今天，匡家只要拿得出三四成首付，就可以在杭州買下一套房子，然後喬遷新居。要是嫌杭州房價太高，還可以退而求其次，就近到樂清縣城置產——眾所周知，現在樂清那幾家商業銀行也推出個人房貸了。但是很遺憾，《儒林外史》寫的是明朝故事，描述的是清朝生活，無論在明朝還是在清朝，都沒有哪家銀行經營房屋貸款。

銀行不經營房貸，不代表就沒有貸款買房的希望了，事實上，匡家還有別的路子可走，比方說，借高利貸，或者借無息貸款。

假設匡家要在樂清縣城買房，三進五間一小院，要價六十兩，全家砸鍋賣鐵，湊齊了二十兩，餘下的就找印局借。印局是放高利貸的，長短期都有，長則半年，短則一天，利息也高低不等，從百分之八到百分之一百。只要匡家樂意承擔百分之一百的高利息，他們可以立刻貸到四十兩紋銀，交足剩餘的房款。

但是，這樣貸款畢竟太吃虧，利息高且不說，時間還短，這期間大概需要匡超人不停地殺豬、磨豆腐，他哥匡大不停地賣糖人，連臥病在床的匡老爹也要發揮餘熱，每天把雞蛋擱屁股底下，試著孵出一窩小雞來賣，才有可能把貸款還清。那樣的話，《儒林外史》只怕要改名叫《房奴外史》了。

咱們再換個方法，讓匡家去找借錢局。在晚清的江南，借錢局俯拾皆是，多由官員富商發起設立，專為貧民提供經濟上的短期救助，具體來說，就是提供無息貸款。按照程序，匡家應該向樂清本地的借錢局提出申請，然後借錢局派人調查，證明他們的確是貧民，然後才向他們放貸。

問題在於，在借錢局最多只能貸到五千文，清朝錢賤銀貴，一度是一千七百文才兌換一兩銀子，而匡家還有四十兩銀子的缺口，這點兒無息貸款根本不夠用。為了交足房款，相信匡超人會造出許多假證明，同時向幾十家借錢局提出申請，一如今天中國申請無擔保小額貸款的農民偽造一堆身分證。

房市觀察要點

◆ 樂清縣大柳村失火一段，引自《儒林外史》第十六回〈大柳莊孝子事親，樂清縣賢宰愛士〉。《儒林外史》是小說，不是正史，但眾所周知，僅從了解生活圖景這個角度來講，小說比正史更有參考價值。

◆晚清樂清未必有借錢局，但杭州是有的，蘇州是有的，鎮江是有的，連孤懸海外的舟山都有過，我們姑且推測樂清也有。關於借錢局的性質和放貸程序，見於《鄭觀應集》下冊，拯貧借錢局序‧局章六則。

◆清朝金融機構雖然不提供房貸業務，卻已有房屋抵押貸款的雛形，一般是讓申請貸款的一方押上房契。關於這一點，我在《明清蘇州工商業碑刻集》輯錄第三十八份碑刻〈吳興會館房產新舊契照碑〉裡讀到過具體事例，即光緒二十五年（一八九九）以前，蘇州吳興會館房契被一位名叫陳鶴鳴的人拿去盜賣。原文說：「吳中房屋契照，可以質押銀洋。」

第二十二章 出典、活賣與抵當

我有房，沒錢，想把房變成錢。怎麼辦呢？不外三條路：要麼出售，要麼出租，要麼把它押給銀行，換一筆貸款。

以前還有第四條路，叫做「出典」。

舉個例子。宋朝初年，有位大臣叫薛居正，居官清廉，掙錢不多，倒辛辛苦苦置下一片房產。後來他死了，老婆孩子沒錢用，就把房子讓給別人住，還約好期限，只能住五年，五年期滿，房子再還給他們薛家[1]。當然，這五年可不是白住，對方必須先付一筆錢，夠薛家老小應急。或許您會說：「這跟租房不是一樣嗎？」絕對不一樣。您租房得掏房租，房租到了房東手裡可是要不回來的；而交給薛家的這筆錢只是墊支，五年期限一到，您把房退了，錢一文不少還是您的。在這筆交易中，您實際付出的只是那筆錢五年期的存款利息，得到的卻是五年期的房產使用權；薛家實際付出的只是五年期的房產使用權，得到的卻是一筆五年期的無息貸款。

在房子和錢的所有權都沒有發生轉移的前提下，一方暫時有房居住了，另一方暫時有錢應急了，房不起租，錢也不生息，雙方各得其所，互惠互利。這就是出典。

同樣的例子，我們在〈從《金瓶梅》看明代房市〉一文中有說過潘金蓮賣首飾讓武大典房。假設武大郎是向小明典房。小明會跟武大簽一合約，上寫典主姓名、錢主姓名、典房幾間、典價幾何、出典日期和回贖日期。所謂「典主」就是小明，房是他的，所以他叫典主。所謂「錢主」就是武大，錢是他的，所以他叫錢主。這些詞兒在今天很新鮮，但過去曾被廣泛使用，宋、元、明、清四朝不管哪位說起「典主」、「錢主」來，就像我們說「抵押貸款」、「公設比」一樣自然。另外還有回贖日期，這個是必須在合約裡寫明的。比方說，武大是現在典的房子，回贖日期寫的是明年國慶，那麼在明年國慶，小明只要把銀子還給武大，武大就得再搬一次家。而如果小明到時候還不了銀子，武大就可以繼續住。倘若小明一直還不上銀子，武大就可以一直住下去，直到有一天小明說：「武大哥，我這房也不要了，您添幾兩銀子，這房歸您得了。」這時交易的性質就變了，典房就成了售房了。這樣的事兒在過去還真不少，一般來說，典主總是還不上錢，最後不得不把房子賣給錢主。

除了出典，還有第五條路，叫做「活賣」。

再舉個例子。元朝末年，有位先生叫施還，跟薛家一樣，他也是有房沒錢，母親死了都無力安葬，為了儘快籌錢買副棺材，他把祖房賣給了一位牛公子。按照時價，他們家祖房該值幾千兩銀子，牛公子卻只給他一百四十兩。或許您又會說：「那施還豈不太吃虧了？」一點兒也不吃虧，因為交易並沒結束，等這位施先生有朝一日發了大財，他還能按一百四十兩的原價再從牛公子手裡把祖房買回來[2]。在這筆交易中，施還實際付出的只是一段不定期的房產使用權，得到的卻是一筆不定期的無息貸款；牛公子實際付出的只是一筆活期存款的利息，得到的卻是一段不定期的房產使用權。在房子和錢的所有權都沒有發生轉移的前提下，一方暫時有錢用了，另一方暫時有房住了，房不起租，錢也不生息，雙方各得其所，互惠互利。這就是活賣。

活賣與出典很相似，區別在於出典有期限，而活賣沒有時間限制，隨時可以贖回，屬於臨時並且不確定的交易。

不過，如果沒法兒，古人還有一常用的招兒：抵當。具體場景如下：

小王揣著一張房契來找武大郎，說：「武總，勞您看看這房契，這是我爸在世時買的縣衙前面那幢樓，上面蓋著官印，貨真價實，您要是覺得還行，這張房契就歸您保管了，只求您借我倆錢兒，我們家都瓢底了。」

於是，武大收下房契，拍給小王幾張票子。

他們不用簽合約，哪天小王連本帶息還清了錢，武大自會把房契還給他。反過來講，如果小明一直還不上錢，武大就可以理直氣壯地憑房契賣掉小明家的那幢樓。

聰明的朋友已經發現，典房和活賣必須轉移房子的使用權，而抵當只需要押上房本，並不妨礙業主繼續居住。可是，業主通過典房、活賣融資沒有利息，通過抵當融資則要支付很高的利息，從這個角度講，抵當類似今天的住房抵押貸款。

我想我會選擇出典和活賣，而不樂意出售、出租或者去銀行申請抵押貸款。因為那套房子是我的愛巢，我缺錢也只是暫時的，如果為了一時救急就把房子賣掉，再想買回來可就難了，即便是另買一套，按房價天天這麼瘋漲的勁頭，誰知要多掏多少錢才能再買同樣的一套房子？如果把房租出去呢，每月收那點兒租，羊兒拉屎似的，也難解燃眉之急。至於說押給銀行，我相信銀行會貸款給我，但是朋友們，那利息可不低呀。

房市觀察要點

- 「出典」從魏晉之後就興盛起來，到五代時期一度與出售並列，成為不動產變現的兩條主要管道，合成「典賣」。
- 「活賣」是跟「絕賣」並列的，前者如文中所說，只是不定期的使用權轉移，後者則是房產所有權發生改變，屬於真正的出售。「活賣」從明朝開始流行，在清朝更加普遍，以至於官方不得不對其進行限制，並在法律上進行規範。譬如乾隆二十四年（一七五九）戶部條例：「凡民間活契典當田房，一概免其納稅。其一切賣契，無論是否杜絕，俱令納稅。」（《大清律例通考校注》卷九，戶律・田宅・典買田宅第九條例文）這裡「活契典當田房」就是指「活賣」，當時朝廷對「絕賣」徵收契稅，「活賣」則不收。

◆「活賣」不能為政府帶來收入，也沒有固定期限，交易雙方很容易在回贖金額和房屋品質上發生糾紛，因此清政府是不支持「活賣」的，一如後來中國不支持商品房回購。

◆今日台灣《民法》有不動產典權之規定，獲得不動產使用權的當事人（出典人）必須納稅。宋代也有類似規定，透過「過割」將稅賦也轉移給出典人，是完成典賣的重要程序。

注解

1. 參見司馬光《涑水紀聞》卷七。
2. 參見馮夢龍《警世通言》卷二五。

第二十三章 「找」房款

今天買東西，標價八十，給人一百，對方收了錢，會找您二十。在這裡，「找」是找零的意思。精確點兒說，就是賣方把超出商品價值的那部分貨款退還給買方。

過去賣東西，標價一百，人給八十，一咬牙，賣了，隨後又覺得虧，喊住買家，讓他再掏二十。這種行為在清朝也叫「找」，不過不是找零，而是找要。精確點說，就是賣方向買方追討一部分貨款，以補足商品價值。

可見同一個「找」，古今涵義大不同，在今天是「損有餘」，在過去卻是「補不足」。不信您翻《康熙字典》，這本過去的書給「找」釋義，裡面四個字寫得分明：補不足也。

當然，不敢說「找」在過去一定就是指「補不足」，但至少在清朝的不動產交易中，這個字有「補不足」的意思。

有例為證：

康熙六十年（一七二一），江蘇省武進縣居民劉文龍以七兩紋銀的價格賣了一畝八分地，八年後，劉某說「原價輕淺」，又委託仲介向買主「找」了一兩紋銀[1]。

咸豐元年（一八五一）六月，浙江省山陰縣居民高宗華以十八塊大洋的價格賣了六分地，三個月後，高某說「契內價銀不足」，又委託仲介向買主「找」了七塊大洋[2]。

道光年間（一八二一－一八五〇），浙江省蕭山縣居民王某賣掉自住堂屋一間和閣樓一座，後來王某去世，其妻莫某和兒子王本智認為當時賣得太便宜，「契價不足」，又委託仲介向買主「找」了三十五兩紋銀[3]。

上述事例並不是精心挑選出來的，如果您留心明、清兩代和民國時期江南地區的不動產交易紀錄，就會發現「找」這個字在契約裡簡直俯拾皆是。換言之，賣方在交易完成後再次索要價款的現象很普遍。

如果在今天，您從開發商手裡買了一套新房，或者從某個業主那裡買了一套舊房，只要您如數把合約上約定的房款給了賣方，只要你們順利過了戶，那麼就代表交易已經完成了，回頭等您住進去，覺得買虧了也好，占便宜了也罷，我猜您都不會去找賣方索還一部分房款（除非那房存在品質問題），當然更加不可能再給賣方加錢——哪怕他們嚷嚷著「原價輕淺」，抑或以「契價不足」的理由起訴您。事實上，即便他們起訴，法院也不會受理，現代法律只要求賣方找零，而不支援任何人在交易完成後再加收價款。

可是，清朝的法律跟現在不一樣，當時政府明文規定，允許賣方「憑中公估找貼一次」[4]，也就是說，即便雙方已經過了戶，只要後來的市場價高於原來的交易價，賣方就還可以再讓買方掏一次錢。這條法律不太合理，也沒什麼現實意義，但我總覺得它在清朝可以抑制炒房，假如當時就流行炒房的話。

注解

1. 參見《中國歷代契約彙編考釋》，頁一一九六、一二一三。
2. 參見《中國歷代契約彙編考釋》，頁一三八〇。
3. 參見《中國歷代契約彙編考釋》，頁一三七七、一三七八。
4. 《大清律例》卷九，戶律・田宅・典賣田宅第三條例文。

第二十四章　成三破二——房地產經紀人的報酬

《四世同堂》裡面有位金三爺，住在北京，自由職業，不種田，不做官，也不是工人，每天跑東跑西，給賣房的找買主，給買房的找賣主，買賣完成，他拿佣金，近似房產經紀人。用老舍話講：「當他立在高處的時候，他似乎看不見西山和北山，也看不見那黃瓦與綠瓦的宮殿，而只看見那灰色的，一壟一壟的，屋頂上的瓦。那便是他的田，他的貨物。有他在中間，賣房子的與買房子的便會把房契換了手，而他得到成三破二的報酬。」

什麼是「成三破二的報酬」呢？

百花文藝出版社一九七九年版的《四世同堂》標有注釋，說那是舊社會買賣房地產的陋規，買方付房款的百分之三，賣方付房款的百分之二，給經紀人做報酬。這話大致沒錯，只是圖省事，沒說清什麼叫「成」，什麼叫「破」。「舊社會買賣房地產的陋規」也是文革語氣——別人幫你成了買賣，你給人家錢，屬於市場規則，跟「舊社會」和「陋規」什麼的根本扯不上嘛，譬如現在是新社會，您讓房屋仲介幫您買套房，不也照樣要掏錢嗎？

「成」和「破」不難解釋。過去中國人講究祖業代傳，自家的房子無論如何不能賣，賣了就是破家；別人家的房子無論如何要買過來，買了就是成材。所以，「破」就指代賣房的人，「成」就指代買房的人。現在的開發商得慶幸自己沒有生在民國，不然就數他們最「破」，因為他們賣房最多。

在民國時期的房產交易中，還有跟「成」和「破」非常近似的一套詞兒，那就是「興」和「敗」。比如福建閩清，經紀人也是取房款的百分之五做佣金，其中百分之三由買方出，百分之二由賣方出，當地稱之為「興三敗二」。很明顯，「興」是指買方，「敗」是指賣方，解釋同前。

「成三破二」也好，「興三敗二」也罷，房產經紀人的佣金比率都是百分之五，這部分佣金也都是由買賣雙方分攤。相似地，台灣今天房仲抽成依規定不得超過百分之六，一般來說都是賣方出得比買方來得高，例如向賣方收取百分之四，向買方收取百分之一到二的報酬。

不過，民國那麼大，「成三破二」和「興三敗二」也只是在北京和福建等個別地方流行，跳出北京和福建，可能又是一套規矩。例如江西南昌，人們通過經紀人買地，要付百分之三的佣金，通過經紀人買房，則要付百分之四的佣金。而不管是買地還是買房，都是買家一方付錢，這在當時叫做「田三屋四」。[2]

注解

1. 《四世同堂》百花文藝一九七九年首印本，第一部第二十一章。
2. 成三破二、興三敗二、田三屋四等交易習慣，見於《中國民事習慣大全》，頁二七－三二，廣益書局一九二四年版。

第二十五章　練氣功和買房子

《射雕英雄傳》第五回，郭靖拜江南六怪為師，學習擊劍和散打，剛開始，怎麼也學不會，後來在馬鈺輔導下練習氣功，才變得身手矯健，段位一下子提高了一大截。

馬鈺是怎麼輔導郭靖練氣功的呢？說來很玄，只是睡覺。不過，睡覺之前，腦子裡「必須空明澄澈，沒一絲思慮」，然後「斂身側臥，鼻息綿綿，魂不內蕩，神不外遊」。郭靖這麼做了之後，「丹田中有一股氣漸漸暖將上來，崖頂上寒風刺骨，卻也不覺如何難以抵擋」。可見那氣功是有效的。

郭靖練的是全真派氣功，這門氣功關鍵在於「腦中空明澄澈，沒一絲思慮」，簡言之，就是啥都不想。據我看，這門氣功跟儒家練氣頗有共通之處。眾所周知，宋、明兩代的儒學大師們也講究練氣，像朱熹、程頤、張載、周敦頤、王守仁、劉宗周等幾位，個個都是氣功高手。這幫人的氣功心法如下：朱熹提倡「收斂身心，萬事休置」[1]，程頤提倡「內外之兩忘」[2]，張載提倡「人本無心」[3]，周敦頤提倡「無欲則靜虛動直」[4]，王守仁提倡「去其心之不正」[5]，劉宗周提倡「意無存發」[6]。提倡來提倡去，還是馬鈺告誡郭靖的那句話：啥都不想。

啥都不想，就會忘掉誘惑，不為外物所累，達到儒家說的「內聖外王」境界；或者像郭靖那樣，很快成為武林高手。但我懷疑一個人啥都不想的可能性。如果讓身心專注於某件事、某個人，沒有私心雜念，還能做到；完全徹底地啥都不想，恐怕很難。退一步講，即便能像郭靖那樣「腦中空明澄澈，沒一絲思慮」，就真能忘掉誘惑了嗎？丹田中就真會「有一股氣漸漸暖將上來」嗎？我試著練過道家氣功，也曾經按王守仁《傳習錄》中講的法門去練氣，除了小腿發麻、大腿發痠之外，沒有別的收穫。當然，您完全可以說我練得不對，功夫不到家。

比起儒、道兩家的氣功來，倒是佛門氣功更容易讓人接受。我有幸讀過天台宗開派祖師智顗和尚的專著《釋禪波羅蜜次第法門》，這本書說，佛門氣功雖然也分很多派別，大旨還是相同的，譬如都講坐禪，都要修不淨觀。坐禪無非端身正坐，雙腿盤著，手疊放在肚臍眼以下。修不淨觀很關鍵，坐禪的人要瞇著眼，想像自己左腳大拇趾慢慢腫脹，從豆青色腫到紫黑色，從筷子粗細腫到雞蛋大小，從皮膚開裂腫到潰爛流膿，一直爛到深可見骨；然後再想像左腳其他腳趾腫脹潰爛的景象，然後是右腳每個腳趾，然後左腿，然後右腿，然後臀部、小腹、胸腔、胳膊、脖子、頭、腸胃、肝脾、心臟、小命根兒……總之，全身每一個部位統統潰爛，膿血裹著蛆蟲從七竅噴湧而出。這樣想像一遍，叫一個周天。反覆二十四個周天，您就會對自己徹底厭惡，達到佛祖所謂「八背捨境界」中第一重境界。再然後，從頭部開始，想像頭皮脫落，白骨顯現，身上的肉一塊塊掉下來，軀幹和四肢灰飛煙滅，整個人化為虛空，眼前八色光明自現，心中了無牽掛，平安喜樂，進入佛祖所謂「八背捨境界」中第二重境界[7]。

儒家練氣，是為成聖成王；道家練氣，是為強身健體。佛家練氣為了什麼呢？往大裡說，為了成佛；往小裡說，為了消除貪欲。一般來講，佛門氣功練到第一重境界，貪念自消（至少練功那一會兒貪念自消，我試過）；練到第二重境界，可斷一切煩惱；如果練到第三、第四重境界，則不但可以證得阿羅漢果，還將獲得精神上的極大享受，其快樂程度遠勝於吃滿漢全席，也遠勝於過夫妻生活[8]。

佛家有「四事」說，即吃、穿、住、醫。人活一世，誰也離不開這四件事兒。對現代人來說，「吃」和「穿」好辦了，如果不犯大病，「醫」這一項也不難。剩下「住」，成了絕大多數都市居民的心病。首先，房價總比收入高，總比薪水漲得快，普通人買房總是買不起；其次，即便買得起，住了新房，又嫌面積小、採光差、離市中心遠了；再其次，即便面積超大、採光超好、區位極佳，也會因為不能耀武揚威地蓋過鄰居而倍感壓抑。房子能遮風擋雨，能讓我們炫耀和賣弄，所以我們喜歡房子。因為我們喜歡房子，所以我們因為房子而煩惱。佛家管這叫「房舍貪」，又叫它「親近漏」。「漏」是煩惱的意思。

怎麼治療這種煩惱呢？如前所述，可以練氣功，通過練功來消除貪欲。這可不是我的建議，早在南北朝，就有一位法號子璿的高僧說過：禪定、修不淨觀，能治房舍貪[9]。

南北朝時還有位居士（在家修行的佛教信徒），姓張，名字失考，師從天台高僧，修煉佛門氣功，練到後來，不但不再發愁怎樣買房子，而且連原有的房子都不要了，「寂坐林間，不居房舍。」[10]，開開心心過了三十年。就我個人所見所聞而言，這也算是通過練氣功來治「房舍貪」的一個成功案例吧，正在為房子發愁的朋友不妨也去練一練。

話說回來，這年頭房價繼續吃了瘋藥似地往上躥，作為升斗小民，咱們除了練練氣功，似乎也沒有別的路好走。

注解

1. 《朱子語類》卷一二。
2. 《二程集・答橫渠張子厚先生書》。
3. 《張子語錄・下》。
4. 《通書・聖學第二十》。
5. 《陰陽全書》卷三。
6. 明儒學案卷六二。
7. 《釋禪波羅蜜次第法門》卷一〇。
8. 、9. 《起信論疏筆削記》卷一八。
10. 《佛祖統紀》卷九。

拒當房奴
今人爲買房不得，心中萬分苦惱。不妨
參考古人方法，修煉佛門氣功，便能
不再發愁，甚至連原有的房子都可以
不要了，整天「寂坐林間，不居房舍」。
練氣功正是去「房舍貪」的良方。

第二十六章　頭陀苦行與不買房運動

但凡男人，二十歲以上，六十歲以下，荷爾蒙分泌正常，走在街上，瞧見美女，沒幾個不動心的。一動心，肌肉就緊張，內心就發癢，就想求愛。求之不得，輾轉反側，肌肉更緊張，內心更發癢，很痛苦。

去苦之道有三：

其一，把錢包整鼓，把自個整飭，再接再厲，死纏爛打；

其二，尋求替代，轉移目標，天涯何處無芳草；

其三，舉刀一揮，做個太監，從此無欲則不剛。

僅就止癢而言，還是第三種方法最徹底。

但是，生而為人，尤其生而為男人，除了好色貪淫，還好吃懶做，不僅瞧見美女動心，瞧見滿漢全席、名牌襯衫、香車超跑、高樓廣廈，也會肌肉緊張，內心發癢，也想輕鬆擁有。肉體上滿足了，還要耀武揚威地蓋過同學、朋友、親戚和鄰居，讓他們眼紅和尊重，贏得精神上的滿足。所求這麼多，哪一樣求不得，都是痛苦，即便真的揮刀自宮，也只能去掉一種苦，去不掉別的苦，除非聽從叔本華的建議，揮刀的時候，別對準小命根兒，對準咽喉。

用什麼方法才能去掉所有欲望呢？

佛教提供的方法有很多，諸如守戒、坐禪、苦行、參話頭，都是。這裡說說苦行。

據《北本大般涅槃經》介紹，苦行分外道和正道兩種，前者指撞牆、挖眼、投火、跳崖、鑽荊棘、臥牛糞、無休無止玩金雞獨立等極端行為，後者指乞食、節食、遠離眾人、穿破衣服等不太極端的行為。佛陀反對前者，提倡後者，並尊稱修持正道苦行的信徒為「頭陀」。

頭陀的日常生活很有意思。首先，每天只吃一頓，每頓都不吃飽；其次，要少睡，多坐，而且必須坐在遠離塵世生活的地方，比如林間、墓地、山洞中；再其次，獨身，不碰女人，不積蓄財寶。據說這樣的日子過久了，就可以少欲、知足、無疑、滅愛，進而斷絕欲望，得到解脫[1]。

我覺得，頭陀修苦行的訣竅其實很簡單，就是一切跟生活對著幹：想吃美食，吃不到，很痛苦，乾脆每天一頓粗茶淡飯，用這種痛苦來消滅想吃美食的念頭；想住華廈，買不起，很痛苦，乾脆搬到墓地跟死人做伴，幕天席地，餐風飲雨，用這種痛苦來消滅想住華廈的念頭。

所以，我又覺得，頭陀們都有明顯的憤青傾向，就像發起不買房運動的哥們兒：不是房價高嗎？不是讓俺買不起嗎？OK，老子還不買了，老子一輩子租房！

這樣對著幹究竟有多大收效，我沒做過頭陀，也沒參加不買房運動，不敢妄言。對於苦行的效果，無妨做幾天頭陀驗證一下，發覺不能斷絕欲望，再還俗也不遲。至於不買房運動，坦白講，我是不敢試的，萬一哪天改變主意，再想買房可就吃大虧了——誰知這可惡的房價還會漲到哪個地步？

注解

1. 參見《解脫道論》卷二，頭陀品。

第二十七章　借房等死

三百五十年前，黃宗羲在浙江餘姚買房置地的時候，斯賓諾莎剛剛租下阿姆斯特丹郊外一個閣樓。一百六十年前，魏源在江蘇高郵買房置地的時候，叔本華正租居在法蘭克福麗景街（Schöne Aussicht）十七號。黃、魏二人是炎黃子孫，斯賓諾莎和叔本華是老外，前者誓死追求自有房產，不給自己弄一套房子絕不甘休，後者似乎有房住就成，並不在乎那套房子的產權是否歸在自己名下。

我還記得，斯賓諾莎從二十四歲開始租房，此後二十多年一直追隨同一個房東，人家搬家他也跟著搬家。一六七七年，斯賓諾莎死於肺病，死前把手稿鎖了起來，鑰匙則交給房東保管，想必始終沒能混上自己的房子。叔本華大概也一樣，一八六〇年，此人在法蘭克福麗景街十六號去世，對此好多傳記上是這樣描述的：「房東太太喊他吃飯，發現他仍坐在桌子旁邊，卻永遠地睡著了。」可見也是做了一輩子無房人士。

我沒瞧過叔本華和斯賓諾莎的存摺，不知道他們是不是因為沒有攢夠買房的錢，才租房過一生的。不過，即便錢沒攢夠，也不妨礙買房不是？他們完全可以申請抵押貸款。如果首付都沒攢夠，那就去掏父母的腰包，把他們榨乾榨淨，不信擠不出錢來。如果父母也是窮光蛋，還可以找親戚朋友借呢。這些招兒已經是絕大多數購房者使濫了的，雖然不新鮮，卻很實用，相信能幫兩位哲學家解決房子的問題。

有朋友說：倘若叔本華和斯賓諾莎過於理性，生怕將來還不上，連找朋友借錢都不敢呢？也無妨，他們乾脆別借錢，直接借房。借房這招兒也是我們炎黃子孫使過的，九百三十年前，蘇東坡在開封為大兒子辦喜事，沒有新房，就借了同事范景仁一處別墅，兩年後才歸還。別罵老蘇臉皮厚，中國人的老規矩，沒有新房不能結婚，當時蘇家買不起房，借來的別墅雖然只能住得一時，總比租個小套房做洞房有面子多了。[1]

租來的房子不適合結婚，也不適合去死，叔本華和斯賓諾莎死在租屋裡，在中國人看來是很丟人的事兒。中國有句古話叫「狐死首丘」，丘就是墳墓，一般視為狐狸的自有房產，連狐狸死時，腦袋都要對準自己的窩，人不死在自己的房子裡，豈非連畜牲都不如？所以，哪怕為了死，我們也必須買套房，錢不夠就貸款，貸不來就借錢，不想借錢就學蘇東坡，他借一處別墅結婚，咱借一套房子等死。

南宋末年，浙江有位楊與疾先生，沒錢買房，租住在縣城西門的城樓上。後來年紀大了，聽說一位姓周的朋友剛建好一套房，就找到那位朋友，說：「願假君宅以死。」後來人家借給他了，再後來他死了[2]。我猜他死得很幸福。

房市觀察要點

◆黃宗羲、魏源買房，分別見於二人年譜，斯賓諾莎和叔本華租房，見於一本很暢銷的書，書名叫《偉大的思想》。

◆在清代志怪小說中，有許多狐狸租房的故事，《聊齋志異》眾所周知，不必說它，《夜雨秋燈續錄》裡則這樣說：狐死不僅首丘，而且盡可能要死在自己的家鄉。比如山西某狐狸，跑到安徽租房，臨死又攜家帶口回到山西了。

注解

1. 《北宋文人年譜》。
2. 《南村輟耕錄》。

第三篇 租房時代

精采內容

◎在唐朝租房
◎在《水滸》裡租房
◎帝制時代的廉租房
◎宋朝住房自有卒
◎官員租房
◎公房出租
◎公房租金及其去向

◎蘇軾來信——房租減免
◎租房先給謝禮
◎典不到的河房
◎二房東的小竹筒
◎寧羨房東不羨仙
◎咱們房東有力量
◎有多少才子佳人都成了房東

風俗畫

◆社會萬象

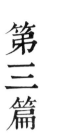

第一章　在唐朝租房

《西遊記》裡講到新科狀元陳光蕊把老娘安頓在洪州旅館，四年後，陳光蕊的兒子，也就是唐僧，來到洪州找奶奶：

（唐僧）來到萬花店，問那店主劉小二道：「昔年江州陳客官有一母親住在你店中，如今好麼？」劉小二道：「她原在我店中。後來昏了眼，三四年並無店租還我，如今在南門頭一個破瓦窯裡，每日上街叫化度日。」

這段故事說明，唐朝時候出門在外的人會把旅館當作長期住所，並為此支付報酬，換句話說，他們會跑到旅館租房。上面故事中，店主劉小二是房東，唐僧的奶奶是房客，由於房客欠租，房東把房客趕走了，這又說明在唐朝房東和房客就是純粹的經濟關係。

除了出門在外者，還有窮人、考生、商人、情侶以及不法份子等群體，一起構成了唐朝的租房大軍。韓愈就曾經是窮人租房的典型例子，他有詩自敘：「賃屋得連牆，往來忻莫間。我時亦新居，觸事苦難辦。」¹寫這詩的時候，他剛入仕做官，級別低，薪俸少，常常吃了上頓沒下頓，「有時未朝餐，得米日已晏」，更談不上買房，只好跟一位姓崔的同事合租一處院子。考生則是季節性的租房者，每年到省城、京城參加考試的考生，考而不中，沒臉回家，常留下來複習，以待來年再戰，此時就要租房。唐朝的長安城，每次會試之後房租還要再漲一次，這是因為大量考生留下來租房，造成了房源緊張，供不應求，就像現在中國研究生考試後，每個省會城市的房租總會上浮一樣。此外，還有租臨街商鋪做生意的商人（儘管唐朝臨街商鋪不多）、租鐘點房的「淫奔者」（這是當時人們的蔑稱，其實應該叫做搞一夜情的），以及租房行騙打一槍換一個地方的江湖騙子，形形色色的人們支撐著唐朝租房市場的持續火爆漲勢。

為了規範租房市場，唐朝政府制定了不少制度。按制度要求，在長安租房要找坊正（相當於居委會主任、里長）備案，在地方上租房要找戶曹辦「引子」（類似今日中國的暫住證）；房東還要向國家交稅，按照房子的品質和大小，每間房子交納銅錢五百到兩千不等。這種制度古今同理，看起來倒是像模像樣，其實根本落實不了。

如前所述，房子有品質和大小的區別，這種區別正滿足了廣大房客的需要，因為大家的消費標準也有區別。白居易和元稹過洛陽，住進「溫湯客舍」，豪華套房加上溫泉浴，不亞於假日酒店。李靖帶女朋友張氏去太原，租靈石旅館，「既設床，爐中烹肉且熟，張氏以髮長委地，立梳床前」[2]。睡覺的床和做飯的爐子在一處，可見那是小套房。之後虬髯客來訪，李靖打酒買燒餅招待，菜不夠，又切了顆人心下酒。很顯然，像李靖這種租套房的基本上不是紳士，他們能讓治安好到哪兒去？

注解

1. 〈崔十六少府攝伊陽以詩及書見投因酬三十韻〉。
2. 《虬髯客傳》。

第二章　在《水滸》裡租房

古人出門在外，投親不遇，想給自己找個窩的時候，有五種房子可租：一是客店，二是會館，三是寺觀，還有可以租來長期居住的官屋和民房。官屋在北宋最普遍，北宋開封城裡的市民，近半數都住官屋，他們定期交租，租金成為宮廷收入的一部分。民房不用說了，從隋唐到明清，從大城市到小村鎮，到處都有民房出租。至於租金，有每年一交的，也有每月一交的。出租類型，有附帶家具的，有不附帶家具的，有的連飯食也供應，房客可以同房東同吃同住，有的管住不管吃，只提供廚房和灶具，一日三餐讓房客自己解決。

金聖歎評點本《水滸傳》第二回，金翠蓮父女從東京來到渭州，投親不著，租的就是客店裡的房子。那客店在渭州城東門裡，招牌喚作「魯家客棧」，金家父女住了小半年，臨走時，除結算房錢，還要算清柴米錢，可見是管住又管吃的。在宋、金兩代，還有的客店是只出租房屋而不提供飯食的，俗稱「笊籬店」。《水滸傳》第四十四回，拚命三郎石秀和病關索楊雄鬧翻，從楊家搬了出去，在附近小客店裡賃了一間閒房住下，這家客店便是「笊籬店」。之所以叫「笊籬店」，是因為這種店門口一般都掛支鐵笊籬[1]，表示「內有廚具，做飯自便」的意思。

《水滸》裡面，梁山好漢上山之前，租民房的也不少。比如說，魯達和宋江，分別在渭州城和鄆城縣租房居住。魯達是單身，租小套房，什麼時候想搬家，捲了鋪蓋就走，瀟灑得很。所以，能在三拳打死鎮關西之後，捲些衣服盤纏、細軟銀兩，提一條齊眉短棒，奔出南門就開溜了。人家去抓他，讓房東打開房門看時，「只有些舊衣舊裳和些被臥在裡面」，可見房東不提供家具，他自己也沒置買。宋江同樣沒老婆，但包了一個閻婆惜，不算單身，又有錢，將就不得，租的是「六椽樓屋」，「前半間安一副春台（飯桌）凳子，後半間鋪著臥房，貼裡安一張三面稜花的床，兩邊都是欄杆，上掛著一頂紅羅幔帳；側首放個衣架，搭著手巾；這裡放著個洗手盆，一個刷子；一張金漆桌子上放一個錫燈檯；邊廂兩個杌子（方形而沒有靠背的小凳子）；正面壁上掛著一副仕女；對床排著四把一字交椅（椅腿做成交叉狀，並在交疊部位安裝樞軸鉸鏈）。」這些家具擺設，據閻婆惜說，也都是宋江辦的，那麼房東所提供的，只有幾間空殼子樓房了。

有本書叫《尺牘雙魚》，其中第七卷「契帖類・賃屋契」專講古人怎樣簽合約立文書，裡面有份租房合約的樣本：「立賃房契人某，今因無房居住，情愿憑中賃到某名下草（瓦）房幾間，家火幾件，逐一開載明白。每年該賃房銀若干，其銀陸續支用。自立契之後，如有房屋倒壞，俱在主人承顧。若門戶、器用稍有失錯，賃房人自當賠償。今恐無憑，立此賃房文契為照。」

或許宋江也曾讓房東配過家具，但一瞧租房合約，「門戶、器用稍有失錯，賃房人自當賠償」，乾脆自己置買，省些麻煩吧。

房市觀察要點

- 客店、寺觀和民房在歷朝歷代都普遍，官屋只在五代、兩宋和明朝初年興盛過，會館則是明、清兩代的特產。
- 從某種程度上說，孫二娘夫婦在十字坡開的人肉包子店跟魯家客棧屬於一個性質：都是管住又管吃。不過，孫店屬於黑店，安全係數不太高。另外，只供過往旅客打尖歇腳，住一夜就走（如果走得了的話），沒有長期住宿這項服務，所以不能納入房屋出租的範疇。
- 《水滸》寫的是宋朝故事，作者相傳是施耐庵，而施耐庵生活在元末明初，所以一向認為，從《水滸》裡可以挖到宋、元兩代和明朝初年的生活習俗。其實，細讀《水滸》就能發現，該書的社會背景不僅橫跨宋、元兩代和明朝初年，還包括明朝中後期，例如用銀子付賬就是明朝中後期才會有的生活場景——宋、元兩代只用紙幣和銅錢，明朝初年則嚴禁民間使用白銀交易。所以，《水滸》至少不會是施耐庵一個人寫的，寫的也不只是宋、元和明初，而是宋、元兩代和整個明朝。因此，《水滸》裡面出現的那些租房場景，可能發生在宋代，也可能發生在元代，還可能發生在明代。

注解

1 笊（音ㄓㄠˋ）籬，是一種烹飪器具，東亞傳統的笊籬用竹篾、柳條、鉛絲等編成，在烹飪時，用來撈取食物，使之與油或湯水分離。由於笊網形狀酷似蜘蛛網，故英文譯作 Spider。閩南語俗稱「麵摵仔」，「摵仔麵」（俗寫作「切仔麵」）一名即源於此。

第三章 帝制時代的廉租房

為了接近居者有其屋的理想無論香港、新加坡，還是中國，在推出其他社會保障措施的同時，都由政府主導，實施了廉租房政策。

回到此前的帝制時代，那時候也有廉租房存在，卻都是民間性質的。

唐宋時期，廉租房主要來源於寺觀。寺觀的土地是政府劃撥的，建房的資金是信眾捐獻的，歷年的房產維護費用可以從香火錢裡沖銷，宗教場所的主人，也就是僧尼和道士，既沒有任何投資，理論上也不以營利為目的，再加上宗教本身普渡眾生的信仰要求，當然有提供廉租房的義務。唐憲宗元和年間（八〇六－八二〇），白居易進京趕考，前後兩個月，就一直租居在一個叫華陽觀的道觀裡，因為那裡房租便宜。宋朝的辛棄疾，早年赴金國中都燕京（今北京市）應試，為了省錢，住的是現在北京的憫忠寺。看過《西廂記》的朋友還知道，張生和鶯鶯在山西停留一整月，租住的也是寺觀，在那永濟縣普救寺裡，鶯鶯住西廂，張生住東廂，順便在西廂弄點兒風流韻事出來。

明清時期，寺觀在居住方面的社會保障功能更加明顯。《儒林外史》裡，匡超人他們村遭了火災，一村人沒地方住，在新房子建好之前，全靠村南頭的和尚庵遮風擋雨。這還是農村的小寺廟，大都市的廟宇常有上千間的客房，供應試的士子、出門的商旅以及遭了天災的百姓臨時租住。

除了寺觀，明、清兩代又多了個廉租房的來源，那就是會館。會館是異鄉人在客地建的聚會場所，凡是像樣的會館，都有戲台、議事廳，以及客房，客房是為旅居在外沒有住處的同鄉們準備的，租金非常便宜。順治十八年（一六六一）建於北京的漳州會館，福建人來租，每月只收租金三文。就在這一年，大清朝開科取士，各地進京應試的太多，致使京城房價暴漲，考場附近的包租公獅子大開口，各家掛出牌來：「狀元吉寓，日租千文」，如果不是會館的廉租房撐著，那年北京城一多半的房客都得露宿街頭。

這些民營的廉租房有著天然的優勢，點對點服務，滿足的都是最需要房子的流動群體，無須房客寫申請，無須民政局開證明，也無須一層又一層的資格審查。並且，機動性強，好進也好出，不像現在，有錢的主兒也長占廉租房，您卻拿他沒辦法。問題是，民營廉租房，現在好像行不通，拿到開發權的地產商正嫌暴利不夠呢，傻瓜才去民營廉租房。

第四章 宋朝住房自有率

在宋朝，幾乎每一個大城市都會設一個樓店務，代表朝廷，代表國家，對當地的國有房產進行經管。其經管方式主要是出租，每年收到的租金，小半留存地方，大半上繳中央，近似今日中國土地有償使用費的三七分成模式，只不過現今土地有償使用費七分留給地方，三分上繳中央；當年倒過來：樓店務租金三分留給地方，七分上繳中央。

當時樓店務一年能收多少租金呢？咱們以杭州樓店務爲例做說明。南宋紹興五年（一一三五年），杭州樓店務進賬「三十餘萬緡」[1]。而就在同一年，江西饒州大米每石賣到十緡[2]，宋朝一石大米重約五十公斤，按糧價折算下來，當時一緡相當於新台幣二百元，三十萬緡就是六千萬元。

在這六千萬進賬裡面，有一部分是地基錢，也就是把國有土地租給私人建房，每年收一次土地使用費，類似香港的公地年租；更大的部分是賃房錢，也就是公房出租帶來的租金收入。暫時還不清楚這六千萬裡面有多少是地基錢，又有多少是賃房錢；也不清楚在所有租賃公房的行為當中，居住占多大比重，商業經營又占多大比重。但是，有一個結論是很容易得出來的：當時杭州市民的住房自有率不會很高。因為假如大家都住自己的房子，樓店務的土地和公房就租不出去，就不會有那麼多的進賬。還有一點是眾所周知的，南宋時杭州市區人口一度飆升至百萬以上，而城區面積不到三十平方公里，平均每平方公里居住三萬多人[3]，人口密度超過今天的北京，接近上海浦西一帶，人多地少，空間就是金錢，部分市民拿不到地，建不起房，不得不靠租住公房來解決居住問題，也是順理成章的事。

讓人困惑的是，北宋的住房自有率也不高。朱熹說過：「且如祖宗朝，百官都無屋住，雖宰執亦是賃屋。」[4]他的意思是，北宋剛建國的時候，大多數官員都沒有自己的房子，包括宰相和樞密使（相當於國防部長）那樣的大臣都要租房住。朱熹生活在南宋初年，離北宋建國已經很遠了，他的話不一定貼近事實。然而，我們確實能在北宋找到大量活生生的例子來證明他沒有說謊。比如說，劉文超是太祖朝（九六〇－九七六）的名將，一生租房居住；王曾是真宗朝（九九八－一〇二二）的大臣，租住在寇準家裡；歐陽修是仁宗朝（一〇二三－一〇六三）的大臣，曾經在開封里仁巷租房；范仲淹進中央之前，也是租房住的。另一位名臣韓琦與范仲淹同朝為官，說：「自來政府臣僚，在京僦官私舍宇居止，比比皆是。」[5]應該沒有誇大其詞。

注解

1. 《宋史》卷四〇四。
2. 參見《盤洲文集》卷七六。
3. 參見斯波義信《宋代江南經濟史研究》。
4. 《朱子語類》卷一二七，本朝一．高宗朝。
5. 《安陽集》卷三十五，辭避賜第。

第五章 官員租房

宋仁宗治平四年（一〇六七）六月十八日，歐陽修收到廬陵老家來信。信上說，大女兒腸胃不好，常犯痢疾。歐陽修很掛念，叮囑家人儘快請醫生，倘若醫藥費不夠，「但於房錢內取。及他事少錢使，但於房錢內隨多少取使，不須先來問也」[1]。

歐陽修讓家人支取的「房錢」，指的是他們家的房租收入。在北宋初期士大夫比較不能出租房屋，不過後來隨時代變化，大多數士大夫都和歐陽修一樣，薪俸每有結餘，一般拿來買房置地，供自住和出租，其租金收益則用於家人開銷，以及為將來退休後繼續過優裕生活做準備。比歐陽修稍晚的宋朝文人葉夢得總結道：「一有便田好產，可買則買之，勿計厚值。譬如積蓄一般，無勞經營而有自然之利，其利雖微而長久，人家未有無田而可致富者也。」[2]意思就是，如有積蓄，一不炒股，二不買基金，三不存銀行吃利息，只投資於不動產，靠租金過生活，以求旱澇保收，細水長流。這種理財風尚在整個帝制時代一直占主流。

但是，在歐陽修剛開始工作的時候，這種靠房租養家的逍遙日子卻是他想都不敢想的。他曾經寫詩描述自己初到京城時的居住生活：

嗟我來京師，庇身無弊廬。

閒坊僦古屋，卑陋雜里閭。[3]

說明歐陽修最初也是租房住的，後來官做得大了，收入高了，才有機會在老家置起一大片產業，躋身房東一族。

朱熹說：「且如祖宗朝，百官都無屋住，雖宰執亦是賃屋。」[4]這話可能有些誇張。但在北宋一朝，的確有大量公務員經歷過一段或長或短的租房生活。例如蘇軾在黃州租過房子[5]，王曾在開封租過房子[6]，黃庭堅在宜州租過房子[7]，而寇準參政四十年，每至京城，必租房居住[8]。

宋英宗即位，以衛國公韓琦功大，分給他一所房子，韓琦推辭不受，理由是「自來政府臣僚，在京僦官私舍宇居止，比比皆是」[9]。就是說，作為三朝元老，他應該跟大夥一起租房才像樣，豈敢再接受福利分房？

這說明在當時官員租房已成風尚，就像他們置房取租已成風尚一樣。

注解

1.《歐陽修集》卷一五三，書簡卷一〇。
2. 葉夢得《石林家訓・治生家訓要略》。
3.《歐陽文忠公全集・居士集》卷八，答梅舜俞大雨見寄。
4.《朱子語類》卷一二七，本朝一・高宗朝。
5. 參見《蘇軾集補遺》尺牘四百三十九首，與南華辨老九首之九。
6. 參見孔平仲《孔氏談苑》。
7. 參見《老學庵筆記》卷三。
8. 參見《湘山野錄》卷下，寇萊公無地起樓臺。
9.《安陽集》卷三十五，辭避賜第。

第六章　公房出租

七百多年前，蒙古人渡過長江，去滅南宋，一路殺人放火、強姦掠奪，激起不少反抗。後來南宋滅亡，蒙古人在江南站穩腳跟，開始找反抗者算舊賬，把他們關的關，殺的殺，家屬統統為奴，房屋一律充公，元帝國的部分公房就是這麼來的。

有份奏章可以作證：「至元十三年收附江南時分，壹個姓毛的、壹個姓柴的人，不伏歸附，謀叛逃竄了的，上頭將他每的家私物業斷沒入官來。」[1] 這是中書省官員寫給元仁宗愛育黎拔力八達的奏章。此時離南宋滅亡已有三十多年，正是元政府秋後算賬，大規模捕殺反抗者的時候，那些「不伏歸附、謀叛逃竄」的老百姓，其「家私物業」自然要被合法地「斷沒入官」。

當然，也不只是元政府，在帝制時代的中國，幾乎每一屆政府都喜歡秋後算賬，把不聽話以及曾經不聽話的人成批殺掉，再把他們的房子收歸國有，使政府有房可分，使公務員有房可住。

歷朝歷代的公房無非來自以下幾個管道：一是政府自建，二是戶絕房產，三是前朝遺留，四就是前面所說的，把犯法業主們的房子罰沒充公。

基本上，每一個朝代剛建立的時候，政府手中都會握有大量公房，其中一部分歸皇室使用，一部分會變成辦公場所，一部分被皇帝以「賜第」的形式分給高官大臣，一部分將作為地方官吏的宿舍（例如元朝）。這麼分配之後，如果還有剩餘，則政府會選擇把它們租出去。

關於這一點，同樣也有一份奏章可以作證：「江淮等處係官房舍，於內先儘遷轉官員住坐，分明標附，任滿相沿交割。其餘用不盡房舍，依上出賃，似為允當。」[2]這是中書省與御史台兩套班子寫給元世祖忽必烈的奏章。該奏章意思是說，江南一帶公房，除分給地方官做宿舍用外，還有一些空閒房屋，應該按照以往慣例租出去，以免浪費。可見政府出租空閒公房是老規矩了。

元政府出租公房能帶來多少收入呢？我手頭僅有元仁宗延祐七年（一三二〇）江蘇省吳江縣的公房出租數據。據統計，吳江縣當年出租公房「三千一百一十六間半」，「歲辦賃錢一十二錠一兩五錢整」[3]。所謂「賃錢」，就是房租。

注解

1. 《通制條格》卷一六，田令・皇慶二年六月。
2. 《通制條格》卷一六，田令・至元二十一年六月。
3. 《弘治吳江志》卷二，貢賦・房地賃鈔。

第七章　公房租金及其去向

黃仁宇寫過一本《十六世紀明代中國之財政與稅收》的經濟史專著，在這本書裡，他把明代財政收入分為田賦、食鹽專賣收入和雜色收入三部分，其中雜色收入又分為門攤稅、鈔關稅、酒醋稅、香稅、契稅、匠銀、蘆課、馬差、僧道度牒、開納事例、鑄錢利潤等等，羅列得既清楚又全面，卻忽略了一項收入：公房租金。

其實《明史・食貨志》裡寫得明白，明代北京有「官店」和「塌房」，前者是臨街商鋪，後者是瀕水貨倉，都是政府建成後供商戶租用的公房，而「官店錢」和「塌房鈔」則是商戶們向政府支付的租金。在明代大多數時候，這兩種租金都由一個名叫「省直稅課司」的衙門徵收，最後上繳中央財政統一支配，所以「官店錢」、「塌房鈔」應該像契稅、門攤稅一樣被視為財政收入。

明代地方政府也有公房，其公房也出租。《弘治吳江志》卷二「貢賦・房地賃鈔」一節寫道：

成化八年，官房一萬六千三十五間，（包括）六十二半間、一百五十五含、一百五十四軒、一半軒一千六百一十六、廈二百五十九、過路一千五百二十七、披一十八、挾一百一十七、龜頭一百八十六所，歲辦賃鈔七百三十五錠二貫八百七十三文。

「含」是小院，「披」、「挾」、「龜頭」都是從正房接出的小屋，「過路」疑是臨街房，各種房屋折合出一萬六千餘間。這萬餘間公房未必全部對外出租，一年租金七百三十五錠兩貫八百文也不算可觀，但多一間房屋出租，租房人就多了一個選擇，政府也能靠租金收入做些事情，於官於民都是好事。

帝制中國財政混亂，且常有變動，有時候公房租金可以視為財政收入，有時候則只能當作宮廷收入和地方官吏的小金庫來處理。

南宋梁克家修撰《淳熙三山志》，曾經統計出福州教育系統的租金收入，發現僅寧德縣學就有「舊房廊屋六十八間、屋地一十所、屋簷地一片、火巷地一段、新收住屋一十八所」對外出租，每年向財政上繳租金「四百二十九貫二百六十文」，這筆錢應該算作是財政收入吧？但在《金史・禮志》中，大金國子監官員祭奠孔子，其花銷向來是從「本監官房錢六十貫」裡支取，可見這幫官員無論出租多少公房，也不管收取多少租金，都無須上繳國庫，他們把公房租金當作集體的小金庫了。

北宋方勺《泊宅編》卷二講述名臣蔡襄的故事，說蔡襄在泉州做官期間，曾於萬安渡修石橋，橋頭建房數百間，租給商戶使用，「以其僦值入公帑」。「僦值」就是租金，「公帑」卻有兩種解釋，可能是指國庫，也可能是指小金庫。那幾百間公房作為商鋪出租出去，每年收入必定不少，蔡襄是把這筆收入上繳國庫，還是存入小金庫，鬼才知道。

第八章 蘇軾來信——房租減免

蘇軾寫信給朋友程正輔：

本州管六頭項兵，卻一半無營房。其間有營房者，皆兩人住一間，頗不聊生。其餘只在民間賃屋散住，每月出賃房錢百五十至三百。其間賃官屋者，即於月糧錢內刻。[1]

這段文字說明三點：

一、當時營房供不應求，軍人有租賃民房的，也有租賃公房的；

二、不管是租賃民房還是租賃公房，都要交房租；

三、房租每月結算一次。

與蘇軾同一時代，比蘇軾大三十歲的另一宋朝文人江休復，轉述一京官的話：

任京有兩般日月。望月初請料錢，覺日月長；到月終供房錢，覺日月短。[2]

這段文字說明兩點：

一、當時住房自有率不高，某官員也是通過租房來解決居住問題；

二、該官員月初領薪俸，月末交房租，其房租也是每月結算一次。

至於這位官員租的是公房還是民房，從文字裡看不出來。包括他每月交多少房租，咱們也無從得知。不過，聽他語氣，房租負擔似乎不低，要不然也不會每到月底就嫌日月短了。

五代末、北宋初，湖北安陸有一鄭建中先生，家藏萬貫，房舍眾多，安陸城中大半居民都是他的房客，每月交給他的房租都可以買下幾個當鋪再加幾千畝地。換言之，這位鄭先生是個大房東。就我個人所知，在整個帝制時代，還沒有哪個房東能在租房規模上超過鄭建中的，除了政府——如〈公房出租〉、〈公房租金及其去向〉兩篇文章所說，歷代政府永遠是最大的房東，它們手中握有大量公房，依靠公房租金來補貼財政收入。

鄭建中心善，每年「隆冬苦寒，蠲舍緡仍兩月」[3]。「蠲」是免除，「舍緡」是房租，鄭房東每年免除兩個月的房租，算是給房客們減輕了經濟負擔，蘇軾麾下的士兵和江休復提到的那位京官沒能租到他的房子，應該感到遺憾。

政府心也善。在南宋都城杭州，租賃公房的房客一度超過十萬人，每逢水災、旱災或者皇太后生日，朝廷都會減免房租，碰上皇帝心情好，房客們租一年房子也不用交一文錢[4]。蘇軾麾下的士兵和江休復提到的那位京官沒能在南宋都城租房，也應該感到遺憾。

注解

1.《蘇軾集補遺》卷一百一十五，尺牘四百九十三首，與程正輔四十七首之十。
2. 江休復《江鄰幾雜志》。
3. 王得臣《麈史》卷下，鑑戒。
4. 參見《武林舊事》卷六，驕民。

第九章　租房先給謝禮

一朋友，在日本念書，沒住校，租房，兩室一廳的房子，每月十萬日圓。考慮到日圓幣值，每月十萬應該不算高；再考慮到那朋友租房的地方不是什麼大都市，這樣的租金水平應該也不算低——我沒去過日本，只能胡猜。

我問那朋友：「在日本租房跟在國內租房有啥不一樣？」她說：「也沒啥不一樣，房租都是預付，都要交押金，都可以簽合約。要說不一樣，國內房東一般不管飯，而在日本租房，多有管住又管吃的，當然，房租要高一些。還有，在國內租房，交夠房租就可以了，不用另給房東拿紅包，在日本租房卻要拿紅包給房東，叫做謝禮銀，意思是感謝人家提供了這麼一住處，以後多有打擾，過意不去，封個紅包，權當謝禮。房東禮尚往來，對房客也關照，家有紅白喜事，例請房客到場，逢年過節，還要請房客小啜，以及送些小禮物什麼的。總之，大家彼此都很客氣。」

類似的場景中國也有過。

道光年間（一八二一－一八五〇），錢塘秀才劉夢溪寓居北京某寺廟，每月五分銀子的房租，主持准許他隨堂吃齋，沒問他要過一文飯錢。

宣統年間（一九〇九－一九一一），江南名妓李三娘寓居蘇州某民房，房租多少咱不知道，只知道這位李女士後來遭人誣陷，吃了官司，是她房東送飯給她，並請律師予以保釋。

還有一例是在光緒年間（一八七五－一九〇八），一位姓李名重華的年輕人進京趕考，花完了盤費，其房東幫他找工作勤工儉學，還免除了他積欠的房租。

上述事例只能說明房東們待房客怎麼怎麼好，說明不了房客們對房東有多客氣。故此再看一例：

乾隆年間（一七三六－一七九五），某地有一片空房，空房裡住著幾隻狐狸，這些狐狸經過多年修煉，都學會了說人話。最初，這片空房沒有業主，南來北往的商旅途經此地，都要進去歇歇腳。後來就不行了，狐狸們把住門，向每一個前去借宿的客人要紅包，倘若不給，就變著花樣騷擾。那些借宿的為了少惹麻煩，大都像日本房客送謝禮銀給房東一樣，給狐狸送些酒啊、肉啊、錢啊什麼的，然後大家相安無事。有一哥們太小氣，借那房子做新房，卻沒給狐狸發紅包，當晚就寢，跟新娘子親熱的時候，麻煩來了——小夫妻每做一個動作，狐狸就在窗外大喊一聲，鬧得他們什麼也幹不成。

該故事出自紀曉嵐的《閱微草堂筆記》。紀曉嵐講完了這個故事，還做一總結。他說：「不管房東和房客，應酬之禮不可缺啊。」

房東不是人

縣城郊外一空房，近聞有人占據屋宇，向路過客收歇腳錢。倘若不照辦，夜半便會遭遇騷擾。據聞這些占據屋宇之輩，非人也，乃狐狸化身。霸占屋宇，自以爲房主，路過之客只能哀嘆房東不是人。

貓頭鷹印

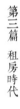

第十章　典不到的河房

明、清兩代的無房人士，如果買不起房，還有租房、典房兩個選擇，其中典房遠比租房要划算。吳敬梓寫《儒林外史》，描述過典房的好處。說是做上門女婿的匡超人，嫌丈人家房窄，花紋銀四十兩典了一套四間的房子，住了一年有餘，又把房子退了，原先那四十兩重歸他的腰包。而另外一位諸葛天申，要租人家三間房子，房主人「一口價定要三兩一月，講了半天，一釐也不肯讓」。

租房每月都要交為數不菲的租金，而典房只須象徵性押上一筆典房款。當然，在居住期間，典房款一直歸房主人所有，房客不用交月租，房主人也不會出利息，真正的典房成本，就是那筆典房款的利息。但是，古代只有錢莊，沒有銀行，即使把那筆典房款存成定期，也沒什麼利息，所以也無所謂利息損失。鑒於典房有上述優勢，《儒林外史》裡凡買不起房的，大都選擇了典房，而不是租房，前面提到的匡超人是一例，還有個鮑廷璽也是一例；至於租房的那位諸葛天申，他主要是身上沒錢，拿不出幾十兩銀子做典房款。

讀完《儒林外史》再讀吳敬梓的傳記，您會發現，在典房還是租房這個問題上，吳敬梓表現得就像個傻瓜。話說雍正十一年（一七三三），吳敬梓來到南京，在秦淮河畔相中了一套房子。這房子，三層小樓，臨河而建，相當優美的水景別墅，南京人把這類房子叫做「河房」。是買，是租，還是典呢？許多朋友沒經考證，認為吳敬梓把該河房買了下來，現代人還把它翻修一新，命名為「吳敬梓故居」。其實，吳敬梓剛從老家安徽搬過來，舊房子還沒賣，分得的祖產早花光了，根本拿不出巨額房款，他是花每月八兩銀子的代價，把河房租了下來。

按說吳敬梓應該選擇典房，像他筆下的匡超人一樣，押上幾十兩或者幾百兩銀子，那河房暫時就歸他了，等住煩了可以退，等有錢了可以買，要多划算有多划算。然而，他沒有。傳記作家們解釋，吳敬梓有些「不善經理」，所以想不到去典房。這話不值一駁，一個不懂典房的人，在小說裡又怎能寫出來典房場景呢？

其實，不是吳敬梓不想把河房典下來，而是那河房根本就典不到。對購房的來說，典房最划算；對賣房的來說，典房卻最不划算。在明、清兩代，房主人只有在兩種情況下才會願意典房：一是政策禁止出售、出租的時候；二是房子難以出售、出租的時候。那秦淮河畔的河房，私人開發，交易自由，環境優美，供不應求，既能賣掉換錢，又能租出去換錢，當然就不外典了。現在無房人士沒有典房的機會，也是這個道理。

第十一章　二房東的小竹筒

崇禎年間（一六二八－一六四四），上海有個朱員外，外有良田千頃，內有廣廈萬間，兼做地主與房東，進賬頗多；嘉興有個常道人，下無寸土耕種，上無片瓦棲身，唯練就一身五雷法和茅山術，給人驅妖捉鬼，也掙了一些餘財。

且說有一天，常道人來到上海，特地去拜訪朱員外。寒暄之後常道人說：「要論房子數量，貴府在上海數一數二，每年的租金也很可觀，但恕貧道多嘴，您這樣零租可不如批租。」朱員外問：「什麼叫零租？什麼叫批租？」常道人說：「零租就像您這樣，有多少房子租給多少人，誰來租房都得接待，月底收房租也是挨家挨戶，加上退房、投訴、租金調整、裝潢糾紛等等雜事，都要一件件去處理。若依貧道建議，不如改成批租，所有房子租給一人，那樣您就省心多了，而且進賬不會減少，零租的時候收多少錢，批租的時候還能收多少錢，從此擺脫煩惱，一身輕鬆，有充裕的時間，度度假，旅旅遊，多有生活品位啊！」朱員外聽了怦然心動，想想又遲疑道：「可是，我那麼多房子，誰會全部租下來呢？」常道人隨即摸出幾錠銀子，排在朱員外面前說：「您如果願意，現在咱就可以簽合約，定金我都準備好了。」於是雙方談了價格，簽了合約，把原來房客統統趕跑，三百餘間空房全部租給了常道人。

房子到手，常道人鎖了大門，打開行李箱，取出三隻小竹筒。那小竹筒，翠綠可愛，光可照人，兩頭都用細布塞著。道人拿過來第一支竹筒，扯去布頭，往外一倒，嘩嘩地流了一地豆子。那豆子見光即長，長成無數石膏板，吹一口氣，滿院亂飛，落下來剛好把三百間大房子隔成三千間小房子。又拿出第二支小竹筒，同樣倒一地豆子，這回沒變石膏板，變出來桌椅床櫃，吹一口氣，也是滿院亂飛，飛進三千個小隔間，每間一張桌子、兩把椅子，床櫃、沙發樣樣齊備。最後取出第三支小竹筒，也真叫神，一顆豆子變一個房客，而且有男有女，彷彿豆子也分公母似的。道人再吹口氣，豆子房客紛紛掏錢，向他交了第一個月房租，各自搬進小隔間住去了。不用說，豆子房客交給他的錢，肯定比他交給朱員外的多，用今天的話說，這常道人就是二房東，先批發後零售，賺的就是這個差價。

常道人搞這麼大動靜，朱員外不可能沒反應，可是等他過來瞧時，房子已被改得面目全非了，此時回過神來，心疼得不行，要道人恢復原樣，趕緊走人。常道人笑咪咪地說：「您總得等合約到期不是？等合約到期，我保證拆掉這些小隔間，原來什麼模樣還您什麼模樣。」朱員外雖然半信半疑，但有合約在，也只能讓道人繼續租著。據前人記載，合約到期後，道人結清了房款，「盡以人眾器具納之筒內，飄然長往，不知所終」，倒也沒有食言。

也得說朱員外運氣好，倘若碰上另一類二房東，大概會在合約到期之前，帶著房客們預交的房租揚長而去，而這邊朱員外只能想辦法趕那些房客離開，反正不讓他們做冤大頭，自己就得做冤大頭。他不可能找二房東算賬，人家早就飄然長往、不知所終了。

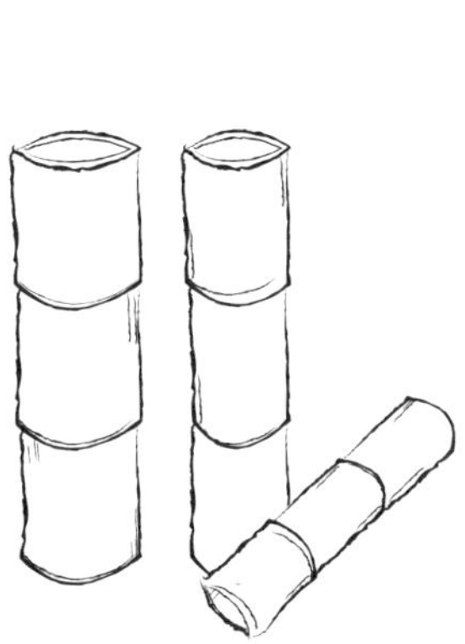

第十二章　寧羨房東不羨仙

要論哪個房東最神氣，還數五代末年鄭建中先生。鄭先生，大富翁，官職為屯田員外郎，僅在湖北安陸一縣，就有房產幾千處，縣城數萬居民，大半是他的房客。每逢月底，鄭府門前人頭攢動，都是來交房租的；而鄭府之外街巷一空，因為人們都到鄭府交房租去了。那場面，嘩啦啦鐵錢亂響，亂哄哄人聲鼎沸，宛如七村八店的鄉親們都來趕大集。等大門洞開，鄭先生緩步而出，黑壓壓的人群立即蜂擁過去，彷彿這裡在搞明星發表會，無數歌迷追要簽名似的，只不過他們手裡揮舞的不是簽名本，而是一串串鐵錢。此時安陸縣城三分之二的警力都得抽調過來，在這兒維持秩序，以免房客們故意找茬，和鄭先生打起來。如前所述，房客實在太多，這幫爺要是急了，也不用動手，每人吐口唾沫，鄭先生就得變成落湯雞；一人撒一泡尿，鄭府就得考慮抗洪的事。所以，鄭先生也不敢把房租定得太高，往往是別處都漲了，他這裡房錢依然不動，要是碰上天災人禍，個別房客揭不開鍋了，他還會發發慈悲，給對方減免一部分租金。

所以，鄭家房子雖多，收上來的房租卻不像我們想像中那麼驚人，據宋王得臣《麈史》卷下「鑑戒」條說，每年「貲鏹鉅萬」而已。當時幣制混亂，鐵錢交易常論堆論垛，「貲鏹鉅萬」的實際價值未必可觀。不過作為房東，名下擁有那麼多房產，即便進賬不多，也必細水長流，旱澇保收，不愁日常開銷的了。況且那時候當房東，都是坐等租客上門，無須四處廣告，平日裡巡察幾回，月底收收賬，既清閒又沒風險。只要政策不變，不鬧「等貴賤，均貧富」的大革命，這種逍遙自在的小日子就能一直持續下去。我查鄭氏家譜，發現在鄭建中之後，其兒子鄭紓、孫子鄭毅夫都是朝廷大臣，在官場都如魚得水，但房東的身分都沒丟，不僅繼續在湖北安陸買房取租，還在河南開封建起了公寓，出租給遠來趕考的士子。當然，這已是北宋初年的事了。

比起五代十國，北宋確實安定多了，商品經濟也發達多了，政府實行相對開明的經濟政策，商人、工匠和部分農民紛紛進城，房東的日子更加優渥滋潤。且說宋仁宗皇祐元年（一〇四九），南京（今河南商丘）就有一位房東，姓李，排行第二，名字失考，姑且叫他李小二。李小二僅有兩處房子，一處自住，一處出租，但當時房價飆升，房租水漲船高，雖然只出租一套房子，每月的租金也夠維持溫飽了，所以李小二挺滿足。忽一日，有位異人來到李家，自稱呂洞賓轉世，來到凡間渡人成仙，只因小二骨格清奇，所以特地來渡他。小二不信，該異人立馬表演了一套點石成金之術，然後說，只要小二願意，就先傳他這門功夫，以後不用上班，逍遙自在，別提多爽了。小二仍然不學。異人很奇怪，問他為啥這樣固執。小二甜蜜地說：「您瞧我現在過得還不夠爽嗎？」

兩宋民居，門柱多刻楹聯，相信李家楹聯是這麼刻的：「多收月租少收稅，寧羨房東不羨仙。」橫批：「四季發財。」

第十三章 咱們房東有力量

今日中國為了打擊和預防各種犯罪，消除可能存在的不安定因素，創建一個安定和諧的社會環境，北京市公安局提醒廣大房東，要自覺做到「五不租」。哪「五不租」？無合法有效證件的人員不租，從事非法經營活動人員不租，從事非法宗教活動的人員不租，將所租房屋用於非法生產、儲存、經營易燃、易爆等危險違禁物品的人員不租，違背生活作息規律、有利用所租房屋進行違法犯罪活動可疑的人員不租。

同樣，為了打擊和預防各種犯罪，消除可能存在的不安定因素，創建一個安定和諧的社會環境，明朝負責北京治安的五城兵馬指揮使司，提醒廣大房東，要自覺做到「三不租」。哪「三不租」？無引者不租，異言者不租，異服者不租。

所謂「引」，就是路引，類似介紹信的玩意兒。《大明律》有規定，無論城鄉居民，出遠門之前，要到當地衙門開張路引。那時候還不流行身分證和居留證，路引是出門在外的明朝人唯一合法有效的證件，五城兵馬指揮使司讓房東先查房客們的路引，沒路引就不租給他們房子。後兩條不大好理解。按我的猜想，異言大概是指說話莫測高深、莫名其妙，一般人聽不懂；異服大概是指穿衣戴帽比較另類，瞧起來像間諜特務、黑幫老大。反正在警察眼裡，這種人即便不是壞份子，也很有可能變成壞份子，因此會危害到社會治安，不能讓他們租房。

不僅不能讓他們租房，還有義務舉報上去，讓警察來抓他們。對於這一點，《大明律》沒提，但我們能在《皇明世法錄》第四十三卷讀到，原話是這樣的：「有異言異服者，即自糾發，不告奸同罪。」也就是說，如果你不舉報那些疑似犯罪份子，那麼當他們被關起來的時候，也要把你關起來，他們是什麼罪名，你也將是什麼罪名。

在明朝成化（一四六五—一四八七）末年，北京五城兵馬指揮使司進行過一次大搜查，這次搜查大概有廣大房東的密切配合，使得沒路引的房客紛紛落網，都被關進兵馬司的監房裡，以致「一二日間，監房不能容」[1]。

小時候我盼望做一名警察，這個願望是落空了，現在我又想退而求其次，去明朝做一名房東，沒事兒就查房客的路引，如果沒有，那麼好，送他進去；如果他講外語、打耳釘，那麼好，也送他進去。那時我又光榮又威風，因為我不只是房東，還是警察的得力助手，我肩上的責任甚至比警察還要大：他們還可以不小心漏掉一個犯罪份子，我則要提高警惕，時刻準備著，舉報每一位可能是犯罪份子的房客。

今日中國有首歌叫〈咱們工人有力量〉，在明朝想必也有首歌，叫〈咱們房東有力量〉：

嘿！咱們房東有力量！

每天每日舉報忙，嘿，每天每日舉報忙！

迎來了無證房客，送去了監牢監獄，改造得治安變呀變了樣！嘿！

注解

1. 陸容《菽園雜記》卷一〇。

第十四章　有多少才子佳人都成了房東

在舊社會，有權有勢的人往往占有大片地產。南北朝時期，謝靈運「左江右湖、南北二山」[1]，孔靈符「水陸地二百六十五頃」[2]。隋唐時期，李晟有擊毬場二十畝，李德裕有平泉莊九十畝，官職低微如白居易，也在洛陽置了十七畝地皮。

然而，這些手握地皮的大人物並沒去開發商鋪和住宅，他們只建幾所房子自住，剩下的地皮，大都用於農業。譬如謝靈運那塊地主要產稻，孔靈符種果樹兼養豬，李德裕平泉莊有黃河鯉魚，白居易開闢了五畝菜園子。像白居易，一個人經管五畝菜園還忙得過來，謝靈運和孔靈符就得僱人，讓家奴照應，或者租給附近的佃戶。這樣子很像中世紀歐洲的莊園經濟。

在土地的各種利用形式當中，農業自然是最低效的。李德裕的平泉莊就位於長安西郊，平整之後開發成透天厝，大概比養魚更來錢。不過，當時市場很落後，意識很僵化，李德裕他們最後選擇的總是當地主，而不是當房東。

有關意識僵化這個問題，宋朝有例為證。北宋初期，士大夫是不能出租房屋的，因為「僦賃取直者，京師人指為錢井經商」[3]。回顧一下宋代以前的史料、筆記和傳奇小說，出租房屋的多是寺廟、旅店和經紀人家（居中介紹買賣、抽取佣金的個人或商行），仕紳階層是不好意思當房東的，儘管數他們閒房最多。

明代號稱資本主義萌芽時期，靠不動產取利不再那麼被人瞧不起。明小說《歡喜冤家》裡有個馮員外，他家房子是公開出租的，湖州避難來的費公子來租房，管家道：「一兩一月，按月取租。只是小房錢要一兩二錢，倒少不得。」不僅公開出租，而且明碼標價，有點兒房東的派頭了。

馮員外只是把閒房賃出去，還不屬於房地產投資，房地產投資應該是到清朝才盛行的。晚清習俗，「買房宅取租以為食者謂之吃瓦片」[4]，買房宅取租，當然是有目的、有策略的投資行為。

清朝流行的房地產投資形式，一是買商鋪取租，如康熙年間（一六二二—一七二二），翰林院侍講高士奇曾在北京順成門外大買商鋪，前後花白銀「四十餘萬」[5]；二是買住宅取租，如清小說《繪芳錄》第三十回裡著名歌伎柳五官，為贖身從良，「大小房屋共買了二十餘處，每月也有數十千文（生息）」。高士奇是才子，柳五官是佳人，遙想當年，隨著不動產收益的日益增長，與農業收益的相對下降，這些才子佳人正與時俱進，紛紛摘掉地主的帽子，搖身一變都成了房東。

注解

1. 《宋書》卷六七。
2. 《宋書》卷五四。
3. 《清異錄》卷一，人事門。
4. 《舊京瑣記》）卷一，俗尚。
5. 《清史稿》卷二七一。

第四篇

住房政策

風俗畫

◆政策

精采內容

○西周的售房合約
○漢代也有財產稅
○西漢初年人人有房？
○懸錢立券，家園豁免—南北朝的抵押貸款
○唐代的土地公有制：均田法
○宋朝的售房合約
○宋朝的住房救濟
○一份契約裡的元代房政
○房產估價在元明
○明太祖的國六條
○萬曆年間買房過戶
○萬曆年間的房價很便宜？
○雍正版售房合約
○帝國的契稅
○利瑪竇繳契稅
○田宅充公
○賜宅
○驚過橋—國營不動產
○千年房屋稅
○當第二套房成爲時尚
○最牛是房牙
○捆住房子
○賣房不破租賃
○公設比？
○賣房先問親鄰
○親房帖
○當鋪與房貸
○丟了合約，沒了權證
○分割避稅
○受災戶補助
○Faculty Tax
○愛護公物
○鐵打的衙門流水的官
○星級衙門

第一章　西周的售房合約

我承認，西周的科技沒有我們今天先進，人民的生活條件也沒有我們現在優越。我還承認，西周人生活在萬惡的舊社會，而我們生活在光明的新社會，他們跟我們根本沒法比。

可是，如果只瞧制度，尤其是不動產制度，西周時期倒跟今日的中國大同小異：土地的所有權屬於國家，一律不能買賣，土地的使用權以及土地上面的房子則可以歸屬個人，在市場上出售、出租、典當和抵押。另外，當時買賣地權和房子，一樣要簽合約。

《周禮．地官．質人》記載：「凡賣儥者，質、劑焉，大市以質，小市以劑。」《周禮．地官．司市》又說：「以質、劑結信而止訟。」什麼意思呢？就是說包括不動產交易在內，一切交易都要有合約，合約分兩種，一種是買賣房子、奴隸和牲口時使用的，叫「質」；一種是其他小額交易使用的，叫「劑」。買賣雙方簽了「質」或者「劑」，就不許反悔了，這樣可以提高交易的成功率，避免大量民事訴訟的發生，促進社會和諧。

《周禮》是偽書，裡面瞎話多，實話少，與其說它如實記載了周朝的典章制度，倒不如說它是儒生們對遠古社會的美好憧憬。不過，前面描述交易合約那段卻有真實的成分——西周時期的確出現過「質」和「劑」，「質」和「劑」的確曾經是不動產交易合約的一種。

按鄭玄考證，「質」比較長，「劑」比較短，都用竹板製成，上面刻上字，用刀劈開，買賣雙方各執一半，就算是把合約簽完了。

打個比方，您賣給我一套三十坪的房子，房款是五十萬元，您把房本給我，我把房款給您，然後咱們簽了一個「質」。怎麼簽呢？一般來說，我需要到市場管理員那兒領一根竹板，刻上「房子參拾坪房款伍拾萬元從此之後不許反悔誰要反悔誰是烏龜」的字樣，再把竹板劈成兩半，使這行字很均勻地左右分開，給您一半，我拿一半。倘若以後您敢找後賬，我就拿自己收藏的那一半跟您理論。我說的「理論」，當然不是拿竹板抽您，也不是把竹板當成點穴橛或者判官筆來點您穴道，而是表明我有合約在手，不怕跟您打官司。

第二章　漢代也有財產稅

中國歷史上，一打仗，財政就赤字，財政一赤字，皇帝們就問老百姓要錢。歷朝歷代都這樣。我還記得，東晉跟胡人打仗，打得國庫空虛，於是就有契稅橫空出世；唐朝跟軍閥打仗，打得國庫空虛，於是就有房屋稅應運而生。可見新的稅種往往以戰爭做背景。

這篇文章要說的是漢代的財產稅。

東晉的契稅有個乳名，叫「散估」；唐朝的房屋稅有個乳名，叫「間架稅」；漢代的財產稅也有個乳名，叫「緡錢」。「緡」是把一千枚銅板串一塊兒，顧名思義，「緡錢」就是政府強行從您那一千枚銅板中抽出來的若干枚。

僅就中國而言，散估是最早的契稅，間架稅是最早的房屋稅，緡錢則可能就是最早的財產稅。我說「可能」，是因為我讀書太少，底氣不足，不敢太肯定，也許漢代以前也出現過財產稅或者類似財產稅的東西，只是我還沒看到而已。

跟東晉的散估和唐朝的間架稅一樣，漢代的緡錢也是以戰爭做背景，只不過東晉散估起因於抵禦外侮，唐朝間架稅起因於平定內亂，而漢代緡錢則起因於侵略別國——當時西漢第五個皇帝劉徹好大喜功，老是打人家西域，打來打去，錢不夠花了，於是打起老百姓的主意，讓大夥掏腰包給他。《史記・平準書》張守節《正義》說：「武帝伐四夷，國用不足，故稅民田宅、船乘、畜產、奴婢等，皆平作錢數。」就是說把您的房子、汽車、寵物和保母統統估價，然後按比例收稅。

在西漢，有倆皇帝徵收過緡錢，一個是漢武帝劉徹，另一個是漢昭帝劉弗陵。這兩位定的稅率高低不等，不嚴格地說，劉徹按百分之二徵收，劉弗陵按百分之一徵收。假設您身家千萬，如果不幸生為劉徹的子民，那麼至少得交給政府二十萬（還有其他稅種）；如果僥倖生為劉弗陵的子民，只交十萬就差不多了。

那時候沒有資產評估師，你們家究竟有多少固定資產，那些固定資產究竟值多少錢，主要靠您自己統計，自己估價，然後自己申報。既然是自己來，您當然要少報一些，本來兩套房子，只報一套，本來開的BMW，卻報TOYOTA，以便省些稅金。

比如漢昭帝時期（西元前九四－西元前七四），甘肅有位村里小公務人員叫徐宗，他的納稅申報單是這麼填的：「宅一區，值三千；田五十畝，值五千；用牛二，值五千。」事實上，這人既放高利貸，又出租房子，那些收入都給瞞了。

第三章　西漢初年人人有房？

從現有的史料來看，早在西漢初年，全國人民就分田、分地、分房子，好像跑步進入了共產主義。

誰給他們分呢？政府。

怎麼分呢？按爵位。

西漢初年，從平民到官員，共有二十種爵位。

最低一級叫「公士」，意思是有爵位的人；

其上叫「上造」，意思是上頭封了爵的人；

其上叫「簪裹」，意思是可以在馬脖子上纏絲帶的人；

其上叫「不更」，意思是不同於普通士兵的人；

其上叫「大夫」，意思是類似春秋戰國大夫一級的人；

其上叫「官大夫」，意思是比大夫高級的人；

其上叫「公大夫」，意思是比官大夫高級的人；
其上叫「公乘」，意思是可以乘坐公家馬車的人；
其上叫「五大夫」，意思是大夫裡的大夫；
其上叫「左庶長」，意思是一些庶民的頭頭；
其上叫「右庶長」，意思是很多庶民的頭頭；
其上叫「左更」，意思是一些士兵的頭頭；
其上叫「中更」，意思是很多士兵的頭頭；
其上叫「右更」，意思是更多士兵的頭頭；
其上叫「少上造」，意思是一些上造的頭頭；
其上叫「大上造」，意思是很多上造的頭頭；
其上叫「駟車庶長」，意思是可以乘坐四匹馬拉的車；
其上叫「大庶長」，意思是地位更高的庶長；
其上叫「關內侯」，意思是被封了侯，但沒有封地，只能住在京城的人；
其上叫「徹侯」，意思是這個爵位已經到頂了，除了皇帝誰也沒他級別高了。[1]

在西漢初年，一個人獲得爵位的途徑，最初是憑戰功，誰打仗勇猛，殺得人多，就給誰一個爵位。後來途徑就多了：皇后生了個胖小子，皇帝一高興，「賜民爵一級」，全國人民都有了爵位；皇太后感冒好了，皇帝一高興，再「賜民爵一級」，全國人民都有了更高的爵位。再後來，可以花錢買，上繳財政一萬元，賞您個「不更」；上繳兩萬，賞您個「大夫」。所以，在西漢，爵位這玩意兒並不嚴謹，而且越到後來越不嚴謹。

另外，爵位跟官職是兩碼事，有爵位不代表有官做，個別農民運氣好，封了「上造」，照樣得去田裡拔草。一般而言，爵位僅代表一種榮耀，以及能免些勞役賦稅什麼的，再有，就是能在發福利、分東西的時候多沾光，譬如打完仗，發戰利品，同樣都是排長，爵封「官大夫」的排長可能要比爵封「大夫」的排長多領二十斤雞蛋。

這種好處在分房子時表現得最突出。

西元前一八六年，西漢政府通過了一些分房分地的律令，咱們且摘抄其部分內容：

關內侯九十五頃，大庶長九十頃，駟車庶長八十八頃，大上造八十六頃，少上造八十四頃，右更八十二頃，中更八十頃，左更七十八頃，右庶長七十六頃，左庶長七十四頃，五大夫二十五頃，公乘二十頃，公大夫九頃，官大夫七頃，大夫五頃，不更四頃，簪褭三頃，上造二頃，公士一頃半頃，公卒、士伍、庶人各一頃，司寇、隱官各五十畝。

> 宅之大，方三十步。徹侯受百五宅，關內侯九十五宅，大庶長九十宅，駟車庶長八十八宅，大上造八十六宅，少上造八十四宅，右更八十二宅，中更八十宅，左更七十八宅，右庶長七十六宅，左庶長七十四宅，五大夫二十五宅，公乘二十宅，公大夫九宅，官大夫七宅，大夫五宅，不更四宅，簪裹三宅，上造二宅，公士一宅半宅，公卒、士伍、庶民一宅，司寇、隱官半宅。欲為戶者，許之。

這兩道律令[2]是說，全國人民爵位不同，分到的不動產也不一樣，爵位越高，分的地塊越大，房子越多，從徹侯到公士，隨著級別的下降，所分不動產在理論上是越來越少。另外，沒有爵位的人也有份，像公卒（普通士兵）、士伍（也是普通士兵）、庶人（無爵平民）、司寇（輕刑罪犯）和隱官（也是輕刑罪犯），理論上都能分到土地和房子，只是比有爵位的要少許多。

眾所周知，一頃就是一百畝，西漢一畝有二百四十個平方步，每步有六尺，每尺有零點二三七公尺[3]，故此每步有一點四二二公尺，每平方步有二點零二二平方公尺，每畝有四百八十五平方公尺，每頃則有四萬八千五百平方公尺，相當於一萬四千六百坪。

也就是說，在西漢初年，至少在西元前一八六年前後，一個關內侯理論上可以分到一百四十萬坪的土地。關內侯以下，大庶長可分一百三十二萬坪土地，駟車庶長可分一百二十九萬坪土地……低賤如罪犯，也能分到七千兩百坪土地。

再看第二道律令。該律令說每宅「方三十步」，即一處院落長、寬各三十步。如前所述，西漢每步有一點四二二公尺，則三十步有四十二點六六公尺，長寬各三十步的院落約一千八百二十平方公尺。「徹侯受百五宅」，意思是徹侯分到的住宅有一百零五處標準院落那麼大，加起來是十九萬一千一百平方公尺，近五萬七千八百坪，是個小城堡了。徹侯以下，關內侯能分五萬兩千四百坪住宅，大庶長能分四萬九千六百坪住宅，駟車庶長能分四萬八千四百坪住宅……庶民能分五百五十坪住宅，罪犯能分兩百七十五坪住宅。

問題出來了：當時政府哪來這麼多的土地和房子？

我手頭缺乏西元前一八六年西漢的疆域和人口資料，更不清楚當時全國不同爵位的人各占多少，但僅憑上述兩道律令也能猜到，倘若西漢政府真的嚴格按照法定標準分地分房，而且上自徹侯下至罪犯無一遺漏的話，那麼它手中必須掌握有驚人數量的無主土地和無主房產。土地好辦，國家頒布一條法令，規定城鄉土地均歸國有，就可以拿來重分了。在中國歷史上，前有備受儒家推崇的井田制，後有備受法家推崇的均田法，以及中華人民共和國剛成立後推行的若干次土地改革，無一不是這樣操作的。房子則有難度，因為每處房產都有業主，每處房產也都有看得見、摸得著的邊界，譬如牆壁、水溝、道路什麼的，我們很難想像西漢政府擁有這樣的財力和精力：把全國城鄉所有房子全部推倒，然後在廢墟上重建家園，建起長、寬統統三十步的標準院落，再一個院落一個院落地分下去。但若不如此，它又無法做到像律令裡所規定的那樣，給徹侯分「百五宅」，給關內侯分「九十五宅」。

所以，這兩道律令很可能只是官方想像中的完美狀態，就像儒家一直試圖恢復的井田制那樣，總是想像的多，落實的少。即便它曾經落實過，也必然會在落實的過程中改變一部分標準，譬如該分給徹侯五萬七千八百坪住宅，而主持分房的人一時找不到五萬七千八百坪大的一處城堡，就會拿四萬坪或者六萬坪大的城堡來代替。

還可以退一步，將律令中「徹侯受百五宅」理解成「徹侯擁有的房產最多不能超過百五宅」，這樣一來，那道分房的律令就成了對房屋等級的限定，它或許更近似隋唐之後歷代正史中的「輿服志」，只描述了西漢初年各個爵位所擁有房產的極限數量，超過極限就叫「逾制」，就要接受法律的懲罰。坦白講，在當前的經濟史界，確有學者持這樣的見解。

也有學者追溯到商鞅變法。西元前三五九年商鞅曾經推行「名田宅」制度，該制度不同於戰國以前的井田制，也不同於北魏以後的均田法，因為井田制是完全的土地公有，均田法則是在土地公有的基礎上進行有限度的土地分配，分配之後一般禁止土地買賣，而「名田宅」制度則承認土地私有，允許田宅交易，同時也經常性地進行土地和房屋的重新分配，使不動產不至於被兼併得太厲害。倘若西漢初年的不動產制度跟商鞅時代「名田宅」制度一脈相承，那麼我們就可以對那兩道律令做出新的理解。

以分房那道律令為例。「徹侯受百五宅」，或許不是指一定要給徹侯分五萬七千八百坪，而是指徹侯最多可以擁有五萬七千八百坪，超過這個標準，國家有權收回；低於這個標準，業主有權向國家申請補發其餘的部分，也有權購買一些田宅來補足。換言之，五萬七千八百坪只是徹侯名下房產的法定數量，不管他通過購買還是通過分配，抑或一半購買一半分配，其名下的房子都不能超過五萬七千八百坪。其他爵位以此類推。

在《張家山漢墓竹簡》「二年律令」之「戶律」部分，我們還能找到西漢初年對不動產交易的相關規定。譬如這條律令：「代戶、貿賣田宅，鄉部、田嗇夫、吏留弗為定籍，盈一日，罰金各二兩。」是說進行田宅交易時，主管官吏要及時予以登記，每超過期限一天，罰主管官吏金各二兩。還有這一條：「受田宅，予人若賣宅，不得更受。」是說大夥可以賣掉自己名下的田宅，但賣掉之後就不能再向官府申請分配了。

通過最後這兩條律令可以推想，西漢初年的不動產制度大概更接近商鞅推行的「名田宅」。也就是說，當時既分地分房，也允許交易，只是限定了一個標準，不許你超越而已。

注解

1. 參見《漢書》卷一九，百官公卿表上。
2. 《張家山漢墓竹簡》二年律令，戶律。
3. 參見楊寬《中國歷代尺度考》，商務印書館一九五五年重刊第一版。

第四章 懸錢立券，家園豁免——南北朝的抵押貸款

假如您用房子做抵押，跟銀行借二十萬，然後拿這二十萬去炒股，賠了，還不上貸款了，按照慣例，銀行將賣掉您的房子，這樣您就跟銀行兩不虧欠了，可您也無家可歸了，您只有租房，或者更慘一點，您流浪街頭，您飢寒交迫，您順手牽羊，您撬門別鎖，您成了慣犯。

為了避免這種悲劇發生，美國人制定了一種「宅地豁免法」（homestead exemption law），規定銀行實現對居民的抵押權時，必須給抵押者保留一定面積的家園地。也就是說，不管您欠銀行多少錢，銀行都得給您留個窩。有這部法律限制著，只有一處自住房產的居民在向銀行申請抵押貸款時，難度自然要增加許多，但也減少了有產者變成無產者的風險，從社會和諧的角度講，算是利大於弊。

在中國早於南北朝時期，就有過類似家園地豁免的法令。

這事兒要從梁武帝他兄弟說起。您知道，梁武帝叫蕭衍，他有個兄弟叫蕭宏，蕭宏這人很有錢，正史上說他家裡有很多倉庫，每間倉庫存錢一千萬，總共存了三十間[1]。富到這個地步，蕭宏還是不滿足，他希望他的存款不僅能保值，而且能增值。那時候不時興炒股，也不流行買基金，要想讓錢生錢，除非放高利貸，蕭宏就在南京城裡（梁的首都在南京）大放高利貸。高利貸得有抵押，蕭宏讓借款人一律用房子做抵押。

南北朝時的俗語，抵押貸款叫「懸錢」，抵押貸款合約叫「懸券」。蕭宏發放了大量懸錢，也跟借款人簽訂了不少懸券，懸券上都寫明了還款日期，如果借款人到期還不起，蕭宏就帶上兵馬，把債務人從家裡趕出去，別人的房子就成了他的房子。正史上說：「宏都下有數十邸，出懸錢立券。」意即蕭宏在南京有幾十處房子，全是因為別人還不起他的高利貸，被他強行收回的抵押品。

蕭宏坐擁幾十處地產，自然興高采烈，那些被他趕走的債務人可就慘了，他們只能租房居住，或者流浪街頭，給社會治安帶來很多問題。梁武帝覺得這樣下去不利於安定團結，就發下一道詔令：「懸券不得復驅奪。」意思就是說，以後不管是誰發放貸款，不管立了多麼嚴格的貸款合約，都不能因為別人還不起貸款而把他們趕出家門。

五百年後，司馬光編寫《資治通鑑》，曾對梁武帝做出積極評價。他說：「懸券不得復驅奪，自此始。」[2]我想給司馬光換句時髦的話：對抵押貸款實施家園地豁免，是從梁武帝開始的。

注解

1. 參見《南史》卷五一，梁宗室上．臨川靜惠王宏。下面凡未注明出處的皆同此。
2. 《資治通鑑》卷一四八。

第五章　唐代的土地公有制：均田法

唐朝初年實行的是土地公有制，有農村土地和城市土地的區別，對土地做了分類。按照用途的不同，當時把農村土地分成露田、桑田、麻田和宅地。不嚴格地講，露田相當於今天的水田、旱田和菜園，桑田和麻田相當於果園，宅地則跟住宅用地是同一件事。

當時全國所有土地，無論農村還是城市，在理論上，統統歸國家所有。「普天之下，莫非王土，率土之濱，莫非王臣。」說的就是這個意思。

當時法律禁止農村土地自由買賣。唐政府在開元二十五年（七三七）規定：「諸田不得貼賃及質，違者財沒不追，地還本主。」[1]在天寶十一年（七五二）規定：「自今已後，更不得違法買賣口分、永業田。」[2]還在《唐律疏議》裡規定了更嚴厲的懲罰措施：「諸賣口分田者，一畝笞十，二十畝加一等，罪止杖一百，地還本主，財沒不追。」[3]把上述條例翻成白話，就是說農村土地不能買賣，不能出租，不能抵押，也不能質押，如果有人違法賣地，政府可以沒收其賣地所得，如果賣的是責任田（口分田），則不僅要沒收賣地所得，還要打他的屁股，每賣一畝打十棍，超過二十畝就徒刑。

政府禁止農民賣地，當然有它的理由。首先，普天之下，莫非王土，你的土地不歸你所有，而是歸政府所有，所以只能讓政府賣，不能讓你賣。其次，在唐朝初年，農民的土地確實也是政府給的。當時施行均田法，把農村土地收歸國有，然後再按人均分，既分責任田，也分自留地（永業田），還給每家每戶分了住宅用地。既然你的土地是政府承包給你的，政府當然有權不讓你賣掉，用唐朝官員的話來講，就是「受之於公，不得私自鬻賣」[4]。

這些理由都是政府站在自己的立場上說的，聽起來比較靠譜，其實禁不起推敲。假如我是唐朝初年一農民，我會私下裡犯嘀咕：「我們家那兩塊地，一塊是我祖輩開荒開的，一塊是我父輩花錢買的，後來又經過我的平整和追肥，每一分、每一寸都滲透了我的血汗，現在你把它們收回去再分給我，就這麼一轉移，它就公有了，就不能賣了，這都什麼事兒啊！」

注解

1. 《通典》卷二，食貨二・田制下。
2. 《冊府元龜》卷四九五，邦計部，田制門。
3. 《唐律疏議》卷一二，戶婚。
4. 《唐律疏議》卷一二，戶婚・疏義。

第六章　宋朝的售房合約

北宋初年，民間買賣房屋，一般都立合約，但沒有統一格式。譬如張三賣房給李四，可能只開一張收據：「今收到李四買房款五千貫。」也可能複雜一些，寫明賣方是誰，買方是誰，房子多大，售價幾何，是不是絕賣，有沒有公設比，一方違約了怎麼辦等等。

眾所周知，一份規範的售房合約，必須寫有房子的位置、面積、四至和總價，以及買方什麼時候付款，賣方什麼時候交房，雙方什麼時候過戶，過戶時的相關稅費由誰出，如果以後因為公設比和相鄰權發生糾紛，又該由誰來負責。不管對於買方還是對於賣方，這些內容都很關鍵，都不可或缺。

但是，在北宋初年，售房合約上老是丟東少西，要麼沒寫四至，要麼沒寫公設比，要麼忘了讓公證人署名，以致交房之後，糾紛不斷，給買賣雙方帶來不少麻煩。

太平興國八年（九八三），知開封府司錄參軍事趙孚向朝廷提出建議，說過去簽售房合約，都是老百姓自己弄的，有的內容殘缺不全，有的預設霸王條款，還有的更可惡，欺負買家不識字，居然拿舊契來蒙事，這樣對公對私都不好，不如由政府出面，搞一份標準合約出來，好讓老百姓有個參照[1]。

「司錄參軍」是北宋前期的官職，級別比知府稍低，主抓戶籍和治安，類似現在的警察局局長。這位趙局長官職不高，提的建議倒挺對路，很快就被宋太宗接受了，宋太宗果真讓人弄了一份標準合約，然後詔告天下，號召大夥以後再簽合約的時候，一定要按著這份標準合約的格式來。

余生也晚，沒趕上北宋一朝，所以講不出這份標準合約究竟長什麼樣子，不過有一點我敢肯定：這份標準合約並沒讓房屋買賣標準起來。因為在該合約公布之後一百年，宋神宗又發布一道詔令，要求所有售房合約必須由政府統一印製，任何人都不得再使用私契，不然就屬於非法，就不能過戶，就得不到確權（確立房屋所有權、使用權等權利）[2]。假使那份標準合約已經起到了應有的作用，宋神宗也不必再麻煩一回不是？

宋神宗的詔令頒布以後，人們再買賣房屋，就得到縣衙買張「定貼」，也就是合約的草本，先試著填一遍，交給有關人員審查，若無誤，再買幾張「正契」，也就是正式的合約，然後再把定貼上的內容謄寫到正契上。正契一般四張，交完稅，蓋完章，一張給買方，一張給賣方，一張交給商稅院，一張留縣衙備案。

事實證明，這套辦法確實讓房產交易變得規範多了，北宋末年，河南、河北和山東等地的行政長官到中央述職，還說「元豐條例，委得經久，於民有利」[3]。「元豐」是宋神宗的年號，這幫地方官是誇神宗的辦法不錯，對老百姓有好處。

也有不好的地方：買定貼和正契都要花錢。定貼一般五文一張，正契不知道多少錢一張，但肯定不會比定貼便宜；另外，每買一次定貼，都要多交一次印花稅，稅率是房款的千分之三到千分之五[4]。

注解

1. 參見《續資治通鑑長編》卷二四，太平興國八年三月乙酉。
2. 參見《慶元條法事類》卷三六，商稅・場務令。
3. 《續資治通鑑長編拾補》卷一三，紹聖三年二月丙寅。
4. 參見《宋會要輯稿》食貨六一之六二至六三。

第七章 宋朝的住房救濟

一個有溫情的社會，有義務對那些不太成功的人提供幫助，如果不能幫他們過上正常的生活，至少也要幫他們維持最低的需求。這話是新加坡前資政李光耀說的，相信宋朝人還沒有聽說過。然而，宋朝人卻那樣做過。

北宋初年的幾個皇帝，如太祖趙匡胤、太宗趙光義、真宗趙恆，在他們統轄下的各路各州都設過義倉，每逢災荒之年，就開倉放糧或者搭棚散粥[1]。這些措施對餓肚子的人來說當然是有幫助，幫他們維持了一種最低需求：吃。

到了仁宗即位那年（一〇四一），京師鬧瘟疫，大夥看病要花錢，埋葬親人要花錢，大批租房居住的商販和軍戶交不起房租了。這時仁宗說話了：「這陣子樓店務不要收房租。」一道聖旨，幫眾人維持了另一種最低需求：住。

幫人民過上正常的生活，叫做「保障」；幫人民維持最低的需求，則叫「救濟」。宋仁宗免收房租的政策固然談不上住房保障，卻是真正的住房救濟。繼仁宗之後，英宗又下詔各州各縣：以後每逢災年，除開倉放糧外，公房房租一律蠲免。

免收房租只能是暫時的救濟措施，從仁宗慶曆二年（一〇四二）到神宗熙寧九年（一〇七六），宋朝政府又重修東、西福田院，增設南、北福田院，命工部大建住房，但凡逃荒入京的流民、赤貧破家的市民、無人奉養的老人等，盡可能安置進福田院，每年所需費用約五百萬左右，全由中央財政承擔。北宋末年，權臣蔡京當國，又下令各州縣設置居養院、安濟坊和漏澤園，其中安濟坊用於慈善醫療，漏澤園用於安葬無人認領的屍體，居養院則用於住房救濟：讓遭了天災的居民和無家可歸的乞丐居住。這個措施一直延續到南宋中葉。

概括起來，宋朝的住房救濟包括三種：一是像宋仁宗、宋英宗那樣，對租住公房的市民減免房租；二是由政府建房，免費安置流民和赤貧戶，如神宗所設福田院和蔡京所設居養院都有這個功能；再就是廉租房。例如仁宗慶曆末年（一〇四八），樞密副使富弼出知青州，當年黃河決口，約五十萬人無家可歸，富弼命轄下各縣出資修建簡易房，以低租形式供人們居住[2]。再如仁宗至和三年（一〇五六），龍圖閣直學士蔡襄出知泉州，在泉州萬安渡造屋數百間，低租出賃給船戶，那也是典型的廉租房[3]。

房市觀察要點

◆宋仁宗蠲免房租的時間甚短，前後僅持續了十天，這是因為樓店務不收房租，宮廷財政就要赤字，而宋朝公房租金是宮廷開支的重要補充。

◆安濟坊不是蔡京的首創，但確實是蔡京推而廣之的。可惜沒有完善的配套措施，地方官紛紛貪汙中央撥款，致使安濟坊形同虛設。

注解

1. 見《宋史・志第一百三十一》，以下未注明出處者，均引於此。
2. 參見王辟之《澠水燕談錄》。
3. 參見方勺《泊宅編》。

第八章　一份契約裡的元代房政

契約[1]正文：

泉州路錄事司南隅排鋪住人麻合抹，有祖上梯己花園一段、山一段，於內亭一座、房屋一間，及花果等木在內；坐落晉江三十七都東塘頭廟西，……因為闕鈔經紀用度，將前項花園並屋基連土出賣。遂□〔經〕晉江縣□〔須〕給公勘據□明白，立貼□〔遍〕問親鄰，俱各不願承支。今得蔡八郎引到城東隅住人阿老丁前來就買，經官牙議定，時價中統寶鈔六十錠。……所有合該產錢，麻合抹戶苗米二斗八分，自至元二年為始，係買主抵納。今恐□□〔無憑〕難信，立賣契一紙，付買主印稅收為用者。

落款：

至元二年十月　日文契

情願賣花園屋基人　麻合抹

同賣花園母親　時　鄰
引進人　蔡八郎
知見賣花園屋基姑父　何暗都剌
代書人　林東柳

契約中，「至元」是元惠帝年號，至元二年即西元一三三六年；麻合抹、阿老丁、麻合抹母親時鄰，及其姑父何暗都剌，都是移民中國的阿拉伯人。這份契約說明，在六百七十年前，元代治下的泉州路晉江縣，兩位老外成功進行了一宗房地產交易。交易雙方：賣主麻合抹，買主阿老丁。交易標的：一座花園及一處住宅用地。交易起因：麻合抹做生意缺錢（契約中「闕鈔經紀用度」，意思是生意上周轉不開，這是古代不動產契約中的套話，但也可能是實情）。

從這份契約還能看出元代的一些房產政策。首先，在元代擁有不動產要交財產稅，契約中說「麻合抹戶苗米二斗八分」，就是指麻合抹沒出售花園、住宅用地前，每年要交兩斗八分米的稅；出售之後，這項稅「係買主抵納」，該讓阿老丁交了。其次，買賣房地要交契稅和印花稅，契約結尾說「立賣契一紙，付買主印稅收為用者」，其中的「印」是指印花稅，大概每份契約四十文；「稅」是指契稅，按百分之四的稅率由買方繳納。再其次，元代有先評估後交易的規定，也就是說，買賣房地產須經官方估價。例如契約中有「經官牙議定」的話，「官牙」就是經官方認定的仲介人，兼有掮客和估價師兩種身分。另外，元代很重視不動產役權，凡賣房賣地，必須立張「問貼」，寫明所賣不動產的詳細情況和希望賣價，向親戚和四鄰詢問一遍，如果有人想買，必須優先賣給他們；只有親鄰都不願購買的時候，才能賣給旁人。契約中有一句「立貼□〔遍〕問親鄰，俱各不願承支」，就是指的這個。

事實上，在這份契約之前，確有一張問貼，它是這樣寫的：

泉州路錄事司南隅排鋪住人麻合抹，有祖上梯己花園一段，……今欲出賣□〔價〕錢中統鈔一百五十錠，如有願買者，就上批價，前來商議；不願買者，就上批退。

麻合抹寫了問貼，像給情人傳紙條一樣傳給所有的親戚和鄰居，結果大家都批了「退」，可能是嫌他要價太高了吧。這個麻合抹，本想賣得「中統鈔一百五十錠」，最後以「中統鈔六十錠」出手，不知道會不會心疼？

注解

1 此契約為泉州晉江陳埭丁姓家譜中保存的八件土地文書之一。

第九章 房產估價在元明

也不知道是哪年哪月，元朝一位紳士編了本書，書名叫《新編事文類要啟箚青錢》。這書名很怪，初一看能把人弄得暈頭轉向，其實就是一本應用文寫作大全。該「大全」講了怎麼寫欠條，怎麼寫申請書，怎麼寫來往公文，也講了怎麼寫房契。

元朝房契的標準格式是這樣的：

某都某里某人，有梯己承分房屋一所，總計幾架幾間，坐落某都某里某處，四方各至某處。今因貧困，不能自存，情願浼某人為牙，將上項四至內房屋盡行出賣與某人……

落款：

某年某月某日，立契人簽名畫押，牙人簽名畫押，中見人簽名畫押。

契約裡說「浼某人為牙」，就是聘請某人為仲介的意思。古代的房產仲介叫「房牙」，房牙往往身兼數職，在同一宗房屋買賣中，既牽線搭橋、做成交易，又丈估房地、評議價格，最後還負責拿著契約到官府註冊備案、完成過戶，跟現在房產界的經紀人、估價師和登記代理人一比，這房牙一個頂三個，真正的一專多能。

元朝房產契約裡必須注明房牙是誰，說明房牙在元朝房產交易中很受重視。事實上，真正重視房牙的是元政府，元政府需要借助房牙的估價，來避免交易雙方通同作弊，致使契稅流失。由於這個緣故，元政府強令所有房產交易必須僱請房牙，換句話說，必須經過估價。

到了明朝，貧農出身的朱元璋在財務上缺乏天分，他取消了相當於房產稅的間架稅，也取消了房產交易必須估價的規定。大明隆慶三年（一五六九），徽州休寧縣居民畢九隆賣掉所住宅院，共計「瓦屋三間、蓬頭二個、石明堂一個、横樓三間、糞缸一隻」，「時值白紋銀十五兩整」，這個時值就是賣方畢九隆跟買方王保「議定」的，沒經房牙估價。

房產估價的意義不外乎這些：第一，對交易雙方而言，經由協力廠商合理定價，買家和賣家的利益實現了均衡；第二，對政府而言，以房牙估價做計税依據，減少了交易雙方在契約上作弊的機會；第三，如果交易標底是公共資產，更需要一個估定的底價撐著，這樣有關人士在低價出讓公共資產時就不會那麼順手。明政府沒在意前兩點，卻沒忘記第三點。明代擬話本《警世通言》第十七回，福建延平府退休官員馬萬群被抄家，他家上百間房子，「但是有稅契可查者，有司逕自估價官賣」。用我們現在的話，就是說只要有房屋所有權狀的，有關部門都讓人估了價，然後拍賣出去。這說明在官方出面處理公共資產的時候，房產估價仍然會披掛上陣。

第十章 明太祖的國六條

話說大宋年間，山東清河縣有個風流子弟，此人複姓西門，單名一個慶字，在縣前開著一個大大的生藥鋪，現住著門面五間到底七進的房子。

——這是《金瓶梅》的開篇。

大家知道，《金瓶梅》看似在講宋朝，實則是講明朝，假設這位西門慶不是虛構的藝術形象，而是活生生的人，此人確實生在明朝，確實在清河縣前開了個生藥鋪，確實住著門面五間到底七進的房子，那麼我們可以斷定：此人是個違法犯禁之徒——他違反了明太祖的「國六條」。

明太祖在洪武二十六年（一三九三）發布了「國六條」，其內容如下：一、任何人不得超越等級建房；二、居民門窗不得使用朱紅油漆；三、庶民住房不得超過三間；四、功臣宅邸兩邊可以保留五丈空地；五、軍民房屋不許建成五間或九間；六、寺觀庵院不得使用斗拱。很明顯，西門慶違反了第三條，他雖然有錢，不過是個庶民，庶民住房不得超過三間，而他家「門面五間到底七進」，已有三十五間之多了。

現在中國政府發布「國六條」，是為了限制房價增長過快，以確保經濟的穩定；明朝發布「國六條」，是為了教育人民分清上下，以確保等級的穩定。兩個「國六條」的實施效果都不那麼理想。大明弘治年間（一四八八－一五〇五），浙江太平府三分之二的商人把私宅建成了官邸；嘉靖年間（一五二二－一五六六），南京城私人經營的河房到處都是紅漆彩繪。為了杜絕類似情形一再出現，明太祖在洪武三十五年（一四〇二）對「國六條」進行細化，到正統十二年（一四四七），明英宗又重申了「國六條」，然而收效甚微，臣民建房違規之勢越演越烈。

那年月，再大大不過聖旨去，「國六條」就是聖旨，西門慶偏敢逆風而行，莫非是懲罰措施不嚴厲？《大明律》有規定，庶民建房逾制，輕笞五十，重笞一百。笞就是用大板子往屁股上掄，要是使得勁足，笞五十就能讓人後半生癱瘓，沒練過金鐘罩的人沒理由不怕笞的。問題在於，負責笞的不是明太祖，而是地方官。地方官笞的力度大有玄機，西門慶白花花的銀子送上去，那地方官怕是不但不笞，還會給西門大官人來個按摩。

所以說，中央政令一到地方就難以執行，是因為地方官有逐利傾向。正是地方官的逐利阻礙了「國六條」，這個道理人所共知。怎樣能讓地方官不去逐利呢？王莽早就試過德化的方法，他老人家苦口婆心，號召有權有勢的同志不要再玩土地兼併，而要把土地分給窮人，最後也只在歷史上留下個笑柄而已。靠道德的約束力來消除地方官的逐利，就像棋藝不高又愛下棋的人，總指望別人會按自己想的路子走。合乎常識的做法是把棋下得凌厲一些，逼著對方不得不按你設定的路子走。而要逼著地方官不逐利，僅靠自上而下的監督是不成的，還得有明晰的、多樣的、不可侵犯的私權來對抗，大明朝不流行這個，今天的發達國家無一不在這樣做。

如果給明太祖提建議，不外如是：想讓「國六條」得以貫徹，就必須遏制地方官逐利；要遏制地方官逐利，就必須讓民眾有足夠的私權。想來明太祖會說：「私權一多，地方官事就難辦，我還指著他們給我辦事呢。」

效率與公平，這又是一對矛盾。

第十一章　萬曆年間買房過戶

在中國買房，繳契稅要去地稅局，過戶要去房管局，稅費徵收和權證管理是分開的（在台灣，繳稅要去稅捐稽徵處，過戶得到地政事務所）。

在萬曆年間（一五七三－一六一九）買房，繳契稅要去縣衙，過戶要去五城兵馬司，稅費徵收和權證管理也是分開的。

中國的稅費徵收和權證管理之所以分開，是為了減少稅收流失——如果讓房管局既發證，又收稅，一攬子包辦，那麼這個部門就可以多收紅包少收稅，把辦證的條件設定為好處費而不是納稅憑證，最後窮了財政，富了機關，一個部門的成員都將吃成胖子。所以，自從二〇〇五年以後，契稅一直是財稅部門直接徵收，房管局只能辦證，以及收一些少量的工本費。據國家稅務總局發文，現在徵收機關掌握了稅源，契稅管理得以強化，契稅收入正在持續快速地增長著。可見把稅費徵收和權證管理分開的決策是對的。

然而，在萬曆年間，稅費徵收和權證管理雖然分開了，契稅仍然繼續流失，而且流失得越來越厲害。

原因有二：

首先，總有一部分購房者不去過戶。彼時稅率最低百分之一點五，最高百分之三，買一百萬的房子，過戶前至少要繳一萬五千元的契稅，如果不過戶，那一萬五千就省了。例如萬曆十七年（一五八九）十月，北京宛平居民邵盤花七百七十六兩買了一套房，到十八年（一五九〇）五月，又花六百五十三兩買下另一套房，按當時稅率，合計要繳契稅二十一兩。邵盤猶豫不決，依法納稅心疼，不納稅又過不了戶。一哥們兒勸他：「稅契事打什麼緊！稅他何用？留些稅錢，咱們買酒吃。」於是邵盤就沒繳稅，當然也沒去過戶。像邵盤這樣的，萬曆年間俯拾皆是。

當然，買房不過戶是違法的，要打五十下板子，還要把房款的一半充公。可是，只要您自個不說，誰又知道您買房沒過戶呢？明朝中後期，政府每隔十年才檢查一次過戶紀錄，您不聲不響買套房，離挨板子遠著呢。

其次，五城兵馬司的工作人員不太負責。如前所述，縣衙負責徵稅，五城兵馬司負責過戶，照規矩，這個五城兵馬司必須拿到縣衙簽發的納稅憑證，才能辦理過戶手續。但實際操作的時候，好多人拿著自己套印的假憑證去過戶，也能順利通過。這說明辦事員不細心，也說明那時候資訊技術太落後——假如那時五城兵馬司和縣衙有網路連結，每個申請過戶的購房者是否納稅在網上都有公布，相信沒人敢玩假憑證。

第十二章　萬曆年間的房價很便宜？

手頭有一張房契，寫的是萬曆十五年（一五八七）七月，安徽黃山某居民許先生，在當地買到一別墅，該別墅占地五畝，建有樓房三間，平房二十八間，連房帶地，花去紋銀一百零六兩。

明代一畝約有六百三十八平方公尺，五畝就是三千一百九十平方公尺。每間房子約有十五平方公尺（四點五坪），三間樓房加二十八間平房，就是一百四十坪。像這樣一處別墅，放到今天的北京或上海，沒千把萬大概買不到吧？即便在黃山，售價也得在三百萬以上不是？可人家許先生只花了紋銀一百零六兩。

一百零六兩銀子是多少錢呢？還記得萬曆十五年（一五八七）夏天，安徽米價上漲，每斗賣到紋銀二錢，當時十錢為一兩，每斗賣二錢，說明一兩能買五斗，而明代一斗約有十公升，每公升大米重約零點八公斤，所以每斗大米有八公斤重，按每公斤四十元的市價，需要花三百二十元購買，買五斗則需要一千六百元。綜上所述，在萬曆十五年的黃山，一兩銀子相當於今天一千六百元，一百零六兩銀子還不到新台幣十七萬。放在今天，這點錢甭說買別墅，買別墅裡一間廁所都不夠。

我曾經懷疑這位許先生是惡霸地主之流，一貫擅長強買強賣，才能以這麼低的價格買到那麼大的別墅。後來發現，他也就是一平頭百姓，壓根兒不具備強買強賣的資格。另外，房契上寫得明白：「三面議定，時值價銀一百陸兩整。」說明除了買賣雙方，還有中間人幫著估價，而且是按「時值」，也就是市場價格。

由此我想得出第一個結論：萬曆年間的房價很便宜。

同樣在萬曆十五年，同樣在安徽黃山，人們買一斤鹽，卻要花三錢銀子，按每錢銀子折合一百六十元新台幣計算，當時每斤鹽售價是四百八十元。而今天的加碘食用鹽，每斤約新台幣十五元。明代的「斤」約五百九十六克，和今日重量相差無幾，價格上卻差幾十倍，明顯有些說不過去。所以，有人感慨道：「雖有孝子賢孫，少求薄鹵以奉其親，不能得也。」意思是說窮苦老百姓吃不起鹽，有時想給爹娘飯菜裡放一點鹽調調味，卻盡不起這個孝心。

由此我要得出第二個結論：萬曆年間的鹽很貴。

對於萬曆年間的房價，我們留待後面再講，現在不妨探討一下當時食鹽為什麼貴的問題。

據《明史・食貨志》記載，當時官方向「灶戶」（專門負責製鹽的農戶）收購食鹽，每四百斤僅支付大米一石。明代一石大米重約八十公斤，按每公斤四十元計算，一石也就是三千二百元。官方用三千二百元就能買到四百斤鹽，說明「灶戶」生產每斤鹽的成本絕不會超過八塊錢。可是，市面上的鹽價怎就能暴漲到四百八十元一斤呢？

毛病出在體制上。假設您是萬曆年間一位老闆，想批發些食鹽來賣，您必須經過如下程序：

第一，買下一批糧食，運到邊疆軍營，從軍官手裡拿到證明，再回到產鹽區，把證明交給鹽運司；

第二，鹽運司收到的證明足夠多時，會向南京戶部申請一批空白「鹽引」，也就是經銷食鹽的許可證；

第三，鹽運司在鹽引上填寫名字，蓋上大印，發到你手裡；

第四，你拿著鹽引去鹽場支鹽，然後帶著鹽車去找鹽課司接受檢查；

第五，鹽課司檢查完畢，告訴你可以在哪個地方銷售；

第六，你去指定的地點賣鹽；

第七，賣完了鹽，還要把鹽引交給當地政府。

有必要補充的是，上述程序不但麻煩，而且耗時，不但耗時，而且還要花不少錢。因為明朝公務員待遇奇差，相關部門的福利都不高，就等著從別處撈回報了，你主動送上門去，他們自然要用拖著不辦的方式提醒你，直到你主動把白花花的銀子送進他們的腰包。據說在萬曆初年，鹽商每進一次貨，至少需要兩年時間，長的甚至需要五六年。這期間會有多少或明或暗的支出，正史上沒有記載，咱們只有展開想像的翅膀。

由此可見，食鹽的生產成本雖然很低，附加在運輸和銷售環節的成本卻是非常驚人的，那些賣鹽的老闆們吃了這麼大的悶虧，豈能不將鹽價連翻幾十個筋斗？

有朋友會說，那時候的老百姓也真夠笨的，既然鹽商把鹽價定得很高，幹嘛不甩開鹽商，直接去找灶戶呢？灶戶生產食鹽一斤一塊錢，咱就給兩塊，這樣灶戶賺錢了，咱也能吃到便宜鹽。這主意不錯，可惜不現實，因為明朝實行非常嚴格的食鹽專賣制度，除了持有許可證的鹽商，其他人是不能找灶戶買鹽的，誰敢觸犯這一條，輕則充軍，重則砍頭，不但砍買家的頭，還要砍灶戶的頭。您要問為什麼，明朝的官員會解釋道：「從鹽商那兒買的鹽叫『官鹽』，從灶戶那兒買的鹽叫『私鹽』，官鹽貴，卻合法，私鹽便宜，卻不合法，我們怎能做不合法的事兒呢？」如果你接著問：「為啥官鹽合法，私鹽就不合法？」我猜那些官員會賞你兩巴掌。

其實，合法不合法是表面問題，經濟利益才是核心所在。在萬曆後期，明朝太常庫平均每年進賬二百零九萬兩，其中來自食鹽專賣的直接收入就占一百萬兩以上。換言之，正是因為人們買了合法的鹽，才給國家貢獻了將近一半的財政收入。所以，國家當然要提倡大家買合法的鹽，雖然它比較貴；杜絕大家買非法的鹽，雖然它比較便宜。不過，這種話不宜明講。

適合明講的是這些話：官鹽是受法律保護的，如果吃後出了問題，國家會給你補償；私鹽則不受法律保護，不具備轉讓、處分和收益的權利，也不能辦理過戶手續，所以購買風險很大……。如果你還左右搖擺，試圖衝向鹽場去買灶戶的便宜鹽，那麼戶部和各地轉運使司就會發出通告，將官鹽定為合法，將私鹽定為非法，然後警告或者禁止你跟非法鹽商打交道，儘管它是那麼便宜，而且在品質上也沒有任何區別。

現在可以說說萬曆年間的房價為什麼便宜了。原因很簡單：那時候的房子全是自建自銷，而這樣的房子總是很便宜，一如私鹽總是很便宜。

第十三章　雍正版售房合約

看過房子，交過「定金」，是簽約的時候了。售房小姐遞給一份合約樣本，打開看，怎麼計價，怎麼付款，怎麼交房，怎麼過戶，發生矛盾了怎麼處理，一方違約了怎麼賠償，整理得規範極了，也詳細極了。只可惜，都是印刷字體，只能一頁一頁地學習和欣賞，欣賞完了，要麼簽，要麼不簽，而沒有改動任何一項條款的權利。

如您所知，這叫「定型化契約」。

定型化契約有定型化契約的好處：首先，不用再跟開發商討價還價，省了不少事；其次，這種合約由消費者保護法約束，有應記載與不應記載事項。當然，也有壞處，譬如開發商很容易打擦邊球，在裡面預設一些霸王條款。

不過，今日在台灣購買預售屋時，有內政部公布的買賣契約範本可供比對。這種由官方提供的合約，倒也不是今天的創意，早在雍正五年（一七二七）到乾隆元年（一七三六）這段時間，北京地區就已經廣泛使用官方印製的售房合約了。譬如這份合約樣本：

立賣契人＿，今將戶下基地＿畝＿分＿釐＿步，坐落＿，房肆＿間，東至＿，南至＿，西至＿，北至＿，出賣於＿為業，當日受價＿兩＿錢＿分＿釐。此前並無重復典賣、親鄰爭執等情弊，若有一切不明事項，盡是賣主承擔，不及買主之事。欲後有憑，立此存照。

上述合約由順天府制定，在雍正年間的北京強制推廣，和今日不同之處在於，當時每個買房或者賣房的朋友都必須使用它，否則「照匿稅律治罪」（《清會典事例》卷七六三，刑部・戶部課程・匿稅）。其實，不用等強制推廣，買房的朋友就會主動喜歡上這份合約。不可否認，它是簡單了些，可您瞧裡面這一條：「若有一切不明事項，盡是賣主承擔，不及買主之事。」最大限度地保障了購房者利益。

第十四章 帝國的契稅

西晉亡國，東晉建立，小朝廷盤踞在長江以南，跟胡人打起了持久戰。打仗要花錢，而東晉剛剛站穩腳跟，錢根本不夠用，怎麼辦呢？無非是多收稅。以前買個丫鬟、賣頭牲口、買塊地皮、賣套房子，都不用交稅，現在得為國家做點兒貢獻了，花一百，交四塊，花一萬，交四百，號稱「散估」。這個稅今天也有，不過不叫「散估」了，叫「契稅」。

東晉「散估」跟今天的契稅相比，徵收對象有些不一樣：「散估」既針對不動產，也針對大項動產；今天的契稅則只針對不動產。納稅人也不一樣：「散估」是買主攤一份，賣主攤三份；今天的契稅則要求買主單獨繳納。除此之外，它們沒有任何區別，譬如都是以財產價格作為計稅依據，都是按比例稅率徵收。所以，在經濟史界，東晉「散估」被視為中國第一個有據可查的契稅。換言之，它是契稅的老祖宗。

繼東晉「散估」以後，幾乎所有王朝都有契稅。一般來說，每設立一個新稅，政府都要給一說法，帝王們關於契稅的說法是這樣的：「以此人競商販，不為田業，故使均輸，欲為懲勸。」[1] 意思是說，如果人們都去經商，會動搖國本，所以要徵收契稅，以引導那些商人回到農業上去。這理由不太站得住腳，唐朝初年，魏徵他們編寫歷史，才大膽說出了契稅的實質：「其實利在剝削也。」[2]當時「剝削」這個詞兒並無貶義，它跟「增加財政收入」是一個意思。

東晉「散估」的稅率是百分之四，隋唐契稅的稅率是百分之五，宋朝按百分之四，元、明、清三朝則以百分之三為主。不過，這樣說很不嚴謹。我還記得我讀大二那年去房產公司打工，當時中國的契稅是按百分之二，到我畢業那年，稅率已經漲到了百分之四，現在再買房，稅率又降到百分之一點五了。這才幾年的工夫，稅率就上躥下跳好幾回，一個朝代少則幾十年，多則幾百年，其稅率更加不可能一成不變。

以宋朝為例。北宋建立初年，契稅按百分之二徵收，到宋朝中葉翻了一番，變成百分之四，後來跟金國開仗，錢又不夠花了，增加到百分之六。南宋更厲害，宋孝宗在位（一一六三－一一八九）時，「人戶合給牙契稅錢，每交易一十貫，納正稅錢一貫。」[3]說明稅率漲到了百分之十。有必要說明的是，這百分之十還只是「正稅」，如果您想在南宋合法地買一套房，要交的稅費絕對不止這些。據南宋初年官員洪邁說：「官所取過多，並郡邑導行之費，蓋百分用其十五六。」[4]可見稅款大概相當於購房款的百分之十五。

您會問：「當時買房除了要交契稅，還要交哪些稅呢？」我在《宋會要輯稿》裡見過一清單，裡面包括「契紙本錢、勘合朱墨頭子錢……朱墨錢、用印錢、得產人錢」[5]。不瞞您說，我一見這份清單就有親切感，它讓我想起了買房時交的律師費、保險費、評估費、登記費、工本費……

注解

1. 《隋書》卷二四，食貨。
2. 《隋書》卷二四，食貨。
3. 《宋會要輯稿・食貨》三五之一五。
4. 《容齋續筆》卷一，田宅契券取直。
5. 《宋會要輯稿・食貨》三五之一八。

第十五章　利瑪竇繳契稅

大約四百年前，義大利傳教士利瑪竇，在北京宣武門內買下一套房，然後搬了進去，他一門心思只盤算怎麼擴建，怎麼裝潢，怎麼在正房之上豎起一座漂漂亮亮的小教堂，卻忘了要去衙門繳契稅。這也難怪，利瑪竇在義大利中部、在羅馬、在葡萄牙、在印度都待過，從沒聽說過買房還要繳契稅這回事兒。他只對房產稅有心理準備，然而「在過去五年當中，從沒有人向他們提過房產稅」[1]，所以就認定中國沒有房產稅，既然沒有房產稅，那麼什麼稅都沒有了。幸虧有位名叫徐保祿（即徐光啟，其天主教聖名為保祿）的中國人提醒，說在中國買房必須過戶，過戶必須官府蓋章，而官府蓋章之前，必須把契稅繳足了；利瑪竇才急急忙忙趕到戶部，請「負責這類事務的主管大臣」蓋章，但為時已晚，人家讓他「解釋欠稅的問題」，「還不得不為長期拖欠支付一筆可觀的罰款」。

利瑪竇在北京買房的時候，已經是萬曆三十三年（一六〇五），當時契稅稅率是百分之二。也就是說，如果房屋交易價格是一千兩銀子，買方就要繳二十兩的稅。此外還有工本費，也是蓋章之前繳納，約四十文銅錢。如果利瑪竇不想惹麻煩，他就應該在簽下購房合約之後，拿著合約去當地縣衙（《利瑪竇中國札記》寫的是戶部，可能有誤）繳上契稅和工本費，讓人填張批文，蓋上大印，黏在合約上，這才叫程序正當，交易合法。如果買了房，搬了家，還拖著不繳稅不蓋章，那麼不僅交易無效，還會受到一些處罰。

至於怎麼處罰，《大明律》是這麼寫的：「凡典買田宅不稅契者，笞五十，仍追田宅價錢一半入官。」[2]也就是先打你五十板子，再把房款的一半充公。利瑪竇只被要求支付一筆滯納金，對他算是很客氣啦。

注解

1. 引文出自《利瑪竇中國札記》，下同。
2. 集解附例卷之五・戶律・田宅。

第十六章　田宅充公

大曆十四年（七七九），唐代宗李豫讓人統計上一年的收入，發現「州府沒入之田，有租萬四千餘斛」[1]。彼時一斛為十斗，一斗六公升，「萬四千餘斛」是八十四萬公升，能裝一百三十萬斤糧食。這些糧食夠一百萬人吃一天，夠三千人吃一年，如果誰也不動，讓皇帝一個人隨便吃，足以保證他在幾千年內不會餓死。當然，前提是糧食的保存期限夠長，一般情況下，皇帝還沒爛，糧食就先爛了。

一百三十萬斤糧食收上來，究竟是歸宮廷，還是歸財政，我們不得而知，只知道李豫瞧了報表之後很高興，好像那些糧食全是白撿的一樣。其實，還真是白撿的，如前所述，那些糧食出自「州府沒入之田」，也就是本來屬於私人、後來被政府沒收的土地。

政府沒收私人土地由來已久，在李豫之前，武則天曾經沒收李氏皇親的田產；在武則天之前，李世民也曾沒收建成、元吉的田產。他們的田產之所以被沒收，是因為他們犯了罪，李氏皇親犯的是叛國罪，建成、元吉犯的是顛覆國家安全罪。犯這種罪，罪不容誅，活該讓皇帝誅了他們，再沒收他們的土地。

臣民犯罪，不僅土地會被沒收，房子也會充公。當年蒙古人橫行江南，江南人不服，加入白蓮教、彌陀教，聚眾造反，一朝被逮，男的砍頭，女的做營妓，房子歸政府[2]。元朝中後期，中原有人印製假鈔，被人告發上去，也是男的砍頭，女的做營妓，房子歸政府[3]。

即使不犯罪，房子也可能會充公。北魏前期，大同附近，沒有兒子的家庭，政府都備了案，一旦女兒出嫁，雙親過世，地方官就派人來接管房子[4]。唐朝後期，洛陽城中，市民逃離戰火，到鄉下避難，再回去的時候，就會發現自家的房子已經在掛牌出售了，想要回來是不可能的，除非掏錢去買[5]。在宋朝，有「女戶」和「戶絕戶」，前者只有女兒沒有兒子，後者連女兒也沒有，這兩種家庭都是政府關心的對象，因為等人死了，政府可以依法沒收並出售他們的房子。在元代也是一樣，中統五年（一二六四）皇帝下旨：「隨處若有身喪戶絕別無應繼之人，其田宅、浮財、人口、頭疋盡數拘收入官。」[6]「田宅」是不動產，「浮財」是錢，「人口」是奴隸，「頭疋」是衣服，總之一切歸公。

在宋朝，政府比較有愛心，如果賣「女戶」的房子，會把售房款的一半交給那家已經出嫁的女兒。在元朝，政府比較沒愛心，不管賣「女戶」的房子，還是賣「戶絕戶」的房子，收入都歸國家。

注解

1. 《唐會要》卷八三，租稅上。
2. 參見《通制條格》卷一六，撥賜田土還。
3. 參見《通制條格》卷四，偽造妻屬。
4. 參見《魏書・食貨志》。
5. 《舊唐書》卷二〇，哀宗本紀》。
6. 《通制條格》卷三，戶絕財產。

第十七章 賜宅

我記得，昔年王導協助晉元帝定都建康，晉元帝送他別墅一處、土地八千畝，位於鍾山西側[1]；狄仁傑判案有方，威名素著，武則天送他一處宅院[2]；安祿山擅長拍馬屁，討人喜歡，唐玄宗送他奴婢十房、宅院一處、土地數千畝[3]；魏忠賢權傾朝野，明熹宗送給他侄子魏良卿一套房子、土地若干[4]；祖大壽投降女真，努爾哈赤送給他兒子和孫子每人一套房子[5]；康熙平三藩的時候，大將張勇、趙良棟等人戰功赫赫，康熙為他們在北京建了府邸，還撥了莊田；就連唐太宗李世民也送過別人不動產：這廝打天下的時候，曾被少林武僧相救，後來做了皇帝，送給少林寺一萬畝良田作為回報[6]。

拋開等級差異，皇帝送給臣下不動產，就跟開發商送給明星不動產一樣，或者因為喜歡受贈人，或者想從受贈人身上撈點兒好處。另外，只要他們高興，想送給誰就送給誰，想送多少就送多少，他們有這個權利。

但是，等級差異畢竟是存在的：開發商送別人東西，叫「贈」，皇帝送別人東西，叫「賜」。贈出去的東西，意味著其產權永遠屬於別人，如果再想要回來，不但人情上說不過去，法律上也不支持；賜出去的東西，則隨時還能要回來。

例如唐高祖李淵賜過秦瓊、羅成等人房子，後來李世民即位，就把他爹賜出去的房子要回一大批，再賜給其他功臣[7]；唐玄宗李隆基賜過御史大夫王鉷房子，後來王鉷惹他不高興了，李隆基不但把賜出去的房子要了回來，還沒收了王鉷別的房子[8]。

如果說開發商贈給明星房子，近似肉包子打狗，那麼皇帝們賜給臣下房子，就像暗器高手打飛鏢——噗地一聲打出去，又嗖地一聲飛回來，鏢沒丟，還帶回一塊糖醋肉。

注解

1. 參見《南史》卷二二，王騫傳。
2. 參見《舊唐書》卷八九，狄仁傑傳。
3. 參見《舊唐書》卷九，玄宗本紀。
4. 參見《明史》卷三一五，魏忠賢傳。
5. 參見《清史稿・列傳第二十一》。
6. 參見《金石萃編》卷七四，少林寺賜田敕。
7. 參見《舊唐書・蕭瑀傳》。
8. 參見《封氏聞見錄》卷五，第宅。

第十八章 鱉過橋——國營不動產

我的老家開封，人稱「七朝古都」。哪七朝？魏國、後梁、後晉、後漢、後周、北宋和大金。魏國建都已有兩千三百年了，太久遠，不容易整清楚，咱們說說後面幾個朝代。

西元九〇七年，朱溫廢唐自立，定都開封，建立後梁，隨後發布詔書，通知戰亂時期逃亡外地的開封市民在三個月內回到開封，逾期不回者，土地充公，房子也充公。西元九三七年，後晉皇帝石敬瑭遷都開封，繼承後梁的政策，將罰沒和無主的不動產收歸國有，變成官地和係官房舍。西元九四七年，後漢從契丹人手裡接管開封，開封原有的官田、皇莊、大臣府邸、公廨衙門和無主房產自然也都轉移到政府名下。然後郭威建立後周，趙匡胤建立北宋，以及大金取北宋而代之，這期間開封城內的地皮和房子都有相當一部分是屬於國家所有的。五代時期還有個朝代叫後唐，定都在洛陽，也對城市土地進行了國有化改革，其方式是收購：凡是臨街地塊，按每畝五千文到七千文的官方價格強行買進，然後蓋成房子出租。

不論古今中外，這些事兒一般都發生在建國伊始。譬如美國獨立時就曾通過一紙法令，宣布全部土地歸國家所有。再譬如中國共產黨政府也有過一段轟轟烈烈的土地國有化運動，最開始是像後梁、後晉那樣沒收一大批，然後像後唐那樣推行定價收購，最後又像美國那樣，在法理上確認了國家對城市土地的所有權。

北宋極盛時期，全國各大城市都有一個名叫「樓店務」的機構，該機構是專門負責經營國有不動產的。那時候還沒有開發商，不便搞招牌掛，樓店務就把國有土地租出去，供人在上面建房，也把國有房產租出去，供人在裡面居住。在國有土地上建房，每年要交一次「地基錢」，在國有房產裡居住，每月要交一次「賃房錢」。樓店務收齊地基錢和賃房錢，最後上繳國庫。這筆收入數目不小，據《續資治通鑑長編》卷三十記載，宋太宗時期（九七六－九九七），開封樓店務平均每天進賬一萬貫以上（原文是「日百千」）。此後蘇軾到杭州當市長，僅出租吳越宮廷的遺留房產，每年就有一千三百五十四貫的收入[1]。倘若這些收入用來從事公益事業，那也有情可原，可它們偏偏消耗在老百姓看不見的地方，譬如開封樓店務那每天萬貫的進項，都被送進宮廷，「以所收錢供禁中脂澤之用」[2]，近似赤裸裸的掠奪。

真要回到宋朝，您又感受不到赤裸裸的掠奪了，因為政府還是行仁政的。比方說，政和八年（一一一八）農曆九月，安徽、江蘇兩省被淹，朝廷得知之後，趕緊下發文件：「淹浸人戶合納官私房錢，截自遷出日，並特與免納，候復業日依舊。」[3]意思就是說，凡是受災的租房戶，從搬遷之日起，一直到洪水退去再搬回來那天，這段時間裡不用再交房租。此前淳化四年

（九九三）農曆九月，河北也曾被淹，當時朝廷下發的文件上說：「應溺死人戶，……其屋稅並與除放。」[4]凡是被淹死的，就不用再交賃房錢和地基錢了。我相信這些輕飄飄的文件對老百姓改善居住條件毫無幫助，但身在局中的人會對每一個新出爐的文件抱以期望和感激，因為能看到的希望只有這些。

南宋初期有位抗金名將叫虞允文，他講過一個小故事，說是某人逮了許多鰲，想弄死了熬湯喝，又怕擔殺生的罪名，就燒開一鍋水，鍋上架一根兩指寬的竹片，然後把鰲放到竹片上，讓牠們爬，還說：「要不是我架這道橋，你們早被熬成鰲湯了。」那些鰲感激涕零，卻忘了是誰燒開了一鍋水，又是誰把牠們放到了鍋上，而鍋裡面水深火熱，一如水深火熱的房市。

注解

1. 《蘇軾集》卷五八，乞椿管錢氏地利房錢修表忠觀及墳廟狀。
2. 《續資治通鑑長編》卷三〇。
3. 《宋大詔令集》卷一八六，政事三九。
4. 《宋大詔令集》卷一八五，政事三八‧賜澶州北城軍人百姓詔。

水深火熱

貓頭鷹印

竹上之鱉猶如房市中的人，處於水深火熱之中，卻不知誰是始作俑者。

第十九章 千年房屋稅

唐德宗即位的時候，大唐已經雄風不再了，安史之亂雖然平定，藩鎮割據依然如昔，為了削奪藩鎮權力，唐德宗對不聽話的節度使連年用兵，使得國庫裡本來就不多的那點兒積蓄，漸漸地消耗殆盡。

那時候的帝國還沒有學會發行國債，國與國之間也沒有拆款的先例，更沒法去找世界銀行貸款，國家財政沒錢了，只有三條路好走：要麼提高稅率，要麼開徵新稅，要麼既提高稅率又開徵新稅。唐德宗選的是第二條路，在西元七八三年農曆六月，他向長安城內擁有房產的全部市民，徵收了房屋稅。

確切地說，當時還不叫房屋稅，而叫「間架稅」，是按房屋的等級和間數計徵：上等房子，每年每間兩千文；中等房子，每年每間一千文；下等房子，每年每間五百文。房子越多，稅賦越高，有那四世同堂的大家庭，三進院，千間房，一次就要繳稅上百萬。於是很多人不自覺，本來有十間房，謊稱是三間，妄圖逃稅。德宗有辦法，他讓四鄰舉報，查出誰家少報一間，「杖六十，告者賞錢五十貫，取於其家」[1]，連揍帶罰款，把一大批業主搞到了家破人亡。就在這年深秋，五萬軍兵譁變長安，要把唐德宗趕下台，他們的宣傳口號就是「不稅汝間架」[2]，意思是說，等到他們上台執政，就不會再讓大夥繳間架稅了，可見間架稅是多麼地不受歡迎。

迫於輿論壓力，唐德宗在七八四年廢除了間架稅，使得中國第一項正規的房屋稅僅僅活躍了半年就夭折了。不過，唐德宗的意圖已經達到：半年內增收的間架稅充實了國庫，夠給御林軍發幾年餉了。

緊接著就是五代十國，這是個短暫而動亂的軍閥混戰時代，為了充實自己的財力，梁、唐、晉、漢、周每一代帝王都徵收過房屋稅。鑒於間架稅惹過麻煩，後晉少祖石重貴和後周世宗柴榮不約而同地把間架稅更名為「屋稅」。北宋建立初年，大將潘美攻打南漢，為籌措軍餉，曾命令占領區居民「計屋每間輸絹三尺」[3]，算是用房屋稅實現了以戰養戰。南宋先後與金、元對峙，國家財政長期處於供不應求狀態，為籌軍餉，每年兩次向城鄉居民徵收屋稅[4]。到了元代，屋稅、間架稅沒了，卻要納「產錢」，一般按地基，每弓步計徵稻米若干，或者折成錢繳納。明、清兩朝，房屋稅不是常設稅種，但一如前面各代，只要逢上國庫空虛，則或者間架稅，或者屋稅，或者地基錢，或者產錢，很快就會紛紛出爐。如一六三〇年，為平定陝西民變，崇禎開徵了間架稅；一六七六年，康熙為平定三藩之亂，也徵收了間架稅。

由於連年對吳三桂用兵，朝廷財政吃緊，前線軍需不足，康熙在一六七六年下詔，要「稅天下市房」，成為繼唐德宗、晉少祖、周世宗、宋高宗之後第五位在全國開徵房屋稅的帝王。

康熙朝（一六六二－一七二二）開徵的這項房屋稅叫什麼名字呢？當時叫「市房稅」，簡稱「房稅」。

康熙說：「不論內房多寡，惟計門面間架，每間稅銀二錢，一年即止。」[5]意思就是說，不論您有多少房，只對其中的門面房計徵，按門面房間數，每間二錢銀子。

二錢銀子不算多，據清初文人葉夢珠記載，康熙十五年（一六七六）前後，松江稻米每斗一錢（紋銀，下同），蘇州白糖每斤三分（十分為一錢）。康熙徵收的那二錢銀子，也就是兩斗大米或者七斤白糖的價錢。另外，聖諭上說得明白：「一年即止。」意思是只徵這一年，以後不會再徵，即便按田賦徵收慣例，夏、秋兩季各徵一次，也最多掏兩回錢。

可是，聖諭這玩意兒往往不靠譜，中國帝王號稱金口玉言，說話不算話拉屎往回坐的事兒多了去了，康熙在一六七六年徵過「房稅」之後，又在一六八一年下詔：「以國用不給，再徵房稅一年。」為了顯示他的愛民之心，他添了幾項優惠政策：「蠲免村落草房及在鎮僻巷鰥寡孤獨所居一間門面房屋。」就是說農村草房、偏僻街巷、寡婦光棍以及無子女家庭等，報稅時可以少算一間。問題是他把稅率調高了，原來每間二錢，這回每間四錢，翻了一番。

再看兩道聖諭的落實情況。

徵收房屋稅的通知傳達下去，小百姓是不敢不繳也不敢少繳的，因為清初律令甚嚴，對占人口絕大多數的漢族居民又實行高壓政策，但凡偷逃稅款被發現，往往全家充軍並且連坐親鄰，所以晚明時只完成六成的賦稅，到清初可以完成到十成。打個比方說，康熙要二錢，您就得掏二錢，康熙要四錢，您就得掏四錢。

事實上，百姓們實繳的遠比康熙規定的更多。在康熙聖諭中，只讓收「房稅」，而地方官執行的時候，除將門面房計稅外，還創造性地開徵了「廊鈔」和「棚租」[6]。還有學者說，清代「房稅」只是康熙年間臨時徵收的稅種，可我翻過一些清代方志，發現在嘉慶年間（一七九六－一八二〇），江南一帶還有「房稅」和「廊鈔」，這說明百姓們仍在持續地繳著房屋稅，儘管這些稅種早已被明令取消。可見官方文件未必完全可信，真正的歷史也不是那麼容易就能讀到的。

從唐德宗到康熙（七八〇－一七二二），歷代帝王徵收的這些間架稅、屋稅、地基錢、產錢，以及民國時期的「房捐」，不管怎麼個叫法，都是不折不扣的房屋稅。但是，您必須知道，這些房屋稅和現在國際上流行的房屋稅是有所不同的，因為它們不是為了調節需求，而是單純地斂財。

注解

1.《舊唐書》卷五三。
2.《舊唐書》卷一二七。
3.《續資治通鑑》卷二二。
4. 參見李綱《建炎時政記》。
5. 葉夢珠《閱世編》）卷六，賦稅。
6. 參見《清史稿》卷二七五，傅臘塔傳。

第二十章 當第二套房成為時尚

與其他多數朝代一樣，北宋沒有向公務員提供住房的義務，除了地方長官們可以住進官衙，高官大臣們可以享受公房，別的公務員只能自己解決住房問題了。比如說，太宗朝（九七六－九九七）有個大將劉福，真宗朝（九九八－一〇二二）有個文官楊礪，仁宗朝（一〇二三－一〇六三）有個名臣江易之，都是自己解決住房問題的——他們仨在汴梁城租房住了一輩子。

當然，作為朝廷重臣，租房的還是占少數。有些人運氣好，逢上皇帝高興、政策傾斜，一分錢不花，一套公房就到手了，仁宗輔相蔡君謨就是這樣，他有兩套「賜第」。有些人手裡有錢，託關係買塊便宜地皮，自己可以建房，英宗（一〇六四－一〇六七在位）近臣鄭毅夫就是這樣，他建了三套住房。還有些人，他們既有賜第，又要建房，手裡的住房總保持在兩套以上，這樣的人裡面，有石守信、高懷德、楊延璋、王彥超這些武將，也有韓琦、富弼、范仲淹、歐陽修這些文官，對了，還有司馬光。

韓琦在汴梁已有賜第，又在相州（今河南省安陽市南郊）建了晝錦堂。歐陽修在汴梁也有賜第，又在揚州建了平山堂。司馬光身為四朝元老，仁宗、英宗都送過他房子，卻又在西京洛陽建了獨樂園，在嵩山逍遙谷建了疊石別館。

這些人廣置房產，不外乎三個目的：

一是圖增值。大臣富弼在汴梁以南數百里內買下好幾處地皮，蓋了房子，修了水渠，前面是房，後面是地，租給別人居住和耕種，每年都有幾十萬貫的進項。他置房置地，是為了掙錢養老的。

二是圖休閒。歐陽修在揚州的平山堂，高可入雲，槐柏成林，是夏天避暑的好去處，也是尋歡作樂的好地方。在揚州為官時，歐陽修常遍請同僚與下屬到平山堂會餐，一大排長桌，列坐幾百人，另有官妓相陪，一撥人飲酒賦詩，大呼小叫，花天酒地到天明。如果不是在平山堂，而是在京師府邸，歐陽修必定會被御史奏上一本，說他騷擾四鄰、居官不正，前程也就完了。從這個角度看，平山堂有似於今天那極少數作風不好的幹部定點聚賭的酒店，其休閒意義無與倫比。

三是圖虛榮。隋唐以來，士大夫大都喜歡在正宅之外另建小別墅，像王維有輞川別業，岑參有南溪別業，杜牧有樊川別墅，李德裕有平泉山莊，白居易有洛陽履道宅，已經形成風氣。五代以後，一個有地位或者有聲名的人如果沒有「別業」、「別館」、「山莊」、「山堂」什麼的，在圈子裡就有些丟面子了。因為這個緣故，兩宋許多名人都把第二套住房當成一個必須去圓的夢。在北宋做過官的葉夢得曾對這種現象大加批判，但他本人也沒能從中跳出來，晚年隱居山林，宅院夠闊夠大，依然念念不忘要在山寺門前另置一塊地皮、建一所房子。

不管是為了增值、休閒還是為了滿足虛榮心，北宋士大夫多置房產所造成的負面影響是很明顯的：他們大興土木，使得建築材料供不應求，木材購買價攀升，無形中增加了普通百姓的建房成本[1]。到了明清時期，大概當政者們意識到了這一點，才開始對官員置產進行限制。

注解

1. 見《宋會要輯稿》食貨卷。

第二十一章　最牛是房牙

《中國房地產報》曾經登一猛文，題名〈北京房地產經紀人從業現狀調查〉，文中說房產經紀人在元代就有了，當時叫「房牙」，現在叫「房蟲」，有一千多年的歷史。說這話的朋友可能是覺得，反正房牙都成了死鬼，隨便怎麼胡扯都不會有人跳出來投訴，所以胡扯的風險等於零。遺憾的是，我們這幫活鬼還認識幾個字，還有機會對這種信口雌黃予以駁斥。

第一，房產經紀人確實在元代就有，但要說它只有一千多年的歷史，那也太瞧不起這一行的能量了。事實上，唐代典章裡就有「官房牙行」，宋人詩話裡就有「莊宅牙人」，指的都是房產經紀人；如果再細心一點兒，還能在西漢的墓磚和東晉的鐵券上發現房產經紀人的身影，儘管那時候還不叫「房牙」，更不叫「房蟲」。所以，我們有理由大膽推定，剛有房屋交易的時候，房產經紀人就光榮誕生了，而它誕生的年代，至少是在西漢，也就是說，距今至少兩千多年。

第二，房蟲跟房牙不是一回事兒。房蟲只配找找房、跑跑腿、牽牽線、拿個抽成，講好聽一些，不過是房產仲介；而房牙遠遠超出了房蟲那點兒能量範圍，它兼有仲介、評估和登記代理三大功能。更重要的是，他還要監督交易雙方照章納稅，屬於半個公家人。以清代為例，順治十六年（一六五九）順天府規定：「稅例每兩以三分為準，一示房牙知悉，如不勒令投稅，定行重責枷示。」意思就是說，房產交易要按百分之三的稅率上繳契稅，而房牙負有催繳的責任。

要是給唐、宋、元、明、清以來的房牙定個身分，它就相當於現在的房產經紀人、不動產估價師、代書和稅務稽查員這四種職業的混合體。說他是房地產經紀人，是因為他要找房源、當說合、促成交易；說他是不動產估價師，是因為現存大量房契中標明的房價都是房牙和買賣雙方共同議定的；說他是代書，是因為交易雙方往往簽完房契就了事，而去衙門上稅、蓋章、備案、取回執，多是房牙代辦；說他是稅務稽查員，如前所述，清政府曾委託房牙催繳稅款。

讓房牙催繳稅款似乎是清政府的偏好。雍正年間（一七二三－一七三五），順天府發給房牙「循環簿」，也就是編了號的會計報表，讓房牙在交易後填表上報，作為官方收稅的憑據之一。作為回報，清政府給房牙以稅收抽成，並要求所有房產交易都得讓房牙參與。如嘉慶二年（一七九七）戶部行文：「凡民間置買田房，……如有私相買賣，不經該牙，希圖漏稅者，該牙查明稟報，以憑按例究辦。」這樣做，政府有稅源，房牙有活幹，雙贏。

清朝也有房蟲，房蟲可沒有房牙這麼大權力，他得自己找活兒，即使找到了活兒，也得轉手給房牙來做，自己只能撿個小錢。譬如清小說《海遊記》第八回，主人公管城子託人找房，受託人已經得知「徐府有園房招租」，卻還要「帶了管城子，往託房牙壽子京」。管城子託的這位就是個房蟲，跟房牙比起來，他只是孫子輩兒。

第二十二章　捆住房子

假設你有足夠的地皮，也有足夠的錢，那麼從理論上講，你想蓋多少房子就能蓋多少房子，想蓋什麼樣的房子就能蓋什麼樣的房子，因為土地的使用權是你的，錢的所有權也是你的，怎麼用、怎麼花都是你的事。

但有個前提：不能違背政策。

過去有種政策，把人分成三六九等，也把房子分成三六九等，你是幾等人就只能蓋幾等的房子。等級高的，可以歇山重簷[1]；等級低的，只許硬山[2]單簷。等級高的，可以紅牆黃瓦；等級低的，只許粉牆黛瓦。等級高的，可以面闊九間；等級低的，只許面闊三間。

這種政策是為了維護等級秩序而設的，你破壞了它，就破壞了等級秩序。

今日中國也有種政策，想管住所有的開發商，讓他們努力去蓋小房子，不要只盯大房子，每個新建社區內九十平方公尺（二十七坪）以下的住宅都不能低於百分之七十。這叫「90／70政策」。

這種政策是為了維護公共利益而設的，你破壞了它，就破壞了公共利益。

為了等級秩序也好，為了公共利益也罷，對掏錢蓋房子的人來講，兩種政策都是一種束縛，束縛著他虛胖的錢袋，也束縛著他膨脹的房子，許他這麼樣，不許他那麼樣。

兩種政策也都有漏洞可鑽。

不是讓我面闊三間嗎？OK，我就按三間蓋，每一間都用丈八的梁，丈五的檩子，一間頂兩間，明著面闊三間，實則面闊五間。

不是讓我90／70嗎？行啊，塔式樓，一層四戶，全按小戶型，中間隨時可以打通，明著九十平方公尺，實則還是一百八十平方公尺。

我讀書不多，對隋唐以前基本模糊，隋唐以後還多少了解一些。據我所知，隋唐以後的中國史同時也是一部捆房子史，每一個朝代都在捆房子，但沒有哪個朝代是捆得成功的。

唐朝老百姓，每家每戶都不能蓋樓[3]，每家每戶的房子都不能超過三間[4]。

宋朝老百姓，蓋房可以用三架梁，可以用四架梁，最多不許超過五架梁，可以蓋門樓，但不能超過一間[5]。

明朝老百姓，蓋房最多三間五架，不准用斗拱，不准用彩飾[6]。

清朝老百姓，蓋房同樣不能超過三間五架，不准用斗拱，不准用彩飾[7]。

這裡需要解釋一下，什麼叫「三架梁」、「四架梁」，什麼叫「三間五架」。

如您所知，過去蓋房不用鋼筋水泥，一般是木柱承重（中西部多用磚牆、土牆或石牆做承重，但在中國建築史上似乎不占主流，很少有人去講），柱子立在地上，每四根柱子圍合的部分叫一間，柱子上面橫梁，梁上架檁，檁上托椽，椽上釘棧，棧上鋪瓦，共同構成一屋頂。其中梁上架三根檁的就是「三架梁」，架四根檁的就是「四架梁」，架五根檁的就是「五架梁」。所謂「三間五架」，就是指房子蓋了三間，每間梁上架有五根檁。

如果您在紙上畫個草圖，把梁、柱和檁的結構關係畫出來，您就會發現，同樣蓋一間房，梁上架的檁數越多，需要的梁就越長，托起的屋頂就越高，房子也就越大。譬如三間四架的房子，每根梁四米，每根檁三米，每間也就是十二個平方公尺。如果蓋成三間五架，每根梁就要有四米二，每根檁就要有三米五，每間將近十五個平方公尺。如果蓋的是三間七架，每間就會有二十平方公尺乃至三十平方公尺。倘若縱向再多立幾根柱子，把進深增大三倍，房子會更宏偉，每間面積會更大。

如前所述，唐朝為庶民規定的上限是三間，宋、明、清三朝為庶民規定的上限是三間五架，鑒於唐朝規定得不夠細，而且唐朝住宅喜歡用巨柱長梁，大開間、大進深居多，我們無法估計那三間上限究竟有多少平方公尺，而宋、明、清三朝則很容易估算，面闊三間，每間五架，單間應該不會超過二十平方公尺，三間加起來至多六十個平方公尺（十八坪），倒挺符合90／70政策，粗略一些，也可以算作小戶型了。

古代房屋建築構造

◆梁柱結構

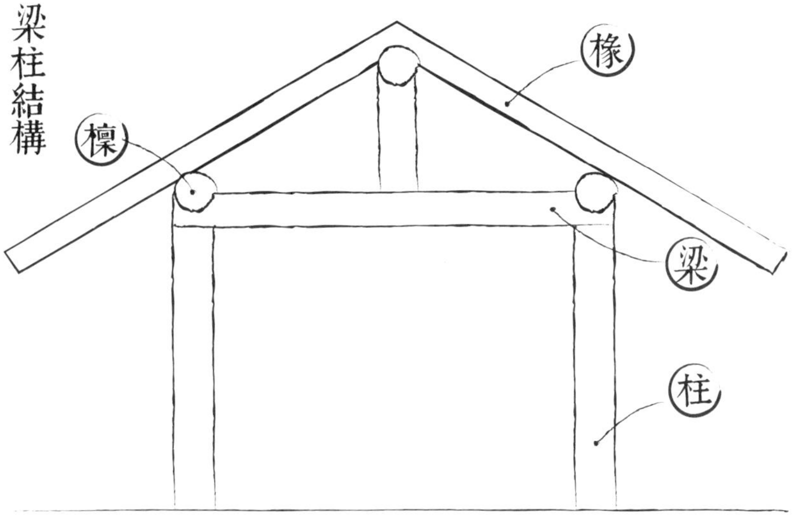

◆屋頂

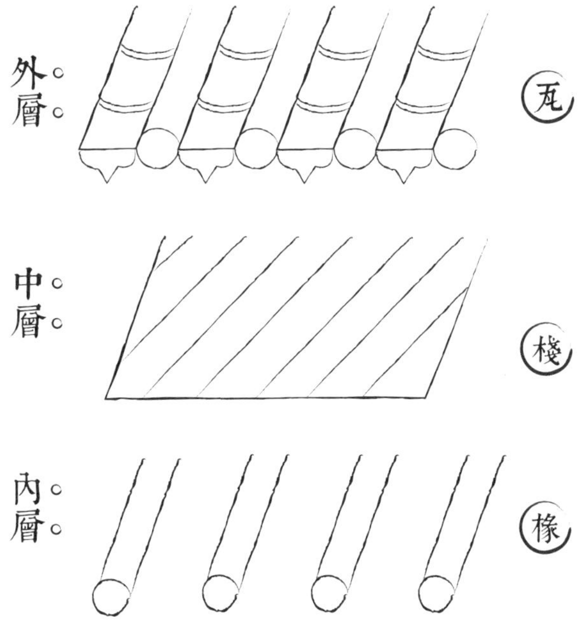

但那些規定本身就有歧義。

以清朝為例，當時為了落實住宅制度，專門制定了法律條文：

職官一品、二品，廳房七間九架，屋脊許用花樣獸吻，梁棟、斗拱、簷桷彩色繪飾，正門三間五架，門用綠油、獸面、銅鐶；三品至五品，廳房五間七架，許用獸吻，梁棟、斗拱、簷桷青碧繪飾，正門三間三架，門用黑油、獸面、擺錫鐶；六品至九品，廳房三間七架，梁棟止用土刷飾，正門一間三架，門用黑油、鐵鐶；庶民所居堂舍，不過三間五架，不用斗拱、彩色雕飾。[8]

官員住宅，正房幾間幾架，過廳幾間幾架，門樓幾間幾架，講得都很明白，一說到平民，卻只有籠統一句：「所居堂舍不過三間五架。」是指所有房子加起來不能超過三間五架？還是僅指正房呢？讓人費解。如果我是開發商，那麼我會趨向於後一種理解：只要正房不突破三間五架就行了，兩邊的耳房可以加長，廂房可以加長，南房可以加長，過廳可以加長，門樓可以加長，蓋成一超豪華住宅，比三品官、五品官的還豪華。我猜政策制定者是趨向於前一種理解的，但只要我有錢，我就可以請來一幫有發言權的人，按我的理解來解釋既定的政策，同樣我也可以讓地方官按照我的解釋執行政策，而不是按照政策制定者的解釋執行政策。

這樣一來，政策就被念歪了。

即便那段法律沒有歧義，即便地方官不把政策念歪，也未必拴得住蓋房的人。官員住宅制度是沒有歧義的吧，照樣有人鑽漏洞。和珅是一品官，該蓋七間九架的過廳、七間九架的正房、三間五架的門樓，他敢蓋成王府的式樣，過廳、正房和門樓加起來上萬間。按照大清法律，這叫「違式僭用」，是要嚴厲懲罰的，如果本來是官員，那麼好，「罷職不敘」，還要「杖一百」。可人家和珅就是蓋了，還什麼事兒也沒有。野史上說，和珅聽說上面來查，趕緊讓人給拆了[9]，才保住了官帽和屁股。我猜和珅不會這樣笨，他肯定有更好的方法。

和珅之前還有個高官叫傅恆，也蓋了一大片房子，不僅數量上超標，還用了檀木做大梁，而朝廷嚴禁用檀木大梁。這位傅恆是怎麼保住自己沒事兒的呢？他把蓋好的房子轉移到了寺廟名下[10]，因為寺廟建築不受那些限制。

其實，傅恆這招兒仍然太笨：轉移到寺廟名下，再住也不方便不是？最好的法子，多開幾道門，多加幾道牆，把上萬間的房子隔成百八十個小院，院與院之間彼此打通，每個院來一個獨立登記，這樣每個院都不超標。事實上，在傅恆、和珅之後，清朝那幫爺就是這麼幹的，三品官也好，五品官也罷，每家小院三四處。

我覺得吧，這房市就像一個胖子，你捆他肚子，他兩肋鼓出來了；你捆他兩肋，他肚子鼓出來了；你捆他肚子和兩肋，他的皮下脂肪全鼓出來了。哪裡有漏洞，哪裡就會冒出一塊糖醋肉。除非你把他捆成木乃伊，那樣的話，他離死也就不遠了，可你本意並不是讓他死的。

注解

1. 歇山重簷，指重簷歇山式屋頂。歇山頂共有九條屋脊，即一條正脊、四條垂脊和四條戧脊，因此又稱「九脊頂」。由於其正脊兩端到屋簷處中間折斷了一次，分為垂脊和戧脊，好像「歇」了一歇，故名「歇山頂」。所謂「重簷」，就是在基本歇山頂的下方，再加上一層屋簷。台北圓山飯店即為重簷歇山式屋頂。
2. 硬山頂，為兩坡出水的五脊二坡式屋頂，由一條正脊和四條垂脊組成。硬山頂最大的特點就是其兩側山牆把檩頭全部包封住，由於其屋簷不出山牆，故名硬山。
3. 參見《唐會要》卷三一，雜錄。
4. 參見《新唐書》卷二五。
5. 參見《宋史》卷一五四，輿服六・臣庶室屋制度。
6. 參見《明史》卷六八，輿服四・臣庶室屋制度。
7. 參見《大清律例》卷五七，戶律・市廛。
8. 《大清律例》卷五七，禮律・儀制，服舍違式。下面凡未注明出處的均同此。
9. 參見昭槤《嘯亭雜錄》卷四，曹劍亭之諫。
10. 參見震鈞《天咫偶聞》卷三，阿文成公祠。

第二十三章　賣房不破租賃

十三年前這時候，我在中國剛開始工作，錢包很癟，買不起房，跟大多數同學一樣，租套公寓安了家。說公寓其實勉強了些，那不過是近郊農民在自家地基上建的筒子樓，底層住房東，上面住房客。每層都是東西一走廊，南北兩排標準間，每間住一戶房客，每戶房客每月交一次房租。房租倒不貴，才九十塊錢（人民幣，本段下同），當時玫瑰五塊錢一支，燴麵三塊錢一碗，給自行車打一回氣要花兩毛錢，一個月房租也就是送女朋友十八支玫瑰，或者吃三十碗燴麵，或者給自行車打四百五十回氣的事兒。

房租是便宜，居住品質讓人不爽。當地農民為了多收租金，邊邊角角都蓋成了房子。樓層超高，一般七到九層（沒電梯）。每棟樓之間的鄰棟間隔又超小，一般二到三公尺。甚至你家東牆貼我家西牆，中間不留任何空隙。倘若我住李家，我女朋友住張家，兩人哪天想接吻了，從層數相同的走廊相向而行，走到盡頭，再把窗戶打開就成。這麼高的房子，這麼窄的鄰棟間隔，住頂層還能看到陽光，底下幾層的房客卻得過暗無天日的生活。為了不讓房客們上樓絆倒以及大白天摸錯門，房東在樓道裡裝了若干聲控燈，也就是說，每天爬樓之前，只需要對著黑乎乎的樓道咳嗽一聲，光明就來了，爬到第二層，再咳嗽一聲，光明又來了，如此這般。聲控燈用久了，反應會遲鈍，必須攢足了勁咳嗽，它才會送來光明，這樣每到下班時候，劇烈咳嗽聲此起彼伏，彷彿滿樓的人都得了哮喘。我怕把嗓子喊破，曾經懷揣一面銅鑼，每爬一層就敲一下，「哐哐哐」地好似耍猴。當時我住六層，鑼響五聲之後，就說明我到家了。

我對居住品質要求也不高，採光差一些，住得擠一些，能安生過日子就滿足了，問題是想安生也不能：老是要搬家。譬如說，房東兒子在國外發達了，計畫全家移民，要把房子賣掉，作為房客你得搬吧？再譬如說，那幢樓原來是七層，房東嫌低，要改成十層，作為房客你還得搬吧？又譬如說，這幾年房價吃了瘋藥似地狂漲，房東發現賣比租划算，每天領一撥人闖進你的租屋視察，作為房客你又得搬吧？這些破事兒也不只在城郊租房會碰到，在市區同樣屢見不鮮，搬來搬去，你就會對租房深痛而惡絕之，油然而生哪怕賣腎也要買房之心。每當有人呼籲咱們以租代買，敢情站著說話不腰疼，讓他也被人攆來攆去，一年搬三回家試試？所以，每當有人號召大夥通過租房來解決住房問題的時候，我就想說：「您倒是給一配套政策啊，最起碼，總得保證我們不用搬那麼頻繁吧？」

保護租戶的配套政策以前是有的，對經濟史有涉獵的朋友都知道一個永佃權，就是說佃戶租了地主的土地，只要一直按契約繳納地租，就可以永遠耕種下去，哪怕地主把那塊地賣給別人，也不妨礙租約繼續生效。對佃戶而言，土地還是以前的土地，地租還是以前的地租，只不過換了個繳納對象而已。這種租賃方式濫觴於兩宋，明代中葉盛行於東南諸省，到清代和民國，全國已經俯拾皆是了。永佃權之所以能流行，是因為它既能保證租賃戶可持續地使用地權，也保證了出租方擁有一筆長期的、穩定的收益，而且非常省事。

除了永佃權，還有一種權利是在房東和房客之間設定的，經濟史界少有提及，但事實上卻存在過，我大膽稱之為「永租權」。舉例言之，明朝永樂十四年（一四一六），安徽省祁門縣居民謝俊傑，將瓦屋三間賣給了族叔謝振安，出售之前，那三間瓦屋已經租給一位叫汪祖的人，謝俊傑在房契上寫道：「即不移他處。」也就是說，業主雖然換了，房客仍有繼續居住的權利，只要還交著房租，新業主就不能趕人家。永樂十五年（一四一七），還是在祁門縣，某居民謝夢輝把房子賣給同鄉居民李從舟，房契上同樣注明不妨礙原房客黃金住、程紋得、黃虎等三人繼續租住。十三年前我扛著經緯儀到處亂竄，對過去發生的事兒一無所知，當然更不知道這些事例，倘若知道，必定找一時光機返回明代——至少那時候不用被人像狗一樣趕著挪窩。

台灣的《民法》第四百二十五條規定了「買賣不破租賃」的原則，也就是說，即便所有權讓渡給第三人，租賃權仍將完整無缺地存在下去。美國規定得就更詳細了，有專門的《房租管制法》（Rent Control Law），有《住宅出租人非有正當理由不得收回房屋法》（Good Cause Eviction Law），有《租賃用住宅拒租禁止法》（Removal Control Law），這些法律也不必翻開細看，瞧瞧名稱就能猜到人家是怎麼保障房客權利的了。

第二十四章 公設比

現在買房一般按面積，建築面積多少坪，實際使用面積多少坪，每坪多少錢，最後算出總價。也可以不按面積，直接按間，第幾棟第幾層，協定一個整體價格。但即便是按套計價，合約裡也要注明都有哪些公設部分，公設面積又是多少，精確到小數點後面第二位。

明朝人對公設比就沒有這麼重視。

首先他們總是按套計價。比方說，某位明朝人李小二，要買另一位明朝人張老三的房子，砍價之前，也就是看一看用料好壞，數一數房屋幾間，最多東西南北各走幾步，確認一下四至。等他找張老三砍價的時候，不管爭論多麼激烈，焦點都是這套房子該值多少錢，而不是每個坪該值多少錢。包括最後立房契，也一字不提公設比的事兒。

房契是這麼立的：

某省某市某街道某社區住戶張老三，今因無錢使用，特將祖傳房屋一所，東至某處，西至某處，南至某處，北至某處，上至青天，中至片瓦，下至地基，出售於某省某市某街道某社區原住戶李小二名下為業。當日雙方議定，時值價銀幾兩幾錢幾分幾釐，房銀、房契兩相結清，彼此並無虧欠，恐後無憑，立此文契為證。

落款是立契時間，以及買賣雙方各自簽名畫押按手印。

明朝沒有房屋所有權狀，房契是唯一的產權證明書，李小二拿著它，到相關部門交上契稅，蓋上大印，就意味著完成過戶了。但是，如果放到今天，地政事務所大概會拒絕給李小二辦理過戶手續，因為從房屋買賣合約的法定格式來看，該契約缺少很重要的一項：沒寫公設比部分和公設比面積。

有朋友會說，明朝民居又不像今天的住宅社區，幾百幾千家疊在一起，共用著樓梯間、電梯、配電室以及公共廁所，那時候多住單層，都是獨門獨戶，哪來的公設比部分？

這話不全對，獨門獨戶是事實，公設比部分還是有的，而且由於房契上對公設比不夠重視，也確實造成了不少糾紛。譬如前面說的那位李小二，他把房子買到手後，嫌層高太小，要改造一番，便請來工人，拆牆動土，這時候隔壁王大爺出來阻攔了：「小子，平白無故拆我們家牆幹嘛？」小二挺納悶——我拆的是我自己家的牆啊。王大爺指著兩家中間那道牆說：「瞧清楚了，當初壘這牆時，青磚和地皮都有我一半。」

這時候李小二要想繼續開工，恐怕得給王家一些補償才行，另外刨掉這道夾牆之後，建築面積一下子少了許多。小二很不忿，去找原賣主張老三理論，張老三拿出一紅頭文件，上面白紙黑字寫道：按套計價時，對公設比造成的面積縮水，開發商無須承擔賠償責任。

第二十五章　賣房先問親鄰

〈宋朝購房流程〉和〈一份契約裡的元代房政〉等文章都曾提到，當你想賣房子時，有三種人可以限制你，一是族人，他們說我賣房敗家，給同族同宗的人丟臉；二是四鄰，他們一直跟我處街坊，好像不捨得忠厚誠懇的老鄰居李小二被一個陌生人所代替；三是租我房子的房客，他們似乎是怕新房東一來就要上調房租。其實，這些都不是原因，真正的原因是法律，法律給了他們限制我賣房的權利。

宋太祖時期（九六〇－九七六）有明文規定：「應典賣倚當物業，先問房親，房親不要，問四鄰，四鄰不要，他人並得交易。」[1]這是給了族人優先購買權，讓我賣房時必須徵求族人的同意。

宋太宗時期（九七六－九九七）又有明文規定：「據全業所至之鄰皆須一一遍問，候四鄰不要，方得與外人交易。」[2]這是給了四鄰優先購買權，讓我賣房時必須徵求四鄰的同意。

宋仁宗時期（一〇二三－一〇六三）再追加一條：「戶絕莊田檢覆估價，曉示見佃戶依價納錢，竭產買充永業，或見佃戶無力，即問地鄰，地鄰不要，方許無產業中等已下戶全戶收買。」[3]又給了房客、佃戶們優先購買權，我賣房也要徵求他們的同意。

到了元朝，也有法律規定：「凡典賣房舍，須立問賬，先問房親，次及四鄰，不願者畫字，願者批價。」[4]按照上述法律，我要列個「問賬」（到元代又叫「問貼」），寫明我想賣房的理由，以及想賣多少錢，先交給三叔二伯、九弟八哥他們，問這些族人是否樂意買我的房，如果他們都說「No」，再拿著問賬去找隔壁王大爺和對門張大媽，如果他們也搖頭，再找租我房子的房客們開個會，問問他們是否願買（如果他們願意買就在紙上報價，這叫「批價」）。總而言之，我必須讓問賬上密密麻麻列滿大家的簽名（這叫「畫字」），才有權把房子賣給別人，否則就是違法，族人、四鄰以及房客們就有可能去舉報我。這樣折騰你，當然是不想讓你隨便賣房的意思。

不讓市民隨便賣房，是為了維護宗族利益。您知道，過去的宗族勢力是非常強大的，你的房子表面上歸你所有，實際上連你本人和你的房子在內，都是宗族的一部分，你的每一個族人都有幫你做決定的權利，也都有優先買你房子的權利。

每一條法律出現之後，都能限制一些人，也總會有一些人找到它的漏洞。比方說，您最近缺錢，想賣房子，按照法律程序，您立了一份問賬，問賬上寫的價錢是四十萬，而隔壁王大媽想花三十萬買您那套房子，您當然不賣，王大媽就採用拖的辦法，她老人家既不畫字，也不批價，讓您乾著急。這時候您只有這麼幾條路可走了：

一、忍痛割愛，吃個悶虧，把房子三十萬賣給王大媽；

二、置些禮物，晚上給王大媽送過去，請她儘快畫字或批價；

三、抓起殺豬刀直奔王家，用武力解決問題。

第一條路太吃虧，第三條路太危險，十有八九，您會走第二條路，拎上桂格活靈芝去求王大媽，低三下四對她說：「大媽您就高高手，受累把問賬簽了吧。」

不瞞您說，這種荒誕場景在元朝屢見不鮮。所以到了幾十年後，重新修訂的元代法典《大元通制・戶婚》又收錄了一條更爲人性的法律：

諸典質田宅，須從尊長畫押、給據、立賬，歷問有限房親及鄰人、典主，不願交易者限十日批退，違限不批退者笞一十七。願者限十五日議價，立契成交。違限不酬價者笞二十七，任便交易。親鄰、典主故相邀阻，需求書字錢物者笞二十七。

按照這條法律的規定，王大媽如果一直拖着，超過十天還不畫字，官府會打她十七小板。如果她趁機向您索要禮品，官府會打她二十七小板。您看，這樣就合理多了。

房市觀察要點

◆賣房先問親鄰是宋、元、明、清四個朝代通用的法律（有學者認為始於五代，竊以為該比五代更早，在晚唐就應有了這種規定），其背景則更大程度上出於宗族思想，以及對宗族利益的保護。

◆問貼、問賬最初沒有固定格式，拿一張白紙讓親鄰簽名就行，到元代則出現了官方印製的問貼，買一張要花幾文到幾十文不等。

◆大約在一二六九年以後，因為官方修訂了法律，為親鄰畫字批價規定了期限，族人、四鄰和房客拿到問賬之後，同意出售者必須在三日內簽字，願意購買者必須在五日內出價，過期不簽，視為同意出售；在一三一五年前後，上述補充規定又被修訂了一次，把族人、四鄰和房客們簽字的期限延長到十天，把出價的期限延長到十五天。

注解

1.《宋刑統》卷一三。
2.《宋會要輯稿》食貨卷六一之五六，民產雜錄。
3.《宋會要輯稿》食貨卷六一之五七。
4. 成宗大德三年中書省戶部印發的官契附文，轉引自《中國歷代契約會編考釋》上冊。

賣房前先送禮

陳某近日想賣掉平房一間，依據法令，他問過親戚，沒人想買，但都同意他賣房。偏偏鄰居王大嬸刁難，回想兩人日前因細故爭吵，無奈之際，只得摸摸鼻子送禮了事。

第二十六章　親房帖

《儒林外史》第四十七回，五河縣舉人虞華軒買地，面積六百畝，賣方要價二千兩，有一個姓成的農民做中間人。臨到買賣成交，那姓成的中間人對虞華軒說：「這分田全然是我來說的，我要在中間打五十兩銀子的背公，要在你這裡除給我；我還要到那邊要中用錢去。」虞華軒滿口答應。

「背公」是清代俗語，做貶義詞時指貪汙公款，做中性詞時指服務費，成某說的是指後者——他進城下鄉兩頭奔忙，替虞華軒談成了買賣，要點兒服務費也是應該的。地價兩千，他要五十，不到百分之三的佣金比率，按過去不動產交易中成三破二的規矩（參見第二篇〈成三破二〉一文），要的還不算多。

成某說，他除了向買方虞華軒要「背公」，還向賣方要「中用錢」。「中用錢」跟「背公」一樣，都屬於中間人應得的佣金。按成三破二慣例，買方付給中間人百分之三的佣金，賣方付給中間人百分之二的佣金，既然虞華軒答應給成某五十兩，那麼賣方至少得給成某三十兩。這姓成的光是跑跑腿，動動嘴皮子，白花花八十兩銀子就進了腰包，賺錢賺得可夠容易的。

不過，在清朝的不動產交易中，賺錢賺得最容易的絕對不是中間人，而是賣方的親戚和鄰居。

前文曾提到，過去賣房必須先問親鄰，如果族人和四鄰不同意你出售，你賣房就是違法的，因為這個緣故，賣房人不得不向族人和四鄰行賄，以便得到他們的同意。到了清朝，賣房人用不著再行賄了，因為暗箱操作已經演變成透明交易，過去遮遮掩掩的禮金和低聲下氣的哀求統一轉化成貨幣形式，人們賣房賣地前，直接就把紅包發給了族人和四鄰，而族人和四鄰拿到紅包之後，也要各自打個收條，證明自己收了錢，絕不會找後賬。這種紅包叫做「畫字禮」，這種收條叫做「親房帖」。

回頭再看《儒林外史》，虞華軒和中間人講定了佣金，「當下把租頭、價銀、戥銀、銀色、雞、草、小租、酒水、畫字、上業主，都講清了」。在這段文字中提到的「畫字」，也就是「畫字禮」。

附「親房帖」實例[1]：

立收親房盧勝瓘、張玉堂，憑契中王士遠，今收到王名下所有親房錢文，當日一併收訖，倘有外人爭論，俱在收者一面承管，今欲有憑，此照。

嘉慶二十二年十一月

立收親房盧勝瓘（押）

張玉堂（押）

憑契中王士遠（押）

注解

1. 此件原藏日本東京大學東洋文化研究所，轉引自《遠東契約會編》。

第二十七章 當鋪與房貸

以前沒銀行，窮哥們缺錢了，找朋友借不好張口，找印局借又嫌太吃虧，就收拾收拾家裡東西，提溜到當鋪去，讓人估個價，值一百的給八十，值八十的給五十，講明期限，寫清利息，開張當票，簽上名字，一五一十數出錢來，帶回去應急。期限一到，連本帶息還清，東西還是自己的。萬一到期還不上，那麼對不起，以前押的東西，賓士也好，棉襖也罷，無論貴賤，歸入當鋪。

當鋪不接受存款，也不能異地轉賬，更沒有兌換舊幣的義務，撇開這些，別的倒跟銀行沒什麼兩樣：銀行有貸款業務，當鋪也有；銀行放貸要求提供擔保或抵押，當鋪也要求；銀行喜歡借款人拿房子做抵押，當鋪喜歡借款人拿動產做抵押；借款人還不上銀行的錢，房子會被拍賣，借貸人還不上當鋪的錢，動產也會被拍賣。

所以，當鋪跟銀行一樣，也是一種金融機構。

金融機構免不了要受監管。現在監管各大商業銀行的是央行和金管會，以前監管當鋪的是朝廷。當鋪為借貸人辦理借款，月利則不能高於朝廷規定的某個標準。比方說，在清朝，自從康熙以後，直到清朝亡國，朝廷都規定當鋪「每月取利不得超過三分」[1]。「三分」就是百分之三，具體來說，就是當鋪貸給您一萬，每月利息要麼二百，要麼三百，就是不能超過三百。這個標準放到今天當然容易執行，因為銀行的效率遠遠高於當鋪，業務量也比當鋪大多了，在當鋪看來很低的利率，卻能給銀行帶來巨額的利潤，再加上銀行之間不斷競爭，借貸這個過去的賣方市場已經變成買方市場。

但在清朝則不同，清朝的借貸還是個賣方市場。換言之，就是跟強大的資金需求比起來，當鋪所能提供的那點兒借款還是比較稀缺的，許多窮人都來捧當鋪的場，即便月利四五分甚至七八分，當鋪的生意照樣紅火。這樣一來，朝廷那條「每月取利不得超過三分」的規定就變得很不受歡迎了。最起碼當鋪不歡迎。

跟所有銀行一樣，當鋪也是逐利的，它們不歡迎朝廷的規定，就會跟朝廷捉迷藏，以保證自己的利潤不受損失。舉個例子，假設我在清朝置產，手頭錢緊，付不起房款，在家翻箱倒櫃，翻出來祖上留下的一把金夜壺，拿著它去當鋪，當鋪估價十五萬，借給我十萬，期限是兩年。按照前述那條規定，月利最高也就是百分之三了，我每月還款不到三千，在當時來說已經夠低了。可您猜怎麼了?當鋪老闆刷刷點點，在當票上寫下「借款十萬、月利三分」，真正借給我的錢卻只有八萬，而我每月還得按三千還。隨便你朝廷怎麼審查，這家當鋪都沒有違反政策，卻變相地提高了利率。

變相提高利率的做法在清朝很流行，當時叫「三扣四扣，以八當十」[2]。所謂「三扣四扣」，就是在當票上寫一萬，實際給你時則要扣掉三千四千。「以八當十」同樣也是這個意思。清朝中葉有首詩說得很貼切：「利過三分怕犯科，巧將契券寫多多。」[3]這招兒玩得的確很巧。

當鋪這麼搞，朝廷也不至於一點兒對策都沒有，早在雍正三年（一七二五），河南總督田文鏡就號召借貸人舉報變相取利的當鋪，但沒人回應，「窮民任其盤剝」[4]。我猜當時田文鏡肯定很迷惑——他是為借貸人的利益著想，借貸人怎麼並不積極呢？而我們今天知道，借貸人要比他實際多了：查封了當鋪，以後還找誰借款？利率高就高吧，還款壓力大一些總比貸不到款要強。

注解

1. 《刑案彙覽》卷一〇，戶律・市廛。這也是大明律原文，後被清朝沿用。
2. 薛允升《讀例存疑》卷一六，戶律之八。
3. 得碩亭〈草珠一串〉，載《清代北京竹枝詞》。
4. 田文鏡《撫豫宣化錄》卷四，告示・務禁事。

第二十八章　丟了合約，沒了權證

康熙初年，北京崇文、正陽、宣武三門外，共有六十三家顏料行，這些顏料行為了便於存貨、聚會和訂立行規，共同出資，在前門外買地建房，立起一座會館。

康熙十七年（一六七八），該會館因無人看管，發生火災，除房屋被燒毀，還燒掉了買地時跟人簽的地契。

乾隆六年（一七四一），各顏料行再次出資，重修會館，並吸取教訓，僱請專人看管。被僱人姓魯，是會館附近一寺廟的道人（即雜役、廟祝之類，不同於「道士」）。

道光十六年（一八三六），魯道人病故，會館看管人之缺由另一道人蔡某替補。魯道人老實可靠，蔡道人卻奸詐貪婪，他打聽到會館地契已被大火燒毀，竟將會館土地、客房、戲台、罩棚和房中家具據為己有。顏料行老闆們當然不幹，一紙訴狀把蔡道人告到大興縣衙（當時北京城分屬大興、宛平兩縣），哪知縣官得到蔡道人的賄賂，判顏料行為誣告。後來顏料行上訴到都察院，才告倒了蔡道人，使會館得以物歸原主。

顏料行老闆們打贏了官司，都很高興，請來戲班子唱大戲，還立了一座碑，把上述事件刻在碑上，以資紀念。碑上寫道：「幸蒙察院大人明鏡高懸，照破肝膽。」[1]意思是說幸好遇到了一位清官，要不然怎麼能打贏官司呢？我猜這句話大概隱瞞了一些不好意思明說的事情，譬如顏料行很可能送了重禮，那位「察院大人」才「明鏡高懸」了一回。換言之，顏料行之所以能打贏這場官司，恐怕不是因為一個「理」字，而是因為一個「錢」字——論行賄，商鋪老闆們當然比一個寺廟雜役有實力多了。

為了便於分析，咱們且假定蔡道人沒有向縣官行賄，顏料行也沒有向都察院行賄，而且縣官和都察院官員都能做到「明鏡高懸」，那麼顏料行打贏這場官司的機率有多大呢？我覺得，恐怕官府根本不予立案，因為原告、被告都沒有足夠的證據來證明會館產權屬於自己。

有清一代，不存在房屋、土地所有權狀，真正合法的產權證明只有三種：兄弟分家的鬮書、房地買賣的契約，還有縣級政府存放的過戶紀錄（包括登記契稅的循環簿、登記戶產的賬冊和契尾的存根）。顏料行買地興建會館，只會有地契，不會有鬮書，而地契又已被燒掉，則只剩下唯一的證據：過戶紀錄。但當時縣衙存放的過戶紀錄只用來統計賦稅，而不像今天地政所內存放的權屬證明那樣可以公開查詢，所以在審計完成之後，縣衙即可能將循環簿和契尾存根成批毀棄。這麼一來，顏料行就沒有了任何書面證據來證明它們擁有會館的產權。

鑑於此，顏料行贏了官司之後，趕緊「將會館房數地界，開寫清單，復照例再於大興縣過契，封藏值年處公笥中，作為輪流交代之物」，再也不敢大意了。

注解

1.〈前門外顏料行會館碑記〉，轉引自《明清以來北京工商會館碑刻選編》，文物出版社一九八〇年版。以下同。

第二十九章　分割避稅

明朝人買房，要繳契稅，每銀一兩，稅契三分，百分之三的稅率。如果不繳，被人告發，重打五十，外加罰款，罰款金額是房款的一半。關於這一點，《大明律》有規定，《明史》有記載。

然而，稅率這東西是會變的，明朝延續近三百年，肯定不可能一直讓購房者按百分之三的稅率繳契稅。我看過嘉靖四十一年（一五六二）戶部印發的《攢造黃冊事例》，要求購房者「印刷契尾，每銀仍舊納銀二分」，說明在嘉靖四十一年前後，契稅稅率曾經降到百分之二。

還有不讓繳契稅的時候。萬曆年間（一五七三－一六一九），北京宛平有位知縣叫沈榜，他寫過一本《宛署雜記》，該書第十二卷記載：「如典買房稅，雖明載律令，莫掌行者。」沈榜是萬曆十八年（一五九〇）做的宛平知縣，他回顧的卻是萬曆五年（一五七七）以前的舊事，也許萬曆五年以前，至少在北京宛平一縣，大夥買房是無須繳契稅的。

萬曆十一年（一五八三），順天府府尹張國彥提議，但凡北京轄區居民買房，房價在二十兩以下，不用繳契稅；超過二十兩，仍然按百分之三的稅率繳納。他的理由是，能夠買得起二十兩以上房子的人，肯定是富人，富人應該為國家做點兒貢獻；買不起二十兩房子的人，應該屬於窮人，窮人就不用掏腰包了。這個提議報到皇帝那裡，皇帝批覆道：近兩年國內形勢大好，國民收入倍增，買二十兩以上房子只能算工薪階層，買四十兩以上房子才算富人，為了照顧廣大低收入者，可以把起徵點調高，同時把稅率調低，買四十兩以上的房子，一律按百分之一點五繳納契稅，買四十兩以下的房子，一分錢也不用繳。

萬曆皇帝調高契稅起徵點，初衷當然是好的，可是自從這個政策實施以後，朝廷就再也收不到多少契稅了——絕大多數購房者採取了避稅措施，譬如買一套二百兩銀子的房，該繳三兩銀子的契稅，那買房的就分六次過戶，每次登記一間，哪一間都不超過四十兩。用沈榜《宛署雜記・契稅》裡的話說，叫做「價多而分為數契，減之使少」。

第三十章　受災戶補助

康熙十八年（一六七九）七月，北京地震，朝廷做賑災預算，其中一項開支叫「災後葺屋銀」。顧名思義，就是發給塌了房的受災群眾、幫他們重建家園的專項救災款。戶部和工部的計畫，是先做一個徹底調查，弄清楚倒塌的房屋有多少，然後按間數給群眾發錢。如果是旗人的房子倒塌，每間補助四兩；別的老百姓房子倒塌，每間補助二兩。康熙嫌少，說京師物價昂貴，買塊磚都得十文錢，一間房最多只補四兩銀子，未必夠用，不如從宮廷預算裡擠出來十萬兩，再添上原來的財政預算，每間補它個七兩八兩的，大概就差不多了[1]。

康熙三十四年（一六九五）四月，山西平陽地震，朝廷派人去賑災，「有力不能修房之民，每戶給銀一兩。」[2]跟十七年前北京那場地震的賑災標準比起來，這回朝廷表現得小氣多了。首先，補助得太少，每間房只給一兩銀子；其次，補助的範圍太窄，只針對「有力不能修房之民」，不像十七年前的北京，不管您有錢沒錢，只要塌了房子，就能從政府手裡領到補助。究其原因，大概是因為這回受災的不是首都，災民中也沒有旗人吧。

雍正八年（一七三〇）八月，北京再次地震，朝廷再次發放「災後葺屋銀」，這回不考慮普通老百姓，專門補助旗人和官員。當時京師滿洲八旗，每旗補助六萬兩，不管房子塌沒塌，只管按人均分。至於官員，上至六部尚書，下至順天府雜役，每人可以多領一個月的工資[3]。

由此可見，清政府是個很變態的政府，在這樣的政府統治下，大夥非但在法律面前不平等，在災難面前也不平等，至少旗人和漢人之間不平等，公務員和群眾之間也不平等。

也有平等的時候。乾隆十八年（一七五三），朝廷向雲南劍川撥付「災後葺屋銀」，凡是房子受損的，每戶一兩，不分官民[4]。

只是那救災款到得也太晚了些，雲南劍川是乾隆十六年（一七五一）受的震，兩年後朝廷把錢打過去的時候，堅持活下來的受災群眾早把房子「葺」好了。

注解

1. 參見《康熙實錄》卷七九。
2. 《康熙實錄》卷一六六。
3. 參見《雍正實錄》卷九七。
4. 參見《乾隆實錄》卷四三五。

第三十一章 Faculty Tax

《周禮》上說，周公執政的時候，徵收過一段土地使用稅，其中住宅用地按百分之五計徵，近郊耕地按百分之十計徵，遠郊耕地按百分之十五計徵，國有的建設用地不計徵。

這段話有歧義。只說了稅率，沒說計稅依據。換言之，只說徵多少，沒說對什麼徵多少。例如對住宅用地徵稅百分之五，是徵住宅用地價格的百分之五呢？還是徵住宅用地租金的百分之五？抑或徵業主收入的百分之五？沒有交代。

關於這一點，漢代經學家提供了多種解釋，其中最有力的一條認為，周公對住宅用地徵稅是不針對住宅用地價格和住宅用地租金的，甚至也不考慮業主收入，他確定的計稅依據是農業產出。也就是說，在稅率固定為百分之五的前提下，哪塊土地的收成越好，哪塊土地所要繳納的稅額越大。

可是朋友們，那是住宅用地啊，住宅用地上面蓋的有房，或者即將被用來蓋房，誰會在自家的房子裡栽果樹、種莊稼、挖魚池養烏龜？而如果不這樣，住宅用地又會有什麼農業產出？

我想像得到，周公（假如確實有這個人）執政的時候，中國地廣人稀，每家每戶的住宅用地都超大，少則五畝，多則上千畝，這麼大的住宅用地不可能全蓋房，必定會種些桑樹，養些雞鴨。周公所指的農業產出，應該就是指這種家庭種植或家庭養殖所帶來的收入。

《周禮・地官》中有一法令：「凡宅不毛者，有里布。」「里布」就是錢，這句話的意思是說，凡是住宅用地上不種點兒什麼的，都要罰錢。這條法令剛好可以作為周公稅收政策的配套政策——逼著老百姓在土地上搞些農業產出，然後再去徵稅。

老百姓也不傻，他們憑什麼從自己的收穫裡拿出百分之五，乖乖地交給周公呢？所以，我覺得周公的稅收政策有點玄，當他派的人下鄉徵稅的時候，會有很多家庭把桑葉摘光、把果子摘淨，然後蠻橫地告訴稅務人員：「我們家的桑樹就是不長葉子，我們家的果樹就是不結果子，怎麼著吧？」

周公不能怎麼著。要怪，只能怪他制定的政策不實際。

倒是朱元璋把周公的夢給圓了。

朱元璋也對住宅用地徵稅，他確定的計稅依據也是農業產出，卻不是實際上的農業產出，而是假設一下，假設那塊住宅用地不蓋房子，全種上莊稼，會有多少產出。

比如說，您在明朝有套房子，土地使用面積是一百平方公尺，朱元璋收稅之前，先讓專家評估一下，測算出一百平方公尺耕地的平均產出，然後再按百分之五收您的稅。至於您是不是在這塊地上種了莊稼，朱元璋才不管，因為那並不影響計稅。

財政史上有一概念叫「Faculty Tax」，其要點，是要根據徵稅對象的生產能力來計稅，而不是按它的實際生產量來計稅，這樣有助於避免漏稅。朱元璋玩的就是Faculty Tax，他比周公那廝聰明多了。

第三十二章 愛護公物

在美國，聯邦和各州的主要官員，如總統、副總統、州長、副州長，按法律規定，是必須住在官邸的。

在清朝，各省、道、府、州、縣的主要官員，如總督、巡撫、學政、布政使、按察使、道台、知府、知州、知縣，以及他們的助手，按法律規定，也必須住在官邸。具體說，總督住總督衙門，巡撫住巡撫衙門，布政使住藩司衙門，按察使住臬司衙門，道台住道員衙門，知府住府衙，知縣住縣衙。《大清律例》寫得明白，除非休假和因公外出，上述官員必須吃住在各自衙門，如果晚上回自己家睡覺，或者借住民房，則要受到「杖八十」的責罰[1]。所謂「杖八十」，就是扒光了屁股，讓人用六尺長、兩寸寬、一斤半重的大竹板，猛抽八十下。

《大清律例》還規定，官員住在官邸，不能毀壞公物，不能盜竊公物，卸任時不能帶走公物。這裡說的公物，當然是指官邸裡擺放的桌椅板凳、褥子被子、花盆魚缸、名人字畫等等。為了防止個別官員以及官員家屬手腳不老實，政府要求每屆領導離任的時候，必須開張清單，列明衙門裡的陳設，接受繼任者的點查，少一件，「笞四十」[2]。「笞四十」比「杖八十」輕一些，就是扒光了屁股，讓人用五尺長、寸半寬、一斤重的小竹板，猛抽四十下。

滿清以前的宋、金兩代，也有類似規定。北宋時，王安石在江寧做官，他妻子瞧中了江寧府衙裡一張藤床，想帶走，王安石就沒答應[3]。金代時，有位阿魯補在開封做官，偷拆府衙的木料，蓋自己的房子，大金皇帝海陵王本來就瞧他不順眼，藉「盜竊官物」這個機會砍了他[4]。

嚴格講，不但公物不能亂動，連公物的衍生品也屬於國家。當年歐陽修給一位做過市長的本家歐陽載寫墓誌銘，說他清廉守法，官邸裡有幾棵果樹，每年果子熟了，他從沒摘過一顆嘗嘗，任憑果子落在地上，慢慢地爛掉[5]。這位歐陽市長矯情得有點兒過了分，其實他要真的愛護公物，還不如摘下果子賣錢，把賣來的錢上交國庫。

注解

1. 參見《大清律例》工律・營造・有司官吏不住公廨。
2. 參見《大清律例》工律・營造・修理倉庫。
3. 參見朱彧《萍洲可談》卷三。
4. 參見《金史》卷六八，阿魯補傳。
5. 參見《歐陽修集》卷三四，尚書工部郎中歐陽公墓誌銘。

第三十三章 鐵打的衙門流水的官

「官邸」這個詞兒有如下涵義：

第一，它是官兒的窩；

第二，它也是官兒的家屬的窩；

第三，它還是官兒的辦公場所；

第四，它不專屬於任何官兒。如果住在官邸裡的某個官兒掛了，他和他的家人就得從官邸搬出去，讓給下一個官兒住。所謂「鐵打的衙門，流水的官」，就是這個意思。

美國的白宮是官邸，雷根住過，布希住過，柯林頓也住過，這幾位都是總統，號稱美國最有權勢的官兒，每一位掌權的時候，都在裡面會過客人，處理過文件，和老婆孩子享受過天倫之樂。一旦卸任，照樣捲鋪蓋滾蛋。

當年的紫禁城——雖然它乳名叫「皇宮」——也是官邸，元代皇帝住過，明代皇帝住過，清代皇帝也住過，每一代興旺的時候，都曾經以為那是他們的萬世基業，在裡面大興土木，充實後宮，整出來一窩又一窩小皇帝。一旦改朝換代，新業主立馬成了別的皇帝。

除了白宮和紫禁城，能戴上官邸這頂帽子的建築還真不少。比如說，咱們過去的府縣衙門，就是貨真價實的官邸。

唐朝時，白居易做杭州的官兒，住在郡衙，既在裡面上班，也在裡面做飯，休假時還請一幫朋友在裡面喝酒。有詩為證：「能來盡日觀棋否，太守知慵放晚衙。」[1]是在郡衙上班的情景。「白醪充夜酌，紅粟備晨炊。」[2]是在郡衙做飯的場景。「小醆吹醅嘗冷酒，深爐敲火炙新茶。」[3]是請朋友在郡衙喝酒的場景。白居易還有兩首詩專門寫郡衙裡的天倫之樂，一首〈官舍〉：「稚女弄庭果，嬉戲牽人裾。」一首〈官舍閒題〉：「飽餐仍晏起，餘暇弄龜兒。」「稚女」是他的小女兒，「龜兒」是他的大侄子，可見老白把家屬也帶到郡衙去住了。

宋朝時，歐陽修做南京的官兒，住在府衙。他寫過一首詩，描寫在府衙宴客的情景：「玉階朝罷卷晨班，官舍相留一笑間。」[4]還寫過一篇文章，講他母親在府衙裡過世的事情：「又十年，修為龍圖閣直學士、尚書吏部郎中、留守南京，太夫人以疾終於官舍，享年七十有二。」[5]可見歐陽修跟白居易一樣，在府衙上班兼起居，並帶去了家屬。

不管是唐朝還是宋朝，法律都允許且支持地方行政長官及其家屬住衙門，只是有一點：一旦卸任，必須離開，不然新來的長官沒房子住。

宋朝人洪邁講過一個小故事：北宋末年，鎮江市教育局局長（當時叫「鎮江府教授」）李伯紀卸了職，賴著不搬，跟新來的局長在一個衙門裡擠著。新局長有意見，又不敢舉報他，就在夜裡扮鬼，把李伯紀嚇跑了。

注解

1.〈北亭招客〉。
2.〈代書詩一百韻寄微之〉。
3.〈北亭招客〉。
4.〈答子華舍人退朝小飲官舍〉。
5.〈瀧岡阡表〉。

第三十四章　星級衙門

朱元璋做皇帝的第一年，就給地方官立了規矩：

一、各府各州各縣的首長及其副手，必須在衙門起居，除喪葬和公事外，不得外出，不得回家居住，不得租賃民房，不得在當地買房；

二、各府各州各縣的衙門都要按一定規格建造，前面是辦公場所，後面是宿舍，宿舍正房不能超過三間，廂房不能超過六間。占地面積依級別而定，縣衙不能超過州衙，州衙不能超過府衙，府衙不能超過三千七百五十個平方丈；

三、各府各州各縣的第一把手住在正房。他們的副職住在廂房。宿舍北面和西面可以各建一間小房子，供下來視察工作的監察御史和按察分巡使臨時安歇[1]。

朱元璋立這些規矩，就像今天給公務員制定住房標準，科長住多大房子，處長住多大房子，多占了怎麼處理，少占了怎麼補貼，雖然內容各別，初衷還是一樣的——都是為了解決公務人員的住房問題，讓廣大公務人員尤其是高階公務人員都能有個家，好安心工作，造福人民；同時也是為了避免他們貪大求洋，大拆大建，花納稅人的錢，裝自己的門面。

規矩都是好規矩，政策都是好政策，只是在中國，好規矩、好政策都跟劣質毛衣似的，一扔進官場這股混水，就會迅速走形。我收藏並閱讀過幾十本明代方志，每一本方志都會提到當地衙門的大小和樣式，其中沒幾個衙門是按規矩蓋的，它們總是會多蓋幾間，或者多占一些地皮，或者經常性地翻修與重建。

例如江蘇長洲的縣衙，洪武元年（一三六八）建過一回，宿舍和辦公樓沒放到一個大院；到洪武二年（一三六九）開始改建，讓宿舍和辦公樓見面了；正統二年（一四三七）繼續改建，一個姓王的副縣長向上級打報告，說辦公樓太低，上級批覆，說可以拆了重蓋，於是大拆，從宿舍到外牆統統鳥槍換砲；弘治元年（一四八八）再次改建，一個姓邢的縣長向全縣商人集資，把宿舍增建到二十餘間；嘉靖二年（一五二三）又一次改建，一個姓郭的縣長拓寬了大門，修蓋了門樓，立了碑，樹了亭子；嘉靖三十八年（一五五九），縣衙失火，一個姓柳的縣長藉機改建辦公樓，前鋪廣場，後闢花園，使長洲縣衙美輪美奐，名列江南第一[2]。

地方官這麼做，顯然壞了規矩，應該受到懲處的，朱元璋倘若知道，必又使出剝皮揎草[3]的狠招兒。問題是，國家那麼大，官員那麼多，朱元璋不會分身法，根本管不過來，他必須委託監察御史替他監督。可是，地方官白花花的銀子送上去，恐怕監察御史也不好意思查辦人家吧。再說他們經常出公差，地方上多蓋幾所星級衙門，自己住著也舒服不是？

也許多開展一些教育活動會有效，可以讓廣大官員們增強憂患意識和節儉意識，切實轉變作風，樹立人民公僕的好形象。

注解

1. 參見陸容《菽園雜記》卷一三，洪武元年欽定制度。
2. 參見台灣學生書局影印本《萬曆長洲志》卷五，縣治附官署。
3. 根據佛教傳說，「剝皮揎草」是地獄當中對罪大惡極的靈魂施行的酷刑。為打擊腐敗，整頓吏治，明太祖朱元璋將此刑運用到現實中。此刑罰在《大明律》中並無規定，但是，朱元璋創設了這一刑罰，並以法律《大誥》的形式加以推廣，其適用範圍是貪腐官員，將剝下的人皮製成鼓或者填入稻草製成人皮稻草人立於衙門門口或者當地土地廟的門口，用以警告繼任官員，切勿貪贓枉法。

第五篇

居住環境

精采內容

- 蛆缸裡居住
- 樹上的禪師
- 外城的衛生
- 騎黃馬戴口罩
- 跟著房子去旅行
- 從城市農業到社區農業
- 肥逝——隱居的條件
- 萬曆復活
- 當居住變成賽跑

風俗畫

◆城市交通

第一章　蛆缸裡居住

西漢最擁擠的時候，全國有六千萬人，幾場仗打下來，只剩不到三千萬，經過東漢百餘年繁衍生息，總算又回到六千萬的水平。隋朝的人口高峰，全國有五千萬人，幾場仗打下去，只剩不到三千萬，經過唐朝二百年繁衍生息，不僅回升到原來的水平，還飆升至一億六千萬，創了紀錄。可惜這個紀錄不禁破，幾個軍閥一掐架，它又噗噗地癟下去了，癟到北宋初年，只剩兩千七百萬。

翻翻歷代的戶部檔案，和平時期都在拚命地生，使人口慢慢地爬上去；戰亂時期都在成片地死，使人口嗖嗖地滑下來。爬上滑下，循環往復，彷彿缸裡一堆蛆。從這個角度回顧歷史，中國五千年文明無非是一個或者幾個巨大的蛆缸。

宋朝當然也逃不掉做蛆缸的命運。如前所述，北宋初年人口只有兩千多萬，官方記載是四百五十七萬戶，到真宗景德三年（一〇〇六），就爬到了七百四十二萬戶的位置。此後仁宗慶曆八年（一〇四八），一千零七十二萬戶；神宗熙寧十年（一〇七七），一千四百二十四萬戶；徽宗大觀四年（一一一〇），兩千零八十八萬戶——到缸沿兒了，金兵狼牙棒一掃，眾蛆紛紛跌落。然後南宋接著爬，高宗紹興三十年（一一六〇），一千一百五十七萬戶；孝宗乾道二年（一〇六九），一千二百三十三萬戶；寧宗嘉定十六年（一二二三），一千二百六十七萬戶——又到頂了，元兵大砲一轟，又是骨碌碌往下滾。

單看爬上爬下其實毫無意義，問題是爬的過程中，蛆在長，而缸不變，於是越來越擠。像徽宗大觀四年（一一一〇），全國兩千零八十八萬戶，按每戶六人估算，就有一億兩千萬人，而國土面積只有二百八十萬平方公里，每平方公里四十三人，這個密度超過今天的挪威，接近瑞典，與芬蘭基本持平，開發水平卻遠遠不如人家挪威、瑞典和芬蘭，土地資源勢必緊缺。

崇寧五年（一一〇六），宋徽宗想給孩子們蓋房，一看圖紙，「居者櫛比，無地可容」，居然找不到一塊建築用地。連皇帝都為地皮發愁，可見土地供應是多麼捉襟見肘了。其實，在宋徽宗發愁之前，蘇軾就為營房用地跑細了腿，到底也沒申請到，最後給當兵的發租房補貼了事。

再看南宋。南宋蘇州普通民居約在十二平方丈左右，折合今天九十平方公尺，二十七坪，如果這就是標準住宅，則高宗紹興三十年（一一六〇）建築面積只須三萬一千四百六十坪，寧宗嘉定十六年（一二二三）就增長到三萬四千四百坪，有三千坪的缺口。從哪裡彌補這一缺口呢？無非是城區外擴，村莊外擴，擠占耕地甚至水面。當年陸游第一次去成都，摩訶池還在城郊，七年後再去，摩訶池就跑到了市中心，這是城區外擴的例子。陸游老家原有鏡湖三百里，「近時多廢」，「今為平陸」，這是圍湖造地的例子。

土地供不應求，地價就漲，北宋時有人感歎：「重城之中，雙闕之下，尺地寸土，與金同價。」到陸游這代，地價更要漲到天上，不知自主建房的朋友可還拿得起地？不知地方政府能從拍地中漁利幾何？

房市觀察要點

◆兩漢、隋唐以及宋朝那些人口資料，一般來自正史，正史上沒有的，就翻馬端臨的《文獻通考》。這些資料可能都不符合事實，但除了它們，我見不到更符合事實的資料。

◆唐朝人丁最旺時，曾有一億六千萬，五代軍閥一發威，就銳減到兩千七百萬，似乎太邪乎。其實不然，這裡沒考慮疆域問題：唐朝疆域很大，宋朝疆域很小，經過改朝換代，至少有一半人口被切給契丹、吐蕃、大理和西夏了。

◆宋朝留下來的人口資料，往往只提戶數，不提人數，文中按每戶六口估算全國總人口，其依據是方志：在紹興年間（一一三一－一一六三）福州和徽州的方志中，有戶均六口甚至九口的記載。把北宋末年總人口估算到一億兩千萬，應該屬於保守估計。

◆在有據可查的歷史中，人口總是緩慢地爬上去，再飛快地滑下來，房價的長期走勢與此類似。我認為這是野蠻時代恆久不變的定律之一，並把它們命名為「人口蛆缸定律」和「房價蛆缸定律」。

第二章　樹上的禪師

杭州有山，名秦望山。山有巨松，名屈枝松。松枝屈臥如鵲巢，巢中住一和尚，人稱「鵲巢和尚」。單聽名字，該和尚似乎是某咖啡品牌的代言人，其實他既不做廣告，也不拍電影，更不像台灣南懷瑾老師那樣到處開講座，即使偶爾出山，講一兩回課，也從來不收勞務費。

所以，我們說他淡泊名利，是得道高僧。

得道高僧自然受到大夥敬仰，許多塵世中人，上自高官，下至百姓，只要有憂煩難解之事，悲觀厭世之心，都想見見鵲巢和尚，以便從他那兒得到一點兒教誨或者叫啟示。這其中就有一人，迄今大名鼎鼎，乃是翰林學士白居易先生。

那年是長慶元年（八二一，《五燈會元》誤為「元和中」），白居易剛到杭州做太守，得了地利之便，少不了要去拜訪鵲巢和尚。

如前所述，鵲巢和尚把家安在一棵大松樹上，風一颳，被單、床罩迎風飄揚，鍋碗瓢盆丁當亂響，所以兩人相見之後，白居易就說：「禪師住處甚危險。」鵲巢和尚卻說：「太守危險尤甚。」白居易很奇怪：「弟子位鎮江山，何險之有？」鵲巢和尚說：「薪火相交，識性不停，得非險乎？」[1]

「薪」是乾柴，比擬官場；「火」是烈焰，比擬欲望。鵲巢和尚的意思是，白居易身在官場，一心向上，官做得越大，做官的欲望越強，很快就會蒙蔽自性，比在樹上危險多了。

但是，鵲巢和尚沒有解釋自己為什麼住在樹上。咱們能幫他找出四條原因：一、當時房價太高，鵲巢買不起，只好往樹上搬；二、地上住的人太多太雜，妨礙鵲巢修行；三、鵲巢道行高深，已然拔除種種欲望，覺得在哪兒住都無所謂；四、這傢伙有病。

我比較偏愛第二條解釋，也就是說，鵲巢是為了修行，才搬到樹上住的。

眾所周知，佛家修行方式之一是坐禪，坐禪需要安靜，所以禪師們不住鬧市，而住山林。例如晉時有位僧光和尚，在山洞裡安家，還有位曇猷和尚，在孤岩上打坐；唐時有位龍山和尚，在深山裡建了三間茅屋，還有位德誠和尚，獨居一舟，隨波逐流，像船民那樣度過一生。他們跟鵲巢和尚都是一夥的。

有人曾問禪宗五祖弘忍大師：「你們和尚為啥喜歡住在那些狗都不去的地方呢？」弘忍回答：「修行就像種樹，如果種在鬧市區，不是被修剪就是被砍伐，只有種在深山老林，才能不受干擾，長成參天大樹。」[2]弘忍的回答算是為鵲巢和尚提供了一完美注腳。

問題仍然存在：這麼苦苦修行，究竟有什麼用呢？

按照佛理，修行能拔除欲望，欲望少了，所求自然就少，所求少，痛苦自然就少，所以修行能減少痛苦。可惜這個邏輯只適於高僧，不適於常人。咱們常人的邏輯就是多掙錢，住更大更好的房子，去滿足舒適和炫耀的欲望，而不是搬到樹上，通過什麼修行來消滅欲望。

注解

1. 《五燈會元》卷二，鳥窠道林禪師。
2. 參見淨覺《楞伽師資記》。

第三章 外城的衛生

眾所周知，清代的北京分為內城和外城，內城住皇親國戚和旗人，外城住文武百官和漢人。另外還有個紫禁城，裡面住著皇帝、皇帝他媽、皇帝他老婆，還有一大群專搞服務工作的太監和宮女。

那時候，北京人最喜歡說：「俺們住在天子腳下！」很自豪、很跩的樣子。外地乍聽之下，會以為北京就是一隻腳，腳丫子白胖，是內城，外面套著鞋，是外城，紫禁城則是腳上長的雞眼。然而，紫禁城要比雞眼美麗多了，內城也絕不是腳丫子。去過北京故宮的朋友都知道，那裡的屋頂像金子一樣黃，牆壁像瑪瑙一樣紅，重樓飛簷，仙人騎鳳，琉璃瓦閃閃發光，要多尊貴有多尊貴，要多氣派有多氣派。內城稍次一些，也保留了大片明代舊宅，加上翻修和新建，一座座府邸巍峨雄壯，有圍廊，有門樓，有玉泉山水淙淙流過，也算得上是尊貴別墅，品質生活。

外城可就慘了，除了極個別官員和富商住得上像樣的房子，別的大都是四合院、大雜院、臨時建築、棚戶區，房小屋低，走風漏雨。住得差且不說，公共衛生還不行。本來街道兩旁都有溝，溝上有石板，引水進去，可以冒充下水道，沖走日常垃圾。但這些溝大都是明朝挖的，時間一長，都堵了，水走不動，垃圾積在溝底，越積越厚，越厚越堵，暴雨一來，汙水四溢，人糞尿在街上橫衝直撞，裹挾著死貓、死狗、死孩子，一直沖到人家炕上。另外，為了便於傾倒垃圾，那些溝每隔百十步都要敞開一個口子，即使不下雨，街上也是臭氣熏天。

有朋友問了：「有關部門怎麼也不管管？」管當然是管的，自從康熙十四年（一六七五）開始，朝廷就在工部下面設置街道廳，專門負責外城的公共衛生工作[1]。街道廳也挺負責，每年四月搞一次大清理，把下水道的條石全部掀開，僱一幫工人挖淤泥。做這項工作要花錢，但戶部和順天府的預算裡都沒這項開支，所以又得集資，凡在外城居住的市民，開店的交鋪捐，不開店的交戶捐，統統交給街道廳支配。有了支配權，街道廳的長官當然要揩油，花一萬報十萬，一夜吃成胖子。下面的工作人員也想盡辦法創造收入，每次挖溝的時候，專把垃圾堆到大商場門口，熏它個門可羅雀，讓老闆們主動獻上厚禮[2]。更糟糕的是，街道廳僱了工人幹活，卻常常拖欠人家工資，工人當然撂挑子不幹，就讓臭溝敞著口，讓垃圾堆在路中間[3]。像這樣的半吊子工程與其說是公共服務，不如說是胡折騰。

外城的市民在垃圾中掙扎，內城卻不關痛癢，因為裡面地勢高，汙水不會逆流而上，城牆也厚，擋得住沖天的臭氣。還有一根本原因，內城衛生是步軍統領衙門在管，而步軍統領的上司就住在內城，工作搞得好不好，上司都能瞧見，所以這是眼皮子活兒，是政績工程，步軍統領有必要也有動力把它搞好。至於紫禁城，那不用提，皇帝這個最高長官就住裡面，誰維護好了紫禁城的衛生，誰就維護好了皇帝的臉面，誰就有了被賞識被提拔的機會，不管是誰想到這一點，工作積極性都會油然而生。據此我們還能推斷出來，倘若長官們把外城當成自己的臉面，那麼外城的衛生工作也會提上日程。

對於這一點，我們仍然有例為證。一八九八年，戊戌變法開始，朝廷終於注意到了外城的衛生問題，於是下發文件，讓戶部出錢，工部出力，步軍統領衙門和五城御史一同上陣，「大加修理，以壯觀瞻」[4]。那一年，北京外城乾淨極了，漂亮極了，就像創建衛生城市那樣，就像北京奧運那樣。

注解

1. 參見《欽定大清會典則例》卷一五〇，吏部・都察院六。
2. 參見《舊京瑣記》卷八，城廂。
3. 參見《清稗類鈔》地理類，京師道路。
4. 《戊壬錄》卷一，清道路。

第四章　騎黃馬戴口罩

萬曆年間（一五七三—一六一九），李小二生活在北京城裡，每天騎馬去上班。那時候好多人騎馬上班，就像今天好多人開車上班一樣，屬於生活條件日益改善的標誌，所以並不稀奇。讓人稀奇的是，小二永遠只騎一匹黃馬，而且幾乎所有人都騎黃馬。再留心一下還能發現，包括小二在內的好多市民，每天出門必戴一副口罩，熟人見面打招呼，全是唔唔的男低音，看似正流行SARS似的。

對於這種現象，明朝人屠隆做過解釋，他說當時街上太髒，晴天起沙，雨天起泥，而不管晴天、雨天，都是糞便滿地。騎黃馬出去，颳上去的沙土和濺上去的糞便不會太顯眼，省得經常刷洗。至於出門戴口罩，甭解釋，一定是用它來抵抗臭味。

明朝剛建國的時候可沒有這麼髒，那時候路面很寬，街道兩旁挖有明溝，明溝兩旁栽有槐樹，槐樹的後面才是居民樓和臨街店鋪。街道四通八達，明溝也彼此貫通，街上的雨水裹攜著人畜糞便，迅速地排入明溝，再順著明溝流出城外。

為了讓這個狀態保持下去，明成祖讓五城兵馬司日夜巡查，嚴禁臨街居民為擴建住房而填平明溝。明英宗怕五城兵馬司怠忽職守，又派巡城御史協助和監督五城兵馬司。明憲宗和明孝宗即位，分別又讓工部和巡捕營參加進來。也就是說，萬曆年間至少有五個機關在治理違章建築。可惜這五個機關沒一個管用的，早在成化七年（一四七一），原本四通八達的明溝就被日趨火爆的房地產開發填平了大半，雨水泡塌過上萬間房屋，無數人在那年大瘟疫中死去[1]。然後就是李小二的時代，違法搭建更多，城市更髒，逼著小二他們騎上了黃馬，戴上了口罩。

如果您向李小二打聽萬曆年間的流行色是什麼，他會毫不猶豫地告訴您，一個是黃，一個是白，再一個是灰。黃是黃馬，白是口罩，而灰是黃馬和口罩在濃郁的臭味中熏出來的顏色。這幾樣流行色摻在一起，讓您要麼對生活充滿絕望，要麼像一個民意代表那樣發出呼籲：「我們要治理城市環境！」

李小二應該目睹了治理進程。那是萬曆二十五年（一五九七），某工部員外郎主動請命，要突擊拆除所有違章建築[2]。該員外郎帶領臨時組成的突擊隊，嘗試進行移除工作：從宣武門外東響閘，到正陽門外御河橋，長達三里的違章建築很快被拆除一空。不過，才剛結束，雪片一樣的舉報信就飛進了皇宮，紛紛檢舉那位員外郎的貪汙受賄行為，他很快被革職拿問，關進大牢，然後畏罪自殺。當然，該員外郎不一定貪汙受賄，更不一定是自殺，他是死在自己太糊塗上。那麼多年、那麼多機關都沒治理好一個違章建築，這裡面豈能沒有奧妙？

這時是萬曆年間，城市建設相當落後，要是放到現在，就可以默認現狀，然後建幾個新城或者開發區出來，讓大夥在未來一段時間內，不用再騎黃馬、戴口罩。

房市觀察要點

- 萬曆年間騎黃馬、戴口罩，出自屠隆《屠赤水小品‧在京與友人》。明代文人中，袁宏道、焦竑對北京環境之差也都有詳細記載，但沒提黃馬、口罩。
- 從明成祖到明孝宗，先後指派五個機關共同治理違章建築，分別見於《明史》卷七四，職官第三；和《明會典》卷二〇〇，河渠五。

注解

1. 成化七年大瘟疫參見《明憲宗實錄》卷九一，成化七年五月；和《明會要》卷五二，民政三。
2. 萬曆二十五年拆除違章建築一事，見於《萬曆野獲編》卷一九，工部‧兩京街道。

黃馬蔚爲潮流

萬曆年間北京環境汙染嚴重，或不及今日之霾害，但晴天沙塵漫天，雨天糞便、泥水流淌路肩，上班族人人自危。不知不覺間，騎黃馬（因爲馬髒了也看不出來）戴口罩上班，成了每日尖峰時刻必見景象。

貓頭鷹印

第五章　跟著房子去旅行

假設房子擁有生命，可以蹦跳，可以走路，想去哪就去哪，我猜它們會到中國各地四處走走，做些有益於身心的旅行。在旅行中它們會發現一些很有意思的事情，首先自己的身價總在變，在縣城是每坪四萬，在省會是每坪二十萬，在首都是每坪六十萬，而在西部農村，每坪一萬的價錢都沒人願出。這種情形就像某天王巨星開個唱，票價定到多少很大程度上取決於當地人民的收入水平。另外，跟天王巨星相同的是，不管走到哪裡，它們都會發現自己備受追捧，而且為它們發瘋的人要比所有明星的粉絲加一塊兒還要多。由於這個緣故，個別不夠謙虛的房子就會變成妄想狂，認定自己才是萬物的靈長，今後應該是房子住人，而不是人住房子……

但是幸好，至今還沒有證據表明哪座房子已經離家出走。而且照我的經驗估計，儘管有這麼多人做了房子的奴隸，它們房子仍舊保持了謙虛謹慎、不驕不躁的優良作風，認鈔票也認權勢，但從不耍大牌。

再假設五百年前的房子也有生命，也在中華大地上來回溜達，它們會有什麼樣的體驗呢？記得五百年前有人講過，「集鎮房價，五倍鄉莊」，「都城房價，十倍或三十倍之」，就是說某個標價一萬的房子從鄉下老家跑了出來，跑到鎮上，有人出五萬買它，再跑到首都，又有人出十萬、三十萬買它。可見那時候的房子和今天一樣，身價隨著地理座標的變化而變化。

五百年前又有人講過，「街道惟金陵最寬潔，其最穢者無如汴梁」，「若京師雖不若南京，比之開封似稍勝之」。言外之意，誰家的房子隨團遊過「文化古都精品線」，感覺南京挺乾淨，開封和北京都夠髒的——這大概是房子們更深切的體驗。因為身價多少只是個象徵，你花五萬買它也好，花五十萬買它也好，沒有哪個開發商會從房款中抽出一疊來，很慷慨地交給房子：「嗨，你的分紅。」而落腳的地方是否乾淨衛生安全無隱患，才是房子們最關心的。

按照這個標準去給五百年前的房子規劃度假去處，不妨以淮河為界，淮河以南的城市可選：路面多鋪石板，下雨不起泥，有活水，可以帶走日常垃圾；淮河以北的城市不可選：路面沒有硬化，下雨起泥，沒有活水，垃圾成堆，火災和瘟疫橫行。以北京為例，雖然號稱偉大首都，但絕不是度假的好去處，因為晴天颳土，「風起飛塵滿衢陌」，雨天則「積水成湖，溝渠泥塞，各家牆屋，盡行倒塌」，公共場所「汙糞堆積」，臨街店鋪「蚊蠅不絕」，以致在成化七年（一四七一）六月爆發了一場大瘟疫，「軍民死者，枕藉於路」，規模之大和持續時間之長，都超過了一百五十年後倫敦那次[1]。這裡加引號的部分都是五百年前古人的記載，我常把它們當作某座房子的旅行日記。

注解

1 倫敦大瘟疫，是一場一六六五年至一六六六年間發生在英國的大規模傳染病爆發，超過十萬人死於這次瘟疫之中，足足相當於當時倫敦人口的五分之一。該次的疾病後來被確認為是淋巴腺鼠疫，一種由鼠疫桿菌造成並以跳蚤為載體的細菌感染。是英國本土最後一次廣泛蔓延的鼠疫，之後隨著英國政府著手改善地區衛生條件，鼠疫對英國民眾的威脅也逐漸消失。

第六章　從城市農業到社區農業

河南西邊有個吉利區，南邊有個石龍區，都是年份不久的工礦城市，所以汙染還不算嚴重，市區也不算壅堵，不逢雙休日的話，可以閉著眼亂走，在寬如長安大街的主幹道上，既聽不見車響，也聽不見人聲，原住民都到當地僅有的那幾個廠礦上班去了，整個城市靜悄悄的，讓你懷疑是不是到了麥收季節的農村。眾所周知，麥收時的村莊也是死一般寂靜。

除了寂靜，兩小城還有個特色：城市農業異常發達。剛畢業那年，我跟導師做詳細規劃，拿過來兩個城市的衛星照片，紫褐橙黃中鋪著無數綠斑，就像上古的銅器那樣。如果是別的城市，您大概只能把綠斑判讀成公園、廣場和防護林了，而在吉利、石龍二區，那些綠斑就是菜地。大片大片的菜地，就生長在社區和辦公大樓之間，也不知是城市包圍了鄉村，還是鄉村包圍了城市。我曾在石龍區某機關大院住過一段，那大院，前面一排是辦公樓，中間一排是生活區，後面是一望無垠的魚塘與藕塘。夜半醒來，總能聽見露水砸在荷葉上的聲音，啪噠啪噠，啪噠啪噠，啪噠啪噠……

按照法國年鑑學派代表人物布勞岱爾的說法，城市和鄉村一直是沙漏的上下兩層，沙子往下流是鄉村城市化，等沙漏翻了個兒，城市也可以鄉村化，在城市的吸引力還不那麼強烈之前，每個新興城市都有向鄉村靠攏的傾向。我倒不是要據此說明吉利區和石龍區正在向鄉村靠攏，事實上，這倆城市只是暫時沒有完成城市化的鄉村，用不了多長時間，它們鄉村般的寂靜，它們可愛的城市農業，都將在紅綠燈和鋼筋混凝土的包圍中消失殆盡。我想說的是，歷史上確實有那麼一段時間是城市鄉村化的，就像十二世紀的烏爾姆和紐倫堡，麥收季節響徹鐵連枷[1]的聲音；十五世紀的慕尼黑和巴塞爾，鬧市區內遍布三年輪作的耕地；十八世紀的法蘭克福和威尼斯，人們在街上圍欄養豬；還有盛唐的長安，唐代宗曾經頒布一道法令，禁止街坊們植桑種麻。之所以禁止，當然是因為已經種了。

與其他產業相比，農業的收益屬於最低，只要存在別的發財機會，沒有多少人會去種地，所以城市農業越發達，越證明這座城市發育不良。從感情上講，我喜歡吉利區、石龍區那樣的小城市，喜歡十二世紀的紐倫堡、十五世紀的巴塞爾、十八世紀的法蘭克福以及盛唐長安那樣的城市農業，但那種牧歌一般的浪漫狀態不會持久，無須唐代宗來頒布禁令，光一項收益對比就趕得它無處躲藏了。

不過，我仍然對社區農業充滿憧憬。這跟小農意識無關，我多少懂些植物的脾性，知道麥苗的生態效果要遠遠超過進口草皮，只不過現在的城市經營者認為麥苗土氣，以及不能幫他們創造營收而已。比起這些腦子進水的領導來，《紅樓夢》裡賈探春更有開創精神，她把大觀園內公共綠地承包給物業人員，每年出產些蔬菜、稻麥、草藥、香料，「一年就有四百銀子的利息」。也綠化，也生產，省了多少物業費。

注解

1 連枷，由一個長柄和一組平排的竹條或木條構成，用來拍打穀物、小麥、豆子、芝麻等，使子粒掉下來。

第七章　肥遯——隱居的條件

《周易》第三十三卦，名「遯」，爻辭如下：

初六，遯尾，厲，勿用有攸往；

六二，執之用黃牛之革，莫之勝說；

九三，係遯，有疾厲，畜臣妾吉；

九四，好遯，君子吉，小人否；

九五，嘉遯，貞吉；

上九，肥遯，無不利。

我琢磨著，這組爻辭是講一個奴隸去占卜，問能不能逃跑。人家巫師告訴他，如果占到初爻，就別逃了，什麼時候逃，什麼時候被逮；占到第二爻，也別逃，不然會被奴隸主用黃牛皮捆起來；占到第三爻，仍然不能逃，因為這一爻對奴隸主最有利，他們畜養著男奴隸和女奴隸，哪一個奴隸都逃不脫他們的手掌心；占到第四爻，可以逃了，但只能走脫大奴隸，走不脫小奴隸；占到第五爻，大小奴隸都能逃跑；占到第六爻，所有的奴隸都可以遠走高飛。

西晉石崇有不同意見，他覺得「遯」不是逃跑，是隱居。這組爻辭的問卦人也不是奴隸，而是一位紳士。該紳士厭倦了商海和仕途，向巫師請教怎樣隱居。巫師說，如果還沒掙到錢，隱居的事兒想都別想，因為有物質生活拴著你的尾巴，讓你哪也去不了；如果掙的錢還不多，也不要去隱居，否則你的隱居生活將會痛苦不堪，就像被黃牛皮裹住那樣難受；等到有點兒積蓄了，才能隱居，不過此前你得算筆賬，看自己是否已經掙夠了治病的錢和僱保母、看護的錢；如果積蓄很多，那就大膽地去隱居吧；如果積蓄非常多，那麼恭喜，你可以到世界上任何地方去隱居，沒有什麼不順利。

這個石崇，就是跟王愷鬥富、拿鐵如意砸珊瑚、用蠟燭當柴禾的那位。以前我以為這人很俗，愛現，除了炫耀自己有錢，別的什麼都不會，後來讀了他的文章，才發現他還是有點兒文化的。比如說，他注過《周易》，雖然注得不太嚴謹，但見解獨到，算得上是一家之言。再比如說，他還會填詞作曲，曾為古曲〈思歸引〉寫過歌詞。

翻成白話文，石崇的歌詞是這麼寫的：

我做官做了二十五年，退休之後很有錢，焦作有我河陽墅，洛陽有我金谷園。別墅前面有長堤，長堤前面有清渠，渠水引來繞別墅，也養鴨子也養魚。我早上喜歡去打獵，傍晚喜歡看閒書，每天做飯有廚師，平日家務有保母。我家裡還養了一批小歌星，歌聲高亢吹白雲，人生得意須歸隱，要講歸隱數肥遯。

這段歌詞應該就是石崇隱居生活的真實寫照。前面說過，石崇把「遯」解釋為隱居，如果這個解釋無誤，那麼我們可以說，這傢伙「遯」了，而且屬於「肥遯」那種「遯」，「遯」得精神、物質兩豐富，既大雅又大俗，值得大夥羨慕。

在石崇之前，有很多人希望肥遯，例如東漢有個仲長統，夢想有一所大房子，前面是水，後面是山，出門有舟車，回家有僕人，不用上班，不用工作，每天跟朋友談天喝酒看閒書。跟仲長統同時代的曹操也希望肥遯，他的理想是在安徽老家建一處莊園，可以「冬夏讀書，秋冬射獵」。不過，他們都沒有石崇幸運——仲長統有時間，沒錢；曹操有錢，沒時間。

第八章 萬曆復活

萬曆皇帝他媽，也就是慈聖太后，患有很嚴重的白內障，經無數太醫診治，都不見好。後來一女大夫經人舉薦進了宮，只動了個小手術，就把太后的眼睛給治好了。太后當然很高興，又賞銀子又賞首飾，還把女大夫留在了宮裡。

按照規矩，這位女大夫在宮裡玩個三五天的，瞧瞧稀罕，趕緊告罪出宮也就是了。可她自恃有太后罩著，別人不敢攆她，就一天天地賴下去，陽春三月進的宮，到年底了還沒出去。這倒沒什麼大礙，千不該萬不該，她不該在進宮之前就懷有身孕，更不該在宮裡生下一孩子。

這下闖大禍了，萬曆聽說有外人在宮中分娩，龍顏震怒，喝令把那女大夫勒死，再把她剛生下的孩子丟進護城河。幸虧太后出面求情，說念在人家治眼有功的份兒上，也不能說勒死就勒死啊，萬曆這才收回成命，另下一道恩旨：把那女大夫發往禮儀房，重打三十，即日逐出[1]。

如果您把上述故事講給日本人聽，他們肯定會莫名其妙，鬧不懂萬曆發什麼神經。因為在他們日本，產婦分娩是大喜事兒，誰家門口過一輛運送孕婦的汽車，那家人就會像撿了錢一樣高興；如果那輛汽車沒把孕婦送往醫院，而是送到了他們家裡，而那位孕婦又在他們家生了個大胖小子，他們就會更加高興，因為這代表著好兆頭，預示萬事如意，心想事成。中國剛好相反，也不知打哪輩子傳下來的規矩，家裡不能讓產婦分娩（自己老婆除外），不然就會有血光之災。萬曆之所以要殺那女大夫，就是因為這個緣故，這廝覺得宮裡讓外面的女人生了孩子，會給他帶來霉運，以後免不了出門撞車，走路摔跤，炒股票回回套牢，打麻將把把放槍。

萬曆後來有沒有遭災呢？當然沒有，他小子皇帝照做，小酒照喝，逍遙自在作威作福，一直活到了死的時候。可見產婦分娩並不會帶來血光之災。

可是，對於萬曆來說，不管你拿什麼證據出來，都不可能讓他扔掉迷信而接受科學，因為他總能找到相反的證據。譬如他會振振有詞地說，上述事件雖然沒給他帶來血光之災，卻給他媽帶來了血光之災——那女大夫出宮之後沒兩個月，慈聖太后就一命嗚呼了。至於他媽去世跟人家分娩有沒有內在聯繫，他才不管。

萬曆死掉都四百年了吧，四百年之後的今天，您到中國大街上走一遭，仍能找到他的翻版，其中如果是計程車司機，必定拒載孕婦，如果是房東，必定趕走待產的房客。這些人愚蠢自私，俯拾皆是，一個個長得都跟萬曆似的。

注解

1. 參見《萬曆野獲編》卷二三，婦女・女醫貸命。

第九章 當居住變成賽跑

《倦遊雜錄》寫於北宋，裡面有段文字講熙寧年間（一〇六八－一〇七七）安徽人怎麼過日子：「家有百千，必以泰半飾門窗、具什器。」

《白獺髓》寫於南宋，裡面有段文字講紹興年間（一一三一－一一六三）浙江人怎麼過日子：「其或借債等，得錢首先充飾門戶，則有漆器裝折，卻日逐糴米而食。妻孥皆衣弊跣足而帶金銀釵釧，夜則賃被而宿。」

熙寧年間，倘若不逢災荒，大米價格在每斗四十文上下，按糧價折算，每文相當於人民幣五毛錢，所以「家有百千」大致等於家有五萬。其中「泰半」用於「飾門窗」和「具什器」，說明當時安徽居民用在裝潢房子和購買家具上的平均開支大概在三萬元到四萬元之間。在今天看來，這個標準並不算高，可是如前所述，當時許多家庭並沒多少積蓄，他們把存款的一大部分都拿出來打扮房子，別的開銷免不了要受影響。比如說，原先計畫給孩子捐個功名，現在裝潢完房子，存摺上沒錢了，這項計畫只能取消。再比如說，原先準備每年做一次全身檢查，現在手頭一緊，不得不改成每兩年做一次，或者乾脆不做。總而言之，像這樣拿出大半積蓄搞裝潢，會使他們生活水平下降，至少是暫時下降。

跟熙寧年間的安徽人比起來，紹興年間的浙江人更不靠譜，如《白獺髓》所說，一些家庭窮得都揭不開鍋了，還借錢搞裝潢，以至於老婆孩子連一套衣服也買不起，晚上睡覺得租人家的被子。

借錢裝潢在今天並不是什麼新鮮事兒，現在絕大多數小青年買房和裝潢都是靠父母，如果吸不到父母的血，那就找親戚朋友借，找親戚朋友借不來，銀行裡還有個人住房貸款和個人住房裝潢貸款可以申請呢。當然，這樣買房或者裝潢之後，為了還債，您的日常開支也得壓縮，生活水平也得下降，您固然不會慘到紹興年間的浙江人那個地步，恐怕也不比熙寧年間的安徽人強多少。

有句老話叫「量米下鍋，看菜煮飯」，說的是有多大能力辦多大事兒，您老人家掙的還不夠還債呢，幹嘛非要買那麼大的房子？幹嘛非要把房子往豪華裡打扮？是圖更詩意地居住呢？還是為了在別人跟前瞎炫耀？

我不想武斷地下結論，說當年借錢裝潢的浙江人和現在貸款裝潢的小青年都是些愛慕虛榮的傢伙。我相信其中必有一些人並不愛慕虛榮，只是被一股潮流（例如不買房就不結婚這股潮流）捲了進來。要知道，我們身處這個時代，就等於身處潮流之中，誰不跟著潮流走，潮流就會把誰沖個四腳朝天，讓他吃虧更大，更丟人。

就像是一場大敗退，無數兵馬山崩地裂般奔逃，即使不想跑，也根本站不住腳，業主們在狂奔中自相踐踏，居住成本如同堆積的屍體，越來越厚，越來越高。

第六篇 家居生活

精采內容

風俗畫

◆住家風水

第一章　天子坐明堂

好像是小學三年級來著，語文課上，聽老師講〈木蘭辭〉：「歸來見天子，天子坐明堂，策書十二轉，賞賜百千強。」問老師：「什麼是明堂？」老師說：「就是正房啦。」恍然大悟，原來明堂就像我們家堂屋（我們河南管正房叫「堂屋」），上面一個兩坡的頂，下面四堵牆，一頭挖門，兩頭開窗，坐北朝南，便於採光，很明淨，很亮堂，所以叫「明堂」。這麼一來，〈木蘭辭〉完全可以改寫：「歸來見天子，天子坐堂屋，策書十二轉，賞賜百千夫。」意思不變，一樣合轍。可是，我不明白，為什麼書上偏讓天子坐明堂，不讓天子坐堂屋。

後來讀大學，在圖書館翻書，找到一本《中國古建築術語辭典》，裡面解釋說明是「陽宅基址內大門外前方寬闊的範圍」。這話乍聽很專業，其實換成口語，無非就是門前空地。如果這個解釋無誤，那麼〈木蘭辭〉又可以改成：「歸來見天子，天子坐門前，策書十二轉，賞賜百千員。」但是朋友們，天子坐在門前空地上接見人民子弟兵，是不是有點兒不大莊重？

真正了解明堂的意思，是看了魏徵的文章以後，這位初唐名臣在〈明堂議〉中寫道：明堂是座大房子，蓋在皇宮之南，上下兩層，上圓下方，上面當祠堂，下面當辦公室[1]。由此可見，明堂不是堂屋，也不是門前空地。

魏徵還說，明堂是天子用的，好多天子都有明堂，例如周武王、周成王、漢文帝、漢武帝、漢光武帝和隋文帝，都有。唐太宗李世民沒有明堂，想給自己蓋一座，卻不知道怎麼蓋，找大臣商量，大臣意見不統一，有的說蓋在皇宮裡面，有的說蓋在皇宮外面，從貞觀五年（六三一）商量到貞觀十七（六四三）年，總算拿出個方案來，李世民又不想蓋了。後來他兒子唐高宗也計畫著蓋明堂，最後也沒弄成。

倒是武則天有魄力，終於在垂拱四年（六八八）蓋起一座明堂。該明堂叫「萬象神宮」，中間一樓，外面一院子，樓高二百九十四尺，院牆四面，各三百六十步。樓分三層，底層四方，中層八角，頂層圓蓋。底層東西南北四個方向各有九間，每間寬十九尺。有十二扇門，每扇高十七尺，寬十三尺；還有二十四扇窗戶，每扇高十三尺，寬十一尺[2]。

蓋這麼大一座房子，工程量肯定不小。據《資治通鑑》第二百四十卷記載，萬象神宮由武則天的男朋友薛懷義主持興建，一共動用了幾萬名民工，從垂拱四年二月開始蓋，到當年臘月才完事。假定當時動用的民工人數是三萬名，每人每天的工錢按五十元計算，則建造這座明堂，僅是人工就需要支出四億五千萬，再加上建材成本，那開支就更可觀了。當然，皇帝蓋房子也用不著花錢僱人，一道徵發令下去，全國人民都得添磚加瓦。

注解

1. 參見《全唐文》卷一四〇，明堂議。
2. 參見《唐會要》卷一一，明堂制度・萬象神宮。

第二章　五畝之宅（附開心農場）

孟子心目中的和諧社會是這樣的：沒有戰爭，沒有偷盜，領導們都仁慈，百姓們都聽話，窮的不太窮，富的不太富，家家戶戶都有不動產。

孟子還說，那不動產也不用太多，每家每戶五畝住宅用地、一百畝耕地，就足夠了。

孟子說這話的時候，正值戰國時代，當時一畝相當於今天四分，大約二百六十平方公尺，七十八坪，五畝就是三百九十坪。這麼一塊地建成公寓，夠上百個小家庭入住，即使建成鄉村大院，也能輕鬆安排幾十間瓦房。看來孟子的要求不低。

可是，根據戰國時代另一位牛人李悝的計算，五畝住宅用地再加一百畝耕地，勉強只夠一家人餬口罷了。

李悝的計算如下：

五口之家，耕田百畝，一年收粟一百五十石，上繳田賦十五石，還剩一百三十五石。五口人一年的口糧需要九十石，刨掉口糧，還剩存糧四十五石，把存糧全部賣掉，可得一千三百五十錢。然後祭祀賽會用去三百錢，買布、買衣服用去一千五百錢，這家人的存款不夠花了，賬簿上將出現四百五十錢的赤字。

這筆赤字怎麼彌補呢？

全靠那五畝住宅用地。李悝說，五畝住宅用地只須建房三間，剩下的空地全部栽桑，桑葉能養蠶，春蠶能吐絲，賣絲的錢剛好可以彌補赤字。

上述計算有點兒理想化，畢竟每個家庭不可能都是五口人，每年的收成不可能都是一百五十石，人的飯量有大有小，糧食的價格也有高有低，一年的開銷除了祭祀賽會和買布穿衣，還要看病吃藥和走親訪友呢。不過，李悝的計算傳遞出這樣一個信息：戰國時的住宅用地不只用來蓋房子，還要種點兒東西，以補貼家用。

戰國時有本書叫《禮記》，該書〈儒行篇〉形容窮人生活，說住處只有一畝大，房前屋後植桑種菜，產量極微，所以窮到衣不蔽體，連祭祀賽會也不敢參加。《禮記》跟《周禮》一樣，都出自孔門子弟的編輯，裡面想像成分太多，只能當小說看。小說常常反映當時當地的社會生活，《禮記》大概也在無意中再現了戰國人的居住特徵：住宅用地超大，以便種植經濟作物，稍微小一點兒，業主的錢就不夠花了。

其實，大片住宅用地並不只是戰國一個時代的特徵。晉時陶淵明回老家隱居，寫詩描述自家的房子：「方宅十餘畝，草屋八九間。榆柳陰後簷，桃李羅堂前。曖曖遠人村，依依墟里煙。狗吠深巷中，雞鳴桑樹顛。」他家土地十多畝，只蓋八九間房子，留下來的土地，也栽桑樹，也栽果樹，也搞家庭農場。

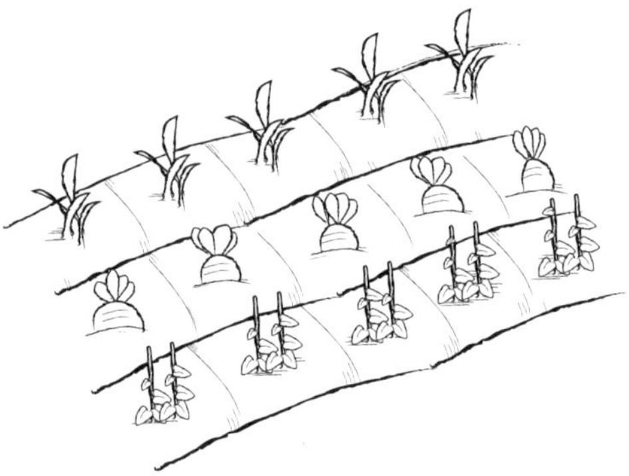

第三章 桃花島，燕子塢：《射鵰英雄傳》的居家環境

江湖群俠，有不少還是建築師，譬如說，陸乘風在太湖建造了歸雲莊，鍾萬仇在瀾滄江開發了萬劫谷，一燈大師隱居桃源，還把棲身的小廟裝潢一新，天山童姥稱雄西域，名下那座靈鷲宮也是蓋得氣派非凡。讓我頒獎的話，建築工程魯班獎會給天山童姥，裝飾獎會給一燈大師，金鑰匙獎會給陸乘風，綠色建築創新獎會給鍾萬仇。如果評最佳人居獎，則非黃藥師的桃花島莫屬。想那桃花島，碧海金沙，綠樹紅花，自然生態完好，規劃設計也是一流，桃花影落飛神劍，碧海潮生按玉簫，既幽靜，又雅致，極爽。不過，那裡交通似乎不大便利，茫茫大海一孤島，不通班車。更要命的，島上連一商場都沒有——對廣大女性業主來講，這個問題絕對是致命的，當年小黃蓉離島出走，固然因為她本人是個問題少女，大概也有憋不住購物衝動的緣故吧。

有沒有既風景優美又交通便捷的社區呢？竊以為，燕子塢可以算一個。北喬峰，南慕容，燕子塢是慕容復的產業，雜花生樹，鳥鳴水幽，論景觀不次於桃花島，而且在姑蘇城郊，離市中心即使不近，也不會太遠，鬧中取靜，居住消費兩相宜。所以，我又想把那個最佳人居獎要回來，改發給燕子塢。

黃藥師提意見了：「我桃花島按九宮八卦精心布置，有名的易守難攻，連西毒、北丐那樣的猛人都進不來，進來了也出不去，安全係數百分百；燕子塢能做到嗎？」——別忙，咱們也看看燕子塢的優勢。

古往今來，「塢」有兩種意思，一是指四面高、中間低的小盆地，像杭州梅家塢、蘇州桃花塢，都是；一是指圍高牆、挖深溝、聚族而居的防禦型社區，燕子塢大概屬於這種類型。燕子塢以前，同類社區比比皆是。東漢末年，馬援為了防禦羌人，在隴西建有睦塢；三國時期，孫權為了防禦曹操，在江南建有濡須塢；明代後期，李自成搶掠河南，河南到處是塢，張獻忠作亂四川，四川也到處是塢。包括慕容復的祖上，前燕皇帝慕容暐與冉魏決戰於河北，河北就颳起建塢之風；後燕皇帝慕容寶與北魏決戰於山西，山西也颳起建塢之風。這些塢無一例外都是深宅大院，外邊圍牆極厚，牆外壕溝極寬，圍牆的四角再建四座塔樓，堆著箭垛，透著射口，必要時，萬箭齊發。圍牆之內，才是祠堂、住宅、穀倉、廁所、馬廄、磨坊和兵器庫，供上百乃至上萬的人居住。燕子塢未必也有圍牆、壕溝和塔樓，但它曲水連環，暗布機關，一樣起到了防禦作用，談笑間，也能讓吐蕃高手鳩摩智變成落水狗。

說到這兒，我發現在安全方面，燕子塢跟桃花島半斤八兩，要麼高牆，要麼機關，業主們自力更生，都把安全工作強調起來了。這當然是好事兒，但也說明公共機構的工作沒做好。就像那個眾所周知的道理：防盜門最熱銷的社區，其環境肯定有問題。

第四章　從平房到樓房

一部《水滸》裡面，一百零八條好漢都住哪兒，是個很有意思的話題。我們知道，上梁山以後，集體大分房，梁山就是他們的家。上梁山之前呢？則大致分成兩類：一類在農村安家，如史進、晁蓋、阮氏兄弟，要麼住幾重幾進的大院子，要麼住三間五間的茅草屋，不管大小，都是平房；一類在城裡安家，如宋江、楊雄和金槍將徐寧，或者有片私宅，或者租房居住，大都是樓。

用現在的眼光來看，農村人住平房，城裡人住樓房，說明前者較窮，後者較富，生活水平上有差距。其實不然，晁蓋是農村人，大地主，坐地分贓的賊頭兒，肯定很富吧，卻住平房；武大郎是市民，挑著擔子賣炊餅，一天賺幾錢銀子，住的卻是樓。所以說，住樓與否，不在貧富。

再從《水滸》裡跳出來，放眼整個帝制時代。從兩漢到明清，中原和江南的漢族聚居區比較富裕，是以平房為主；湖廣和雲貴的少數民族比較貧困，那裡卻到處是竹樓。來個跨時代比較，北魏洛陽的士族，一頓飯吃萬錢的主兒，坊裡住宅無一不是平房；明朝南京的平民，從牙縫裡擠錢的小家庭，只要住處臨街，還是要把房子疊起來蓋。所以說，住樓與否，也不證明貧富。

翻開《二十四史》，南北朝時「俚獠」才住樓，隋唐時「平獠」才住樓。「俚獠」和「平獠」，是指南方的少數民族，事實上，人家住樓主要是圖個通風、隔潮、避瘴氣。漢族人也建樓，住的人卻很少，只用來登高望遠，用於軍事防禦，用來做景觀藝術，用來供奉神佛或者象徵什麼。偶爾有幾個愛住樓的傢伙，像陶弘景，像謝玄，都被當作名士。換言之，是標新立異，是新新人類。

可是，忽然之間，一股拆房建樓的風就颳起來了，樓房作為民居開始被廣大市民所認可。其時間是南宋，地點是杭州。

起因很簡單：北宋滅亡之後，皇族和難民接連不斷地湧進杭州城，使得當地人口劇增，從五十萬很快飆升到一百五十萬，城區以內每平方公里要擠三萬人。這個人口密度，超過今天的紐約、倫敦、巴黎和東京，和上海基本持平。人口如此稠密，再貼著地皮發展肯定是不行的了，於是在城區外擴的同時，住宅也逐漸往高處生長，城市居民正式開始了樓居生活。

十四世紀早期，義大利傳教士鄂多里克經過泉州、杭州，又來到元朝的大都，發現這些城市到處是八到十層的高樓，每一層都住著一戶居民。鄂多里克肯定是誇大了，然而有一點必定可信：繼南宋以後，元代的城市居民也過上了樓居生活，就像《水滸》裡宋江、武大郎他們一樣，就像今天的我們一樣。

第五章 城居地主

五代時期，後晉軍閥楊光遠起兵山東，攻打青州，青州城從此跟外界隔絕，裡面的商品出不來，外面的糧食進不去，城裡居民餓了肚子。其中有位孫先生，家裡糧食不少，卻都放在鄉下，一粒也捏不到。眼瞅著老婆孩子餓得直哭，孫先生急得團團轉。怎麼才能把糧食運進城呢？孫先生思來想去，把家裡養的一條狗喊過來，掰著狗耳朵問道：「爾能為我至莊取米乎？」狗點頭搖尾巴。孫先生大喜，拿一隻口袋，寫一封信，交給狗，讓牠從下水道出城，跑到莊上，找到莊頭，交付書信，馱半袋米，仍走下水道，進城返家。如此這般，那狗來回奔波百餘趟，搬運糧食千餘斤，讓孫家老小捱過了圍城的日子，既沒有餓死一個人，也沒有餓死一條狗。

這個故事是宋朝人王辟之講的，白紙黑字，寫在王某巨著《澠水燕談錄》裡面。我的愚見，故事本身未必靠譜，故事反映的社會生活有其真實性。譬如孫先生問那條狗能否「至莊取米」，就反映了這樣一種社會生活：在過去，有一部分人，戶口在城裡，土地在農村，他們把農村的土地租給莊客（即佃戶）耕種，靠農村的土地維持城市的生活，既是市民，又是地主，經濟史界叫他們「城居地主」。這種人至少有兩套房，城裡一套，叫「宅」；鄉下一套，叫「莊」。

後者一般建在莊稼地裡，用來存放農具和糧食，也可以自住，以及讓莊客們住。

在今天，「莊」這個字主要指村子，例如張家莊、李家莊，一聽就是兩個行政村或者自然村，而絕不會讓人聯想到某個姓張或者姓李的傢伙在莊稼地裡建的兩套房子。在過去則不同，過去的「莊」沒有村子的意思，只指房子和房子周圍的那一大片土地，近似中世紀歐洲封建領主的莊園。《紅樓夢》裡有一回說到黑山村的莊頭烏進孝去寧府交租，還說寧府有八九個莊子。那「黑山村」是村子，「八九個莊子」卻不是，既不是行政村，也不是自然村，連村民小組都不是，只是寧府在遼東和其他地區擁有的八九處莊園。烏進孝號稱「莊頭」，其實既不是村長，也不是村主任，只是寧府某一處莊園的經理人，替寧府監督著廣大佃戶，幫著催租和收租而已。

前面說過，城居地主至少有兩套房，一套宅，一套莊。《紅樓夢》裡賈府眾人屬於城居地主，平時住在宅裡，很少去莊上。也有一些城居地主喜歡去莊上住，把宅租出去。例如清代另一部小說《情夢柝》，其主人公楚卿「把房屋典與同族胡世賞，……得價三百五十兩，自己卻移在莊上，在舊宅住，只同一個家人，一個養娘，一個小廝年紀十五歲，五六口過活。」[1]

注解

1.《情夢柝》第一回。

第六章　元代四種小戶型

一是皮帽屋。

現在流行養車，那時候流行養馬，養車需要車庫，養馬則需要馬廄，元代馬廄跟其他朝代一樣，一般設在宅院外面。馬廄設在外面，馬夫自然也要住在外面。有的馬夫就住在馬廄裡，有的運氣好，可以讓主人在馬廄旁邊另蓋一間人住的，也就是皮帽屋。皮帽屋是小套房，模仿了蒙古包的形狀，用茅草、竹木或者牛皮搭建，留有一出口，裡面有床，有馬桶，沒有廚灶——每天開飯時，馬夫進宅與其他僕人一起進餐，不必給他單設廚灶。

二是地屋。

內蒙正藍旗境內有上都城，元代上都市民的住宅，超過五分之一都是土窨式的，當時叫「地屋」。地屋深有丈許，橫截面或圓或方，頂上撐木條，木條上搭茅草，茅草上覆土，土上還可以種莊稼。屋內有土炕，有廚灶，一般沒有廁所。屋頂與地面相平，中間穿孔，好讓炊煙飄出去。

三是係官房舍。

征服大金和南宋之後，元政府從金國中都、南宋臨安接管了一批房產，後來平定白蓮教，也陸續接管了一些香堂。這類房產歸元政府所有，稱為「係官房舍」，大都分給了公務員。公務員人數很多，係官房舍數量很少，為了盡可能地讓所有官員都有房住，元政府便把一處處係官房舍分隔成小戶型，按級別定量分配，高級公務員多分一些，基層公務員少分一些，中有帷帳做隔斷，象徵性地分成臥室、廚房、客廳和廁所。

四是私宅僦屋。

「僦」是租賃的意思，私宅僦屋就是私人開發、公開出租出售的小型公寓。之所以把它歸入小戶型，是因為元代幾個主要城市內對外出租、出售的民房多屬小開間。參照元人詞曲和文人筆記可以發現，元代大都、杭州、泉州、汴梁幾個大城市內，都分布有窄小陰暗的僦屋。這種戶型占地少，造價低，因此房租也便宜，便於吸引收入不高的軍戶和小販租住，也可供文人和行商作短期的下榻場所。

元代極盛時期，大城市存量土地已經很少，關漢卿〈南呂・一枝花・杭州景〉唱道：「萬餘家樓閣參差，並無半點兒閒田地。」說的是杭州土地稀缺。《元典章》卷一九：「目今百物踴貴，買賣房舍價增數倍。」（卷之五・田宅・房屋・多年宅院難令回贖）說的是北京房價飛漲。土地稀缺，房價飛漲，開發小戶型已經是歷史的必然了。

第七章 那些羞澀的豪宅

北宋立國，趙普功大，宋太祖說：賞趙普一處房吧。於是趙普有了一處房。那處房，前堂後寢，兩側穿廊，合圍一個小小的院子，占地不多，給人的感覺卻很寬敞，而且冬暖夏涼，舒適宜人。我估計，大概就像後來北京的四合院，每天趙普忙完工作，下班回來，站在院子當中，可以打打太極拳，餵餵金魚，挺舒心。

四合院住久了，難免也會心煩。首先，兩側廂房的朝向都不好：東廂房西曬，上午光線昏暗，下午夕陽耀眼；西廂房稍強一些，採光也不及北面正房。趙普自己住正房，可能沒感覺到，幾個兒子住廂房，意見就來了。另外，趙家人口是不斷增加的，丫鬟僕人越來越多，孫子孫女也接二連三地出世，趙府開始變得擁擠起來。

開寶六年（九七三）前後，趙普在西京洛陽蓋了一處房子；太平興國初年（九七六），趙普又在東京開封蓋了另一處房子。兩處房子的格局差不多：單瞧外面，都是竹子圍的柵欄，松枝編的大門，莊戶人家似的；一進門，迎面一大影壁[1]，白灰刷得照人影；繞過影壁，乾乾淨淨三間小廳；穿過小廳，聳立著七間正房，正房兩邊各出廈三間，偏廈兩邊又各有七間廂房；

正房後面是一花園，裡面亭台樓閣，噴泉假山，遍地草皮綠玉一般。

趙普玩這一招兒很絕，可惜趙普不走運，碰上了一個愛揭祕的宋太祖，宋太祖派人調查，發現只是內牆裝潢，就花了一千二百貫，而當時一貫銅錢能買一百五十公斤大米，一千二百貫至少相當於新台幣七百二十萬。所以，太祖很生氣，大罵道：「此老子終是不純！」翻譯成白話就是說，這老傢伙到底不是個好傢伙。

現在明星們一擲千金大買豪宅，是因為有錢；當初趙普一擲千金大建豪宅，也是因為有錢。要知道，宋朝公務員的待遇在歷朝歷代數得上最好，趙普又是公務員裡級別最高的宰相，年薪之豐厚絕不會遜色於某個天王巨星。既然這麼有錢，弄幾套豪宅也是順理成章，為享受也好，為炫耀也罷，為投資也成，不管為了什麼，人家花的是自己的錢，一沒偷，二沒搶，光明正大。所以，宋太祖罵他，多少有些底氣不足。

但趙普本人的底氣似乎也不足，蓋豪宅你就蓋唄，幹嘛還要偷偷摸摸，偽裝成鄉村大院的樣子？有朋友說了，大概是怕廉政署查他收入來源吧？這話或許成立。但我看好另一個解釋：怕公眾罵他騷包。

北宋還有一位名叫宋祁的公務員，也曾大建豪宅，他哥宋庠提醒他說：「你現在這麼窮奢極欲，大概把當年住小屋吃冷飯的往事全忘了吧。」宋祁反問道：「我們當年住小屋吃冷飯是為了什麼？」

宋祁的意思是說，他們當年住小屋吃冷飯，就是為了今天住豪宅。這種想法或許庸俗，但絕對合法。

注解

1 影壁，也稱「照壁」，古稱「蕭牆」，是中國、朝鮮半島、越南、琉球傳統建築中用於遮擋視線的牆壁。屏風的作用與影壁相似，琉球語裡直接把影壁稱為屏風（ヒンプン）。影壁可位於大門內，也可位於大門外，前者稱為「內影壁」，後者稱為「外影壁」。形狀有一字形、八字形等，通常是由磚砌成，由座、身、頂三部分組成。

第八章　大觀園有多大

秦可卿死後，鳳姐受人之託，去寧國府料理喪事。這期間，榮府那邊的大小內務，鳳姐仍然抓著沒有撒手，所以不能在寧府住。如《紅樓夢》第十四回所講：

鳳姐即命彩明定造冊簿。即時傳了來升媳婦，要家口花名冊查看；又限明日一早傳齊家人媳婦進府聽差。大概點了一點數目單冊，問了來升媳婦幾句話，便坐車回家。

鳳姐每天治喪，大體如此。用八個字概括，就是「兩點一線，忙完就閃」。所謂「兩點」，是指寧、榮二府。所謂「一線」，就是寧、榮二府中間那條小胡同。鳳姐往返兩府，該小胡同是必經之地。

小時候缺乏想像能力，以為寧、榮二府就像我家和我三叔家（那也是一東一西，中間隔條小胡同），撒泡尿的工夫，可以來回串門二十八趟。兩府相隔如此之近，王熙鳳居然「坐車回家」，真是除了騷包，都讓人不知說她什麼好了。後來長大了，去的地方多了，才算知道什麼叫大宅門，什麼叫一入侯門深似海，人家賈府之寬廣，之遼闊，根本不是我家和我三叔家可以比擬的。

《紅樓夢》第三回說，從寧府大門到榮府大門，約有「一射之地」，也就是射一箭那麼遠。常人弓箭，一石為準，不順風也不逆風，能射一百五十米，光這一射之地，就夠鳳姐小跑一陣子的了。另外，鳳姐住在榮府正中，出了半大門，轉過粉油大影壁，穿過南北寬夾道，向南穿過榮禧堂、內儀門、南大廳、外儀門、榮府正院，出東角門，才能來到街上。到街上走過那「一射之地」，進入寧府西角門，向北穿過外儀門、寧府大廳、寧府內廳、內儀門，才能來到她的臨時辦公場所。我按《紅樓夢》裡對寧、榮二府的細節描寫，畫了幅千分之一比例的平面圖，在圖上勾出鳳姐治喪期間每天所走的路線，用直尺一量，您猜怎麼著？鳳姐每天往返至少一千五百公尺。換言之，她去寧府串趟門，就要走三里（一里等於五百公尺）遠的路。作為漢軍旗人，鳳姐可能沒有裹腳，但即便如此，讓一個打小嬌生慣養而且一身婦女病還不需要減肥的闊太太每天跑三里路，也挺不人道不是？所以，鳳姐不僅要「坐車回家」，而且要「坐車過去」，曹雪芹安排得合情合理。再比如，《紅樓夢》第四十三回，寧府尤氏來榮府串門，吃完飯辦完事，也是「一徑出來，坐車回家」。尤氏和鳳姐平輩，妯娌二人平日閒談，想必都要坐車的。不為騷包，只因路遠。

忽然心疼起黛玉來了，大觀園裡可沒有車。想當時，黛玉住瀟湘館，寶玉住怡紅院，這對小情侶剛進園子那會兒，每天都是到賈母那裡去吃飯的。寶玉還好，一男的，經摔打。而黛玉，一日三餐，飯前必從瀟湘館出來，繞過假山，步出園門，由王夫人院子後面向西，從鳳姐門前經過，過東西穿堂，進垂花門，來到賈母住處。這一路，單程三百公尺，每天三頓飯，六個單程，足有一千八百公尺。黛玉，你腿痠了嗎？不過，更慘的是寶釵，此女住在園子西北角的蘅蕪苑，去賈母處請安一回，也要走到香汗淋漓。以前我總奇怪寶釵為什麼要選蘅蕪苑那麼偏遠的地方，現在多少有些明白了：她是想減肥啊。

劉姥姥小門小戶出身，對大觀園那樣的高檔會所應該是無比嚮往的，但正如鳳姐所說，大有大的難處。沒去過北京清華園的同學，想像不到去生活區打個水也要坐校園公車，沒在大型社區住過的朋友，想像不到業主們每天還要跟電動車打交道。寶、黛二人是愛侶，瀟湘館和怡紅院離得也最近，我在圖上一量，足足隔了四十丈。這麼遠的距離，如果沒有丫鬟傳話，只能用對山歌的方式來約會啦。那邊黛玉唱：「哎，唱歌要唱花連理哎，栽花要栽呀排對排哎。」這邊寶玉唱：「嗨，妹真有心哥也知哎，奶奶讓咱去吃飯哎。」也算賈府一景。

第九章　左青龍右白虎

有時候，曹雪芹也不靠譜，您聽他掰那榮國府吧，從三間獸頭大門進去，坐北朝南四進大院，中軸線上住的是鳳姐這個孫子媳婦，正經長輩賈母卻被攆到了西廂。賈母倆兒子，襲爵的是賈赦，當大哥的也是賈赦，卻是賈政住了正院，而賈赦屈居一隅，緊挨下人的集體宿舍，以及一排牲口棚。

我不是紅學家，不明白這麼安排有啥用意，只能說：「大概曹雪芹吃錯藥了。」但我重新拜讀了《紅樓夢》，發現人家曹雪芹不僅沒有吃錯藥，而且還是個風水大師。

諸君請看《紅樓夢》第三回。黛玉進了榮國府，來到中軸線上五間正房，在那裡拜見王夫人。據黛玉觀察，那裡叫榮禧堂，本是賈母住處，賈母卻讓給了王夫人，而王夫人「時常居坐宴息，亦不在這正室，只在這正室東邊的三間耳房內」。賈母和王夫人為啥都不住正房呢？這需要從風水角度來解釋。在風水學裡，路是一把刀，陽宅最忌，榮禧堂坐落在榮府中軸線，正對準南北大道，中間一沒有影壁遮擋，二沒有桃木化煞，只有兩道儀門相隔，而儀門又時常洞開，使凶氣滾滾而來，實在危險之至。所以，賈母不敢住，讓給了王夫人，王夫人也不敢住，住進了耳房。整個榮府也只有鳳姐天不怕地不怕，膽敢安家在這條中軸線上，但如您所知，鳳姐付出了代價：年紀輕輕染上一身婦女病，很快就死掉了。給這條中軸做個延長線，您還能發現，連瀟湘館也在沖犯之列。後來黛玉早夭，固然因為體弱多病，風水不好大概也是原因之一，要不然，為啥別人不得肺結核，偏她得了肺結核呢？

大觀園內的年輕業主們，除黛玉瀟湘館犯煞，別的住處大都不錯。元春住過省親別墅，那別墅，三面環水，北有假山，前展華庭鶴宇，後枕荊山翠玉，左邊紫氣浩蕩，右邊水瀉中堂，屬於上上宅。李紈住稻香村，雖然黃泥牆、竹籬笆不那麼雍容華貴，但三面環山，最能藏風納氣，旺丁旺財。賈珠走的是早了些，否則夫妻倆在這裡男耕女織，絕對不止賈蘭一個孩子。

有必要提一下妙玉，該女士住哪裡來著？玉皇廟還是櫳翠庵？按照風水經典《相宅經》的說法，兩處同屬巽位，以陰得陽，百事俱昌。可是，妙玉後來走火入魔，被人劫去，不是做了壓寨夫人就是當了啤酒女郎，實在不像「百事俱昌」的樣子。這個問題最好讓香港人來解釋：櫳翠庵在省親別墅東南側，正對一條弧形甬道的尖端，犯了反弓煞。

似乎怎麼說都有理。

第十章 男人在左，女人在右

結婚典禮，男的站左邊，女的站右邊。術士看相，男的伸左手，女的伸右手。男左女右，約定俗成。

怎麼來的呢？

有人說，都是盤古給鬧的，他老人家開天闢地，自性繁殖，左眼生伏羲，右眼生女媧，伏羲是男，女媧是女，男左女右從這時開始。

又有人說，過去排列座次，以左為尊，以右為卑，因為男尊女卑，所以男左女右。

其實，盤古、伏羲和女媧只是神話，這種神話跟世界上其他所有民族的神話一樣，都是瞎編大於寫實，拿來凝聚人心還可以，真當歷史講就沒人信了。至於過去排列座次，我記得從戰國到明清，一直以右為尊，而不是以左為尊。

所以，這兩種說法都不靠譜。

還有一種說法是這樣的：

戰國時期，人們相信萬物由五行而生。金生金屬，木生植物，水生雨雪，火生石油，土生岩石。人類複雜一些，單獨任何一種元素都不能生成人，所以人是由五種元素一塊兒合成的。凡合成都有配方，百分之六十的金加上百分之十的木、百分之十的水、百分之十的火、百分之十的土，合成百分之百的女人；百分之六十的木加上百分之十的金、百分之十的水、百分之十的火、百分之十的土，合成百分之百的男人。這麼一合成，女人的金性就多一些，男人的木性就多一些，故此女人屬金，男人屬木。

戰國人還認為，五行各有方位，金在西，木在東。男人屬木，所以男人在東；女人屬金，所以女人在西。古人坐北朝南，以東為左，以西為右，所以男左女右。

這種說法也未必可信，但它是我提出來的，所以我希望它可信。可信與否有待驗證，我覺得，風水術似乎可以幫我驗證一回。

中國老早就有風水術，當年周公營洛，拿著日晷選址，算得上是有據可查的第一個風水先生吧？但他只在瀍河兩岸瞎轉悠，連五行都沒考慮，在理論上似乎還不大成熟。幸好戰國以後出了個風水大師，姓王，名綱，道號天門子，把五行那一套天才地融入到了風水術當中。

天門子大師認為，每一處住宅、每一間房屋都可以歸為五行，譬如住宅有五局：金局、木局、水局、火局、土局；房間有五位：金位、木位、水位、火位、土位。好的住宅和好的房間應該在五行上和它的主人相配。比方說，如果一套房子屬於木局，則其業主最好是男人，因為男人屬木；如果一套房子屬於金局，則其業主最好是女人，因為女人屬金。怎樣才能判斷一套房子屬於木局還是屬於金局呢？很簡單，以院落中心為界，左邊（東）是木局，右邊（西）是金局。也就是說，男人住左邊為吉，女人住右邊為吉。還是男左女右。

有朋友說了：男人住左邊，女人住右邊，這還能過夫妻生活嗎？事實上，天門子的意思就是不讓您過夫妻生活。他老人家是獨身主義者，一貫提倡「上士別床，中士異被」，所謂「別床」、「異被」，就是兩口子分居。

第十一章　嵇康的辯術

我要說的這場辯論規模很小，辯方只有兩個人，一個是張遼，另一個是嵇康。

張遼這個人沒什麼名氣，據說生於東漢，死於曹魏，給曹操打過工，做過一任市長。嵇康卻是大紅大紫婦孺皆知，余秋雨老師寫過一篇〈遙遠的絕響〉，誇他是「稀世的學者」、「大藝術家」、「精神開拓者」，他挨刀那天是「中國文化史上最黑暗的日子之一」，有了他是「中國文化的幸運」，失去他是「中國文化的遺憾」，彷彿嵇康真那麼了不起。不過，我讀了嵇康的〈養生論〉、〈管蔡論〉、〈釋私論〉、〈明膽論〉，也沒看出來他有多麼「稀世」的學識，以及怎麼「開拓」了精神。至於說他是「大藝術家」，想必因為他會彈〈廣陵散〉，可我還會唱《鵲橋會》呢，誰要封我「大藝術家」，我非告他誹謗不可。余老師還說，嵇康「完全不理會種種傳世久遠、名目堂皇的教條禮法」，所以是「中國文化史上第一等的可愛人物」。豈不知厭惡禮法正是魏晉上流社會的流行風，當時所有紳士都玩這個，誰不厭惡禮法誰被人瞧不起，嵇康不過是趕潮流罷了。

閒言少敘，言歸那場辯論。如前所述，辯方是張邈、嵇康兩位。他們的辯題，就是風水是否可信。

當時，張邈先發言：「我們家有個豬圈，裡面有五頭豬，昨天來客人，我宰了一頭，現在只剩四頭豬啦。如果住處的風水好壞，能影響業主的命運，那麼五頭豬住在同一個地方，為什麼其中四頭仍然健在，另外一頭卻不幸挨宰了呢？」

嵇康反駁：「風水影響的是人，不是豬，閣下拿豬來舉例，有點兒跑題了吧？」

張邈說：「那咱就說人。當年長平之戰，趙國四十萬降卒同時被活埋；漢獻帝即位的時候，首都幾十萬百姓同時被免稅。難道那四十萬降卒家裡的風水都不好？難道那幾十萬百姓家裡的風水都好？」

嵇康反駁：「一所闊有上百道門的大房子，只關住其中一道門是不能擋住小偷的，人的命運就像那所大房子，風水就是它的一道門，把這道門關嚴了，還有其他許多門敞開著，而即使這道門沒關嚴，小偷也不一定進得去，所以風水好的業主也可能被車撞死，風水不好的業主也可能一生平安，所以幾十萬人遭逢同一種命運並不是風水這一種因素所決定的。例如趙國那些被活埋的傢伙，也許有些人家裡的風水好得不得了，但八字不好，照樣被活埋。」

張邈說：「你少用『可能』、『也許』這些字眼，科學需要嚴密的論證。」

嵇康反駁：「誰說科學領域不歡迎『可能』和『也許』？每一門科學的發展都需要假設，沒有想像力也就沒有科學了，我們不能因為風水學外表有些神祕，因為它在理論上還不夠完善，就斷言風水是迷信，從而扼殺一門科學的誕生。」

嵇康這些話您聽起來肯定非常耳熟，那些寫巨著來論證風水是一門科學的大師們就是他的現代翻版。中國在魏晉就有這麼一位大師，應該是可喜的，一千七百年過去了，大師們的辯術依然沒有進展，則是可悲的，而這種辯術始終有效，也說明了人性中有一些共通而恆久的弱點。

房市觀察要點

◆張邈生於哪一年，難以弄清，正史上說他在曹魏代漢那年去世，說明死於二二〇年，彼時嵇康尚未出生，所以他們兩位是不可能坐在一起辯論的。但是，在嵇康的文集裡收錄有張邈一篇文章，叫〈宅無吉凶攝生論〉，論證風水怎樣不可信，這篇文章下面就是嵇康的〈難宅無吉凶攝生論〉，意思是對〈宅無吉凶攝生論〉的批判。本文中嵇、張兩位針鋒相對的談話內容，就是分別取自他們的文章。

風水扯淡

張邈：豬圈裡五頭豬只死了一頭，牠們住扗一起，可見不是風水的緣故！

嵇康：風水影響的是人，不是豬，閣下拿豬來舉例，未免扯太遠了？

貓頭鷹印

第十二章　住在木桶裡

在埃及，在印度，在地中海，馬其頓國王亞歷山大精心打造他的宮殿，這時候，古希臘哲學家第歐根尼住在木桶裡。

那是一個很大的木桶，足有九英尺高，直徑六英尺，第歐根尼白天在外面閒逛，睏了就爬進去，蓋上桶蓋，睡覺。

他不上班，也不能算是自由職業者，因為他從來不工作。靠什麼吃飯呢？他乞討。一隻盛飯的口袋，一隻盛水的杯子，靠著這兩件法寶，他可以在希臘任何一個城邦裡吃喝不愁。他沒有衣服，菜市場裡丟棄的麻袋都是他的衣服，他隨便挑，穿厭了再換，天冷就穿兩件，套一隻麻袋，再套一隻麻袋。對了，他還有一根木棍，用來打狗，這位號稱犬儒學派的代表，卻怕狗。不過，他學問是好的，而且名氣很大，以至於有一天，連亞歷山大都來拜訪他了。

亞歷山大和第歐根尼會晤的場面是這樣的：一個站在木桶外面，一個坐在木桶裡面，他們就這樣探討人生。倒不是第歐根尼不好客，他曾禮貌地邀請國王共用他的木桶，但亞歷山大不情願進去。說實在的，那木桶住一個人還算寬敞，兩人都進去就顯得空間不夠。鑑於此，他們談的第一個問題就是關於住所的。

亞歷山大問：「您幹嘛不離開木桶，給自己弄套房子呢？」

第歐根尼說：「生活在北歐的獵人，頭上、肩上套著皮囊，就可以一夜又一夜地睡在雪地上。生活在中亞牧人，在地上挖個方方正正的地窖，上面蓋上木板，也能世世代代住下去。一個好的住所，只要能避風，能擋雨，必要的時候能遮羞，就足夠了，我的木桶就是這樣一個住所，幹嘛還要再弄一套房子呢？」

亞歷山大說：「可是，木桶沒有房子住著舒服啊。」

第歐根尼說：「我承認住房子比住木桶要舒服，但木桶隨處都能找到，房子卻需要花錢。為了掙到房錢，你不得不花去半生的時間、精力甚至健康，這種用許多種不舒服來換一種舒服的買賣我是不會做的。」

我一直猜想，古希臘的房價大概和今天一樣高，以至於為了弄套房子，普通人必須耗掉半生的時間和精力。我還有理由猜測，第歐根尼可能就是被希臘城邦集體飆升而且越來越離譜的房價給激怒了，才決定放棄沉悶無聊的工作和遙不可及的房子，躲進一隻木桶尋找逍遙。

第歐根尼很逍遙。在那隻木桶裡，他可以隨心所欲地睡大覺，也可以長夜漫漫坐而不寐，他可以把蓋子合上做夢，也可以開著天窗看星星，他起身出外，不會有人催繳物業費，也不會有大房東、二房東攔住他要房租，而多少人為了住一隻更大更宏偉的木桶，一直忙活到老死，也不知道是他們占有了房子，還是房子占有了他們。

第歐根尼也不逍遙。第一，木桶確實沒有房子舒服，如果有位大好人，比如亞歷山大，把他的房子過戶給第歐根尼，而且不要一分錢，我猜第歐根尼會毫不猶豫地離開木桶，奔向房子。第二，住木桶不用花錢，卻需要付出一些精神上的代價：被別人瞧不起。或許第歐根尼超凡脫俗，不怕別人瞧不起，可是絕大多數人都怕，所以第歐根尼的做法值得欣賞，卻很難模仿。

可以模仿的是另外一位，此人名叫呂徽之，南宋時期生活在杭州。當時杭州房價太高，又沒有經濟適用房，即使有，排號排到二十一世紀也未必能輪到呂徽之頭上，所以他忍無可忍，帶著老婆喬遷山林。若干年後，呂先生的朋友聽說他在某處隱居，就去找他，結果搜遍山林，寂無人跡，最後只發現一隻木桶，桶裡還有人說話，掀開桶蓋，一個是呂先生，一個是呂太太。

如果不是被朋友發現，呂氏夫婦就是在桶裡住一輩子，也不會被別人看不起。這個故事的教訓是，當您受不了高房價，發誓要住木桶的時候，一定要選人跡罕至的地方。可是，現而今哪還有人跡罕至的地方？

第十三章 隔牆有耳

清朝有本志怪小說，叫《夜雨秋燈錄》，文筆遠不如《聊齋》洗練，不過取材瑣細，極貼近民間生活，頗值一讀。我有幸翻過其續集，在第七卷瞧見這麼一段：

萊陽之野有陳非平者，幼習農，與兄嫂同居。兄賈於外郡，嫂孕而在室。……田家無燈，室中漆黑，因自掩扉就東壁土炕上宿。嫂聞叔回，即摸索掩房闥，隔牆與叔談家事。

說的大約是康熙年間（一六二二—一七二二），山東萊陽一陳姓小伙，沒成家，跟哥嫂住一塊兒，哥哥出門經商，他在家務農，白天下地幹活，晚上回家休息，嫂子睡西屋，他睡東屋，中間隔道牆，彼此還能交談。

在今天無論哪個社區，無論什麼戶型，無論三室一廳還是四室兩廳，把這位小陳和他嫂子分別安排到相鄰的兩間臥室裡，然後把門關嚴，讓他們再說說話，恐怕就不大現實了——根本聽不見嘛。或許扯嗓子喊幾聲還能聽見，但那不是說話，而是對歌了。

在清朝怎麼就聽得見呢？我想大概是因為牆不一樣。現在的室內牆是貨真價實的牆，夾氣磚或石膏板，從地面到天花板嚴絲合縫，隔音效果好；清朝的室內牆一般都不是牆，而是屏風、隔扇、葦壁和木板，不但薄，而且有縫隙，不但有縫隙，而且上不封頂，所以只能遮光，不能隔音。這種牆我們農村老家就有，是用高粱稈編的，中間空隙很大，這邊打扇子，那邊也有風，俗稱「夾箔籬笆」。小時候，我睡夾箔籬笆東邊，父母睡夾箔籬笆西邊，半夜騰的一聲，我掉炕了，父母聞聲而至，可見隔音效果之差。

還有一個場景，忘了是在哪本書上見的了，說在某朝某代，浙江杭州住了一對老夫妻，其中一位做了個夢，早晨醒來對老伴講，那個夢如何如何，還沒講完，隔壁鄰居就大罵起來：「大清早的，還讓不讓人活了！」當時浙江人忌諱頗多，認為聽別人說夢是很不吉利的，所以那鄰居發火也不奇怪。奇怪的是，老兩口說個私房話，隔壁就能聽見，恐怕兩家之間那道牆也不隔音吧。

室內牆不隔音，可以解釋為有名無實，戶間牆也不隔音，就不能說人家也是屏風隔扇葦壁木板或者夾箔籬笆了。科學的態度，還得從結構上找原因：過去的戶間牆多屬黃土夯築，或者土坯乾打壘，至多用上水磨磚，一般都是實心，沒有夾層，裡面不填玻璃纖維毯，外面也不貼保麗龍，所以隔音效果差也是理所當然的。

室內室外的牆都不隔音，古人住宅的私密性就要大打折扣。對此還有個場景做注腳，就是《水滸傳》裡潘巧雲跟和尚偷情，當夜完事後睡得正香，忽聽得巷子裡木魚聲響，於是一起驚醒，那和尚披衣起來道：「我去也。」爬起來就走。

據說聲音和光線一樣是可逆的，既然他們在臥室裡睡覺，還能聽見巷子裡敲木魚，那麼別人在巷子裡敲木魚，也未必不能聽到他們在臥室裡睡覺。他們要想不讓左鄰右舍聽見，就必須讓偷情時發出的聲音在分貝上小於敲木魚的聲音。這說起來容易，做起來有些難。

第十四章　演A片的貓和當搬運工的狗

明朝初年，朱元璋出於破四舊的心理，把蒙古人留下來的春宮畫和歡喜佛掃進了歷史的垃圾堆，本來這些東西在宮廷裡負有重任：未成年的皇子經常把玩，可以從中領悟到男女之間那些事兒。朱元璋這一破四舊，就讓教材沒了，怎樣對後世子孫進行教育成了問題——現場觀摩是不行的，那不道德；直接實習也不行，皇子們都還小。在這個危急關頭，小貓咪粉墨登場，當起了活教材。據一個綽號叫抱陽生的人講，明代宮廷裡建有貓房，「專為子孫生長深宮，恐不知人道，誤生育繼嗣之事，使見貓之牝牡相逐，感發其生機」。由此可以想見，每年冬去春來，貓兒發情，就會有太監帶一幫龍子鳳孫，站在貓房之外，隔著窗戶看稀罕。

再說狗當搬運工的事兒。在〈城居地主〉中，有說過五代時期，孫家遭遇圍城事件，幸得家犬運送大米，才免得餓死。

坦白講，貓演A片可能是真的，狗當搬運工有些不可信。不過，咱也沒有瞎編，這個故事是宋朝人王辟之講的，寫在王某巨著《澠水燕談錄》裡面，白紙黑字。而且據我的愚見，狗這傢伙智商很高，除了不會讀書寫字看文章，別的啥都懂。現在的狗可以幫警察破案，可以給盲人帶路，五代的狗就不可以當一回搬運工嗎？所以，這件事雖然離譜，卻不是沒有發生的可能。

作為一篇文章，不能講兩個故事算完，還要有個主題，這篇文章的主題就是寵物工具主義。比方說，在朱氏王朝，小貓是寵物，也是活教材；在孫先生家裡，小狗是寵物，也是搬運工。再比方說，我隔壁王大爺多年胃潰瘍，懷裡常抱一兔子，據說這叫「暖胃」。在王大爺那裡，兔子是寵物，也是暖水袋。中國人養寵物就是這樣注重實用性，哪怕圖個緩解寂寞啦、交流感情啦、比較好玩啦、培養愛心啦，那也是赤裸裸的工具心理：不管怎麼養，就是要發揮寵物的某種用途，就像字典裡不管什麼動物都要提到「肉可以吃」一樣。

最後再舉個例子。還是明朝，著名文學家張岱的爺爺張汝霖，愛養一種倒掛鳥，每天睡前，張老先生都要把牠放熏籠上焐一陣子。夜裡該鳥展翅倒掛，香味兒從羽毛裡散發出來，滿室皆春。這時候，寵物又是香水瓶。

第十五章　我的廁所我做主

我們的廁所是越來越乾淨，也越來越私密了。以前是露天的，蹲式的，人工去淘的，現在進化成封裝的，坐式的，自動沖水的。以前是大排檔，許多住戶共用一所，現在化整為零，悄無聲息地隱身在獨門獨戶。這個進程不長，也就是幾十年而已，但這幾十年濃縮了幾千年的時光，將人類曾經的廁所文明又重新演繹一遍。

明代以前的廁所，「大排檔」比較多，像現在極少數還沒進化的廁所一樣，也是露天的，蹲式的，人工去淘的。十字街口一角落，四方圍牆，臨街一面轉角開口，長長的土坑，寬有兩尺，橫搭幾根石條，兩腳各踩一根，就那麼解決問題。上面沒頂，雨天很滑，容易掉下去，唐人筆記常常提到某人如廁淹死，應該不是瞎編。入明以後，公共廁所一下子少了許多，幾個大城市像北京、南京，跑遍全城也找不到幾個，像今天一樣，它們化整為零，化公開為私密，爭先恐後進了小家庭。它們不再以廁所的老面孔亮相，而是變身為小隔間，或者更加縮微一些，變成床底下的那隻紅漆馬桶。那些四世同堂的大宅院，以及官府衙門，仍然保留了廁所，但只供公僕，也就是男性的下人使用，丫鬟婆子和正經業主是只跟馬桶打交道的。《金瓶梅》第八十三回，秋菊去院子裡方便，被春梅罵道：「成精奴才，屋裡放著馬子，尿不是！」秋菊說：「我不知馬子在屋裡。」馬子就是馬桶，春梅要求秋菊用馬桶，不只是怕開門走漏風聲，也是規矩。嘉靖年間（一五二二－一五六六），海瑞到淳安（浙江省杭州市西南部）做官，也曾帶隻馬桶過去。淳安縣衙裡當然有廁所，但海大人怎麼能親自上廁所，顯得多低級啊。

曹雪芹是清代人，大戶人家出身，早年應該專跟馬桶打交道的，假若《紅樓夢》是他自敘之作，那麼這位曹公子住在大觀園的時候，他本人以及一幫大小姐，每人屋裡都少不了一隻馬桶。其馬桶必定鑲金嵌銀，個頭超大，擺在小隔間裡，只要加上自動抽水功能，就是一乾濕分離的私人衛生間。平日聚餐或者聯詩，一時尿急，就儀態萬方地拎起小坤包，含笑起身，雍容華貴地說：「對不起，我去下洗手間。」然後走進小隔間，搬出馬桶，鴉雀無聲地小解。

等級觀念體現在大小便上，就是公共廁所低級，而私人衛生間高級，在明、清兩代，這種由衛生品質引發的用具歧視，就跟由膚色而引發的種族歧視一樣普遍。還記得著名的基層勞動者劉姥姥要在大觀園裡就地方便，被眾人喝止住了，讓她去東北角上廁所。劉姥姥去廁所的路上，要經過探春的秋爽齋、惜春的暖香塢和寶釵的蘅蕪苑，這三位不管是誰貢獻出自己的馬桶，都能幫劉姥姥解決問題，但她們就是不願意。第一，她們對劉姥姥有歧視，覺得農民不配用衛生間；第二，眾所周知，衛生間具有排他性。

第十六章　當馬桶代替廁所

關於明朝的房子，文人謝肇淛是這麼說的：「南方無茅屋，北方無溷圊。」溷圊就是廁所，北方無溷圊，意思是說北方沒廁所。這話聽起來嚇人，俗話說人有三急，沒廁所讓人去哪裡解決問題嘛！

謝肇淛的話說得太絕對，不過也接近事實。明朝初期某郡王建房，前廳房五間，後廳房五間，米倉三間，馬廄三間，什麼都建了，偏偏沒建廁所。如果說這位郡王把廁所給忘了，那麼弘治年間（一四八八－一五〇五）另一位王公建房，門樓四十六座，牆門七十八處，水井十六眼，廚房近百間，同樣沒建廁所，不可能倆王爺一對糊塗蛋。除了王公大臣，市民們建房也有把廁所省略掉的，明代小說《禪真後史》描述一市民住宅，「四間側屋，中間五間彩畫高樓，隨後腰牆內又是五間大廳，前後共有十餘進高堂廣廈……。屋後有一片大園」（三十三回），也是萬事俱備，只欠廁所。該市民姓黨，是個大老闆，要說他建不起廁所，自然說不過去。

把歷史的指標往前撥，宋元時代的許多市民都住小套房，房小屋又窄，只好一家老小用馬桶，圖個節省建築面積，而官員和富人家裡還是要建廁所的。到明朝卻移風易俗，明明有地方建廁所的人家，也跟平頭百姓學起來，紛紛拋棄了廁所，而與馬桶打成一片，這是個什麼道理呢？在農村生活過的朋友都知道，廁所不像抽水馬桶那麼人性化，每用一段時間你就得淘它，而淘廁所是很不友好的工作，即使讓別人去淘，也免不了噁心幾天。古代的馬桶雖然沒有抽水功能，卻能隨時倒掉，既省了淘廁，又不用聞異味。於是聰明的明朝人就不建廁所，即使有廁所也要用馬桶。比如說，上一章提到的明朝有名的清官海瑞，他去南方當縣令時，專門帶去一個馬桶，縣衙裡有廁所，但那是給皂隸這些下等人用的，海瑞才不跟廁所打交道。

清朝也保持了這個良好傳統，這個傳統使得明、清兩代愛好清潔的人士終於擁有了清潔。然而，如前所述，古代的馬桶沒有抽水功能，積存的內容仍然需要清理。皇宮裡的馬桶可以讓太監們一直運到皇莊附近的化糞池，在那裡變成肥料；市民家的馬桶誰來清理呢？一般來說，有從城郊來的收糞工，收糞工趕著騾車，騾車上架著糞桶，每天一趟，把各家各戶馬桶裡的東西運走。怕的就是哪天收糞工感冒了沒來上班，就有那愛省事的市民，早起推開窗戶，很敏捷地一倒。您能想像得到，明、清兩代的晨練者應該都是打著傘跑步的，這樣可以避免中獎。您還能想像得到，不幸中頭彩的朋友要衝上來理論理論，這也沒辦法，古往今來，誰沒往樓下倒過東西啊?!

第十七章　李赤的坐便器

王小波寫過一篇很有趣的雜文，題目叫做〈極端體驗〉，裡面提到唐朝的一位李赤先生，說他跟朋友們出城郊遊，中途兩次去廁所，都掉進了糞缸裡，而這既不是因為失足，也不是因為有人惡作劇，而是李赤自己發神經，主動往糞缸裡跳的。對此王小波解釋道：「有些人秉性特殊，尋常生活不能讓他們滿足，他們需要某種極端體驗，李赤就有這種嗜好。」

王小波還說，李赤的故事在唐朝流傳甚廣，像柳宗元的〈李赤傳〉，段成式的《酉陽雜俎》，都提到了李赤跳糞缸或跳茅坑，但都無法解釋他為什麼要跳。

其實，不是這樣的。我翻過一些唐人筆記，的確在柳宗元、段成式等人的著作裡見到了李赤，該李赤也確如王小波所說，兩次跳入糞缸，但他這樣做可不是為了極端體驗，而是因為撞鬼了。換言之，唐人著作已經對李赤跳糞缸的反常行為做了解釋，而不是無法解釋。當然，我也能理解王小波，他是搞文學創作的，不是搞學術研究的，故意說唐朝人無法解釋，是為了順理成章地寫出他自己的解釋。如果需要的話，他甚至可以把李赤寫成女人，把李赤跳的糞缸寫成游泳池，這在文學上都無可厚非。

跟王小波的文章相比，我這篇文章離文學太遠，所以我不會對素材做任何加工，只希望能夠盡可能接近真實地還原古人生活。

現在說說李赤是怎麼撞鬼的。

柳宗元的〈李赤傳〉中寫道：李赤跟朋友出去旅遊，晚上住進某招待所，被一女鬼迷住，那女鬼把李赤誘進公廁，讓他往糞缸裡跳，李赤還真要跳進去——他已被女鬼弄得五迷三道，別人瞧著是糞缸，他瞧著卻是美女。幸好朋友來得及時，把李赤拽住了。第二天晚上，李赤又被女鬼誘進廁所，一頭扎進糞缸裡，但很快被朋友拉了出來，李赤卻不領情，大罵人家誤了他的好事。第三天晚上，李赤最後一次跳入糞缸，朋友們聽到動靜，在外面砸門，發現門已被李赤用「廁床」頂住了……

故事的結局不必細說，自然是李赤死在了糞缸裡。

上述故事讓人感興趣的不只是情節，還有裡面的一件道具。如前所述，李赤為了不讓朋友再誤他的「好事」，最後一次跳糞缸前用「廁床」頂住了門。廁床是什麼東西呢?形狀很簡單，一木板，帶靠背，下面四條腿，狀如椅子。但椅子沒窟窿，廁床上面卻要挖一窟窿，其大小剛好容得下人的臀部，而又不至於讓人漏下去。把現在馬桶的下半部分去掉，底下安四條腿，上面再加一靠背，然後拿到唐朝，就是一正宗的廁床。事實上唐朝人就是拿它當馬桶用的，平時進廁所，把這玩意兒往便池上一架，坐著方便，挺舒服。

眾所周知，現在的馬桶分蹲式、坐式兩種，後者又叫歐式馬桶，看似咱們過去方便一直蹲著，後來才從老外那裡引進了坐式馬桶，才學會了更加文明、更加人性化的方便方式。其實，在唐朝乃至更早的時代，坐著方便一直是中國人的習慣，至少是部分中國人的習慣。

譬如南北朝有樂府詩：「捨轡下雕輅，更衣奉玉床。」其中「更衣」是方便的雅稱，「玉床」就是指製作精美的廁床。

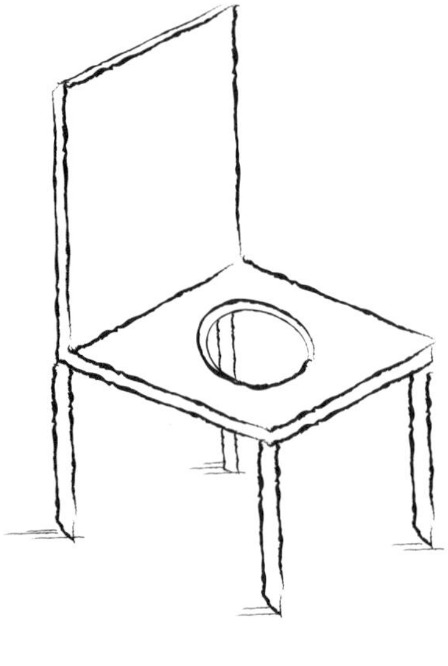

第十八章 墨子的衛生間

戰國時代的廁所究竟長什麼樣子，我沒見過考古實物，不敢妄言，卻有幸聽戰國學者墨子說過他理想中的廁所。

墨子說，廁所主要可分兩種，一種士兵用的，一種平民用的，前者要建在城牆之上，後者要建在大路旁邊。

城牆上怎麼建廁所呢？墨子說，用幾塊木板，做成大木桶的形狀，桶底挖孔，懸出城外，就是一衛生間，然後在城下相應的位置挖一便池。也就是說，衛生間和便池是分離的，衛生間在半空，便池在地下，上下呼應，不差毫釐，從衛生間的排便孔出發，向地面做一垂線，其垂足應該剛好落在便池的中心。

戰國時代當然還沒有衛生間、便池這些概念，墨子把上面的衛生間叫做「廁」，把下面的便池叫做「圂」，便池四周還有牆，叫做「垣」。可以想見的是，當時士兵內急，必將登上城牆，走進「廁」裡，然後不消一袋煙工夫，城下就會傳來遙遠而沉悶的聲響，說明正有東西落入「圂」

中，那東西還可能濺在「垣」上。這種排便方式很容易讓我們想到藏區生活，以及鳳凰（湖南西部的湘西土家族苗族自治州）的吊腳樓[1]。

平民的廁所沒這麼複雜，只須在平地挖一大坑，坑上每隔一步架一橫木。另外其四周也要築牆，也就是墨子說的「垣」。按照要求，這「垣」必須築到十二尺那麼高。

我們知道，戰國每尺約有二十三公分，十二尺將近兩點八公尺，如果單為遮蔽視線的話，似乎沒必要把牆築這麼高。我猜測這樣做是為了安全，例如不讓到處亂跑的小孩子和夜間走路的成年人掉進去。

對古代沒有了解的朋友不會明白廁所的危險性，事實上，過去建廁所一般都會挖很深的沉澱池，為了減少占地而增加容積，古人還都喜歡把沉澱池的四壁挖得很陡，這樣一旦有人掉進去，再想爬出來勢比登天。《周公解夢》裡有句話：「落廁，出吉，不出凶。」意思是掉進廁所之後，能爬出來當然很吉利，爬不出來就玩完了。非常之寫實。

我手頭還有個很典型的事例，說的是晚明大俠顧玉川行走江湖，曾經在江蘇常州某驛站打尖，結果連人帶坐騎（一匹駱駝）雙雙掉進該驛站的廁所裡。虧得顧大俠身手不凡，一個鷂子翻身就蹦了出來，而那匹駱駝不會武功，終於喪命於萬惡的沉澱池。連駱駝都能掉進去，您且想像一下這廁所的沉澱池該有多大。

這件事原載於《明代軼聞》卷五的「異人錄」，原作者寫到駱駝喪命就不寫了，我想後面還該有續集，最起碼顧玉川會找驛站索賠，如果驛站不願賠錢，就到法院起訴，因為驛站並沒在廁所的醒目位置設立警示標誌。

有鑑於此，墨子設計的廁所外面還要刷上一條標語：

廁所有風險，入廁須謹慎。

注解

1 吊腳樓，也叫「吊樓子」，多見於湘西、鄂西、四川、重慶、貴州等地區少數民族傳統民居。吊腳樓多依山就勢而建，屬於一種半干欄式木質建築。一般分上下兩層，上層通風、乾燥、防潮作為居室；下層是豬牛欄圈或用來堆放雜物。

第十九章　合作取暖

小時候在農村上學，條件很差，沒有自來水，也不通電，舉凡城裡學校有的，我們那兒都缺，像電燈啦、電話啦、風扇啦、空調啦、投影機啦，統統沒有，更加沒有暖氣。夜裡上自習，每個教室都要掛上汽燈，那種燈燒汽油，又白又亮，晃人眼，還發出嗤嗤的聲響，既像溫泉噴水，又像瓦斯漏氣。教室蓋得也簡陋，牆是土坯，屋頂是石棉瓦，幾根柳木棍並排一釘就是門板，縫隙大得可以鑽進一個人去，前後兩排窗戶，都有窗櫺，都沒有玻璃。在這種教室裡上課，夏天還好，穿堂風橫衝直撞，屋裡比屋外還涼快；冬天就慘了，全班二十四名學生，個個凍得小臉發紫，小手流膿，邊上課邊不停地跺腳，撲通撲通，撲通撲通，一股股塵土飄揚起來。

為了取暖，我們班主任從家裡拎來一爐子，用木頭生著了，放在教室中間，屋裡頓時春意盎然，溫馨無限。就在這盎然的春意和無限的溫馨當中，我們班主任給我們開了個班會，號召全班同學捐煤球。我們班主任說，學校資金有限，不可能給我們的爐子供應煤球，為了保證同學們以後不再受凍，我們必須自己努力，搞些煤球過來，俗話說：「眾人拾柴火焰高。」團結起來力量大，我們要想搞到更多的煤球，只靠一個人、兩個人是不行的，也是不公平的，最好大家都從家裡拿幾塊煤球過來。我們班主任還說，咱們不搞平均主義，以後要按各人捐煤球的多少來安排座位，捐煤球最多的同學可以坐在爐子旁邊，少捐或者不捐煤球的同學只能坐在門窗附近。

或許您會認為我們班主任這個辦法太勢利，但那年冬天，我們的爐子一直火光熊熊，我們的教室一直溫暖如春。在學期末的數學試卷上，我們班主任還出了一道別開生面的應用題：

今有小明、小芳、小紅、小亮四人，共用一個火爐取暖，小明捐煤球二十塊，小芳捐煤球三十塊，小紅捐煤球四十塊，小亮捐煤球五十塊，假設他們按照捐獻煤球的多少來安排座位，已知小芳的座位離火爐一米，請問小明、小紅、小亮三人的座位離火爐各有多遠？

長大後，來城裡念書，教室裡都有暖氣，冬天上課再不受凍了，卻常常懷念起全班學生合作取暖的日子。再後來，念了大學，進圖書館翻書，在宋初文人筆記中讀到一段，也是關於合作取暖的：

廬山白鹿洞，游士輻輳，每冬寒，醵金市烏薪為禦冬備，號「黑金社」。[1]

說的是五代時期，一幫書生在江西白鹿洞書院求學，每到冬天來臨，都要集資買炭。倒跟我們當年全班同學捐煤球生爐子相彷。

據說白鹿洞書院開設有《演算法統宗》課程，近似現在的數學，料想其歲末試卷上，也會來這麼一道應用題：

今有元、亨、利、貞四人，醵金買炭，以備冬寒，元出銀二十錢，亨出銀三十錢，利出銀四十錢，貞出銀五十錢，伊以出資為據，置酒設座，已知元距爐五步，問亨、利、貞三人各距爐遠近？

注解

1. 參見陶穀《清異錄》卷下，器具門・黑金社。

第二十章　和尚不出家

佛教來到中國，最初也算是外來文化，對於外來文化，咱們一貫的方針就是「選擇性吸收」。具體說，就是你有什麼規定，我盡可能遵守，實在遵守不了，咱就變通變通。

例如《梵網經》規定僧人不能喝酒，也不准觸摸酒器，甚至不准碰到醉酒的人，否則就不能成佛，而且轉世投胎五百世，世世無手。可是，中土僧人聰明地創造了「素酒」這個概念，無論居士還是比丘，固然仍要守酒戒，但在忍不住的時候，也可以喝點兒素酒，就是那種發酵時間短的酒。拿啤酒做比方，素酒是做好就喝的生啤和扎啤，熟酒是經過高溫殺菌的熟啤和乾啤，中土佛教接納了生啤和扎啤，拒絕了熟啤和乾啤。事實上都是酒，喝高了都會有「十過」，都會有「三十五失」。

再比如《四分律》規定僧人不能擁有私產，也不能直接跟錢財打交道，更加不能娶妻生子。可是，中土僧人不但可以擁有私產，還可以不經過任何代理人而直接經營寺廟不動產，某些寺院甚至允許僧人脫離集體生活，安居於自己的俗世小家庭。

這種情形主要出現在隋唐時期的敦煌。

譬如一份敦煌文獻上寫道：

押衙馬通達，……先為國征行，久在邊塞，今歲伏蒙大夫威感，得達家鄉。……伏緣當家兄弟子侄數多，居住舍屋窄狹，今有亡僧宋友友絕戶舍屋窄小一驅〔區〕，伏望大夫仁恩裁下，特賜居住，已後不令親眷諸人恡護侵奪。伏請處分。[1]

這是一軍官向上級提交的分房申請，該軍官原來在前線駐防，後來復員回家，沒地方住，而他們家附近剛好有一處房子，原屬僧人宋友友，現在宋友友死了，沒人繼承這處房產，所以該軍官希望上級做主，把宋友友的房子劃到他的名下。

另有一份敦煌文獻上寫道：

釋門法律慶深，……祖葉〔業〕教〔較〕少，居止不寬，於儒風坊巷內張祐子陰〔院〕中，有張清奴絕嗣舍兩□〔間〕。今慶深於官納價訖，伏恐後時再有攪撓〔攪擾〕，特乞臺造判印憑由。[2]

「釋門」自然是指佛門，「法律」應該是當時寺院內負責監督戒律執行情況的僧官，此僧官雖然未必有武俠小說裡少林寺戒律院首座那麼威，至少也要相當於戒律院裡一名執法僧人。

從上述文獻可以得知，這位慶深大師平日不住寺院，而是住在寺院以外的「祖業」裡，他還嫌祖傳的房舍太小，又買了兩間。

僧人住在俗家的現象在敦煌以外地區也有記載，當年日本僧人圓仁入唐求法，曾在北海參觀一寺廟，發現「寺中十二來僧，盡在俗家，寺內有典座僧一人」[3]。這說明至少在唐朝，僧人在寺外居住或者購置房產並非個別現象。

注解

1.〈押衙馬通達狀〉，引自唐耕耦等《敦煌社會經濟文獻真跡釋錄》第四輯。
2.〈納價購民房牒〉。
3.《入唐求法巡禮行紀・開成五年三月十九日》。

第二十一章　駙馬爺上夜班

南北朝時，有位江斆江公子，文采出眾，武藝超群，長得也頗有魅力，遠邁潘岳、嵇康，近蓋潤發、杰倫，用當時的話講，簡直是「龍章鳳姿，翩然若仙」。江公子條件這麼好，自然有不少姑娘追他，而且全是名門淑女、大家閨秀，譬如司徒的女兒啦、司空的妹妹啦、司馬的小姨子啦，等等，多得成群結隊，可以組成一個連。在這幫娘子軍當中，地位最高的當數臨汝公主，因為她是當時最高領袖宋孝武帝的女兒。但江斆偏偏對她不感興趣，還寫了一份辭婚書，很嚴肅地拒絕了公主的求婚。

辭婚書是這麼寫的：

伏承詔旨，當以臨汝公主降嬪，榮出望表，恩加典外。顧審輶蔽，伏用憂惶。臣寒門顇族，人凡質陋，閭閻有對，本隔天姻。

意思是能得到公主垂青，當然感到很榮幸，只是俺地位不高，家境不好，不配跟公主結為連理。

講完了這些套話，江斆才說出拒婚的真正理由：

自晉氏以來，配上王姬者，雖累經美胄，亟有名才，至如王敦懾氣，桓溫斂威……，王偃無仲都之質，而倮露於北階，何瑀闕龍工之姿，而投軀於深井……。數人者，非無才意，而勢屈於崇貴，事隔於聞覽，吞悲茹氣，無所逃訴。

江斆是說，自從西晉以後，娶公主的傢伙都沒得到好下場，像王敦、桓溫、王偃、何瑀等人，都是我行我素不拘小節的主兒，就因為做了駙馬爺，而在公主面前低聲下氣，做小伏低，受盡精神上的折磨，其中何瑀甚至還被公主欺負得跳井自殺。前車之鑑不遠，我江斆豈能再走他們的老路？

江斆還說，即使臨汝公主您品格高尚，不隨便欺負男人，我也不願意做駙馬，因為做駙馬太辛苦、太不自由了：

出入之宜，繁省難表……，召必以三晡為期，遣必以日出為限，夕不見晚魄，朝不識曙星，至於夜步月而弄琴，晝拱袂而披卷，一生之內，與此長乖。

什麼意思呢？原來從東漢到南朝，公主成親後都不去婆家，而是像招女婿那樣，讓駙馬到公主府邸來住。按照南朝常例，駙馬每天傍晚（三晡）必須到公主府報到，第二天一早（日出）又必須馬上離開，直至公主亡故或駙馬死掉或者皇帝讓他們離異之前，這種日子都要一直堅持下去，以致駙馬們不得不把白天當晚上，把晚上當白天，完全打亂了生物鐘。

所以，在辭婚書的末尾，江斅懇請宋孝武帝出面取消這樁婚事，如果皇帝不開恩，他將「刊膚剪髮，投山竄海」，弄到以死相脅了。

第二十二章　伏藏：古人的藏寶處

過去沒銀行，也缺乏其他可以信賴的金融組織，人們有積蓄，存入錢莊的少，埋進地下的多。比如《三言》、《二拍》裡面諸多傳奇故事，常常講到一些土財主埋金於舊宅或者藏寶於菜地，後來被他們善良但貧窮的孝子賢孫幸運地挖到。梁羽生寫《萍蹤俠影》，金庸寫《雪山飛狐》，也曾讓張士誠和李自成的部屬分別在蘇州和遼東埋藏大量金銀珠寶，以備東山再起。可見有埋錢偏好的不只是平頭百姓，帝王將相失勢的時候，也有可能挖個老鼠洞，埋些棺材本兒。現在當然不同啦，不管您想把多少錢留給子孫，去銀行開個戶就行。張士誠和李自成麻煩一些，他倆跟政府對著幹，屬於恐怖大亨，存款很可能被凍結。不過，現在幫人洗錢的那麼多，相信他們可以找到對策，不用再像耗子一樣挖洞藏寶。

有些積蓄是不適合埋藏的，比如台幣，容易受潮，然後變成一堆紙，即便不受潮，在地下放得久了，也會因為物價上漲而貶值，埋進去時是一萬，扒出來連一百也不值了。有些積蓄就適合埋藏，比如金條、銀錠、珍珠、翡翠、鑽石等等，這些好東西的物理性質比較穩定，而且能夠保值。所以，不管是《三言》、《二拍》裡的土財主，還是《萍蹤俠影》裡張士誠的後代、《雪山飛狐》裡李自成的部屬，埋進地下的都是些瑪瑙啦、夜明珠啦什麼的。佛教徒給這種埋在地下的金銀珠寶取了個專有名字，叫做「伏藏」。

土財主家的伏藏，一般在他們家床底下、大梁底下、柱子底下、院子當中、後花園、枯井底、夾牆中；張士誠、李自成等強人的伏藏則神祕得很，可能在哪個山洞裡，也可能在哪座寺廟中，如果沒有藏寶圖做指引，恐怕誰也找不到。

不過，佛經裡介紹了不靠藏寶圖而發現伏藏的另類方法。

一是成佛。諸佛和菩薩都有大法力，不但能瞧見任何人的任何伏藏，還能讓伏藏從地底下跑出來。例如《釋迦降生釋種成佛緣譜》記載，佛祖降生時，五百伏藏同時湧出；《阿彌陀經通贊疏》記載，曼殊師利菩薩降生時，七處伏藏同時湧出。

如果嫌成佛太難，還可以拜佛。例如《三寶感應略錄》記載，古印度有個窮人，想挖先祖留下來的伏藏，不知道具體位置，就去寺廟裡禱告，繞佛像轉了幾個圈，回去就把伏藏找到了。

如果嫌拜佛不好玩，還可以唸咒。《佛心經》上卷有段「十方如來同印頂咒」，只要您兩手交叉，伸出中指，唸「唵跋囉跋囉縿跋囉縿跋囉」，就可以透視地下，瞧見方圓五里內所有伏藏。《大佛頂廣聚陀羅尼經》卷二也有一段咒語，說是把蓮子、龍腦、牛黃和鬱金香搗碎，用牛奶和成糊，抹在額頭上，唸「唵阿牟伽末尼什嚩羅缽頭牟瑟膩沙地哩乞沙嚾嚩訶」一千八百遍，可以瞧見全世界的伏藏。

幸好這些把戲全是扯淡，不然搞鑽探和找礦的非失業不可。

第二十三章 天國裡的豪宅

常人看世界，無非四大部洲、日月星辰、動物植物、陸地海洋，總之超越不了咱們生存的這個星球，以及包圍著這個星球的浩瀚蒼穹。佛陀看世界，那視野就寬廣多了，他把我們看到的這個世界叫做小世界，把小世界外面的世界叫做小千世界，把小千世界外面的世界叫做中千世界，把中千世界外面的世界叫做大千世界[1]。倘若我們追隨佛陀的意念在大千世界裡穿行，就會產生某種錯覺，彷佛在欣賞好萊塢科幻大片。眾所周知，好萊塢科幻片裡經常出現這樣的多重宇宙。

佛陀說，大千世界有個中心，叫須彌山。須彌山頂有座城，叫善見城。善見城裡有座宮殿，叫皮禪延多宮殿。皮禪延多宮殿有五百由旬那麼長，二百五十由旬那麼寬，帝釋就住在這裡[2]。所謂「帝釋」，就是天神之長，近似希臘的宙斯、羅馬的朱比特、日本的天照大神、中國的玉皇大帝。由旬是古印度長度單位，意思是一頭牛拉著車走一天那麼遠，理解成二十里也對，理解成六十里也無妨，咱們聽從玄奘法師的建議，把一由旬定為四十里[3]。

如前所述，帝釋住在皮禪延多宮殿，該宮殿長五百由旬，寬二百五十由旬。按每由旬四十里換算，約有兩萬里長，一萬里寬，總面積五千萬平方公里，可以輕鬆裝下五個中國。由此可見，帝釋的房子很大。

佛陀還說，皮禪延多共有四重圍牆，最外一層用金磚，其次一層用銀磚，其次用琉璃磚，最裡面用玻璃磚。玻璃最賤，黃金最貴，帝釋把好材料全用在外面，裡面只用便宜貨，說明他跟我們凡夫俗子一樣喜歡裝胖。不過，我們跟他比不起，這傢伙房子太多、太豪華了，他臥室裡鋪著特製的地毯，「腳所履踐，即便陷沒；腳若起時，還復如本」[4]。真正的高彈力。像這樣的臥室，帝釋共有七萬七百間，一個人睡不完，就讓老婆們睡——他有三十四億六萬四千三百個老婆，分住大千世界每個角落，招之即來，呼之即去，想誰就是誰，色胚一枚。

跟帝釋一比，玉皇大帝的小日子就有些相形見絀，除了「紫雲為蓋，青雲為城，仙童侍立，玉女散香」[5]，沒有具體的夢境點綴。阿拉的天國裡倒是不乏飲食男女，他老人家享受著烤鵝的滋味，身邊還有七十二個隨時恢復處女狀態的美女相伴。只是數量太可憐，七十二個怎麼比得了三十四億？

大概每一個民族都有宗教，每一個宗教都有天國，每一個天國都蓋好了成千上萬間房子，供咱們這些凡夫俗子做白日夢時入住。而且那些房子都挺大，挺豪華，裡面美女眾多，美食琳琅，讓一切在人世間顯得恬不知恥的欲望，都能在做夢時得到釋放。

房市觀察要點

◆佛教認為，四大部洲加日月諸天，構成一個小世界；一千個小世界復以二禪三天，構成一個小千世界；一千個小千世界復以三禪三天，構成一個中千世界；一千個中千世界復以四禪九天及四空天，構成一個大千世界。大千世界即是整個宇宙。這種多重而有限的宇宙觀源自古印度婆羅門教。

◆嚴格說來，須彌山不是大千世界的中心，而是每一個小世界的中心。換言之，一模一樣的小世界有很多個，一模一樣的須彌山也有很多個。但是，帝釋卻只有一個，這就成了佛教宇宙觀中繞不過去的邏輯錯誤。故此本文把須彌山濃縮為一個，並放在大千世界正中。

◆在漢魏時期，道教的宇宙觀也有了雛形，那時候還沒有玉皇大帝的說法，只有木公。木公其實就是後來的玉皇大帝。

注解

1. 參見《俱舍論》卷一一。
2. 參見《大毗婆沙論》卷一三四。
3. 參見《大唐西域記》卷二。
4. 《佛說立世阿毗曇論》卷二，天住處品第八。
5. 《太平廣記》卷一，神仙一．木公。

第二十四章　給死人辦證

忘了在哪本書上看到的了，說是某人死後，被埋在荊軻墓旁邊，他的鬼魂向家人託夢，說荊軻經常揍他，不讓他在附近住，他不服，找城隍告狀，城隍卻判他敗訴，因為那片墓地是荊軻的，不是他的，人家荊軻不讓他住，他理所當然得搬。

這故事好像出自紀曉嵐的《閱微草堂筆記》，也可能出自蒲松齡的《聊齋志異》，不管出自哪本書吧，都是瞎編，不是真事兒——畢竟人死後沒有鬼魂，即使有鬼魂，那鬼魂也未必住在墓地，即使住在墓地，也未必像咱們活人那樣，把地權和房權看得那麼重，否則他們鬼魂界也得搞測量，搞勘界，搞確權，搞估價，弄出一幅幅的地籍圖來，說不定還會有開發商，有物業公司，有二手墓交易市場，有閻王爺指揮、牛頭馬面執行的強制拆遷呢。

可是，在中國，倒有大批的朋友相信這種瞎編。換言之，他們相信人死後有鬼魂，相信那些鬼魂住在墓地，也相信一個安居樂業的鬼魂必須擁有自己的不動產產權。

據說給死人燒紙，就能保證死人有錢花。同樣道理，給死人辦了土地所有權狀和房屋所有權狀，就能保證他們擁有自己的不動產產權。所以，從東漢到元朝，長達一千三百年的時間內，中原地區一直流行給死人辦證。

例如東漢末年，洛陽一位崔先生去世，他的家人就給他辦了一份土地所有權狀。權狀書上寫道：

建安三年三月八日，祭主崔坊，伏緣先考奄逝以來，葬地未卜，延日者擇此高原，世朝近地，世襲吉日，時洋錢於皇天后土處買到龍子崗陰地一區，始移分葬，永為陰宅。千侯百歲，永毋殃咎。若有干犯，將軍、亭長縛送致罪。先有居者，各相安好。分赴工匠修，安厝已後，示保全吉。立券孝子崔坊。[1]

翻譯成白話，意思就是說：西元一九八年農曆三月初八，鄙人崔坊把我爸埋在洛陽龍子崗一塊風水寶地，這塊地是我花錢買的，產權歸在我爸名下，別的死人誰也別爭，如果有人爭，就讓閻王爺和牛頭馬面收拾他。至於以前埋在這裡的諸位，希望你們跟我爸和睦相處，誰也別讓誰搬家。

這份證書用鉛鑄成，隨崔老先生一起下葬。

注解

1.《小校經閣金文拓片》卷一三《雜器》。

第二十五章　清宮無蚊帳

清朝末年，駐法大使裕庚的女兒德齡進宮生活過一段日子，據她回憶說，每年立夏以後，秋分以前，紫禁城裡的蚊子都是成群結隊，到處咬人。舊社會衛生條件差，蚊子多不足為奇，奇怪的是，皇宮裡居然不掛蚊帳，上自慈禧太后，下至宮女太監，大夥防蚊子的方法都一樣：拉上門簾，釘上窗紗。門簾和窗紗雖然好使，卻也不是百分百見效，個別蚊子動作迅速，趁人掀門簾的工夫就鑽進去了，然後不分對象，逮誰咬誰。慈禧老佛爺長得富態，血又多，理所當然成了蚊子的最愛，牠們一有機會，就撲上去跟她親熱一番，惱得慈禧暴跳如雷[1]。

我不是宮女、太監，我爸也不是駐法大使，所以我沒有機會進宮，更沒機會像德齡那樣親眼目睹慈禧被蚊子亂啃的壯觀景象，這是個遺憾。還有個遺憾是，德齡的描述太簡略，只說其然，不說其所以然，始終沒解釋皇宮裡為什麼不掛蚊帳。

最初我以為，清朝人太笨，蚊帳在那時候還沒有發明出來，後來讀到清代武俠小說《康熙俠義傳》第一百六十一回，裡面描寫某女俠的臥室：「順前簷一張湘妃竹的床，上面支著蚊帳，靠著地下一張八仙桌，兩邊各有太師椅子。牆上掛著八條無雙譜，一邊有一幅對聯。」才知道清朝是有蚊帳的，要不然，《康熙俠義傳》不會這麼寫。

元朝人編過一本讓老外學漢語的教材，叫《朴通事》，裡面記錄元末北京某父子的對話。

爹：「蚊子咬的當不的，孩兒，你饋我買將草布蚊帳來，打著睡。」

兒：「裡頭床兒不穩，將碎磚塊來，墊的穩著。把這窗孔的紙都扯了，一發著草布糊了，那般卻，蚊子怎麼得入來？」

老爸受不了蚊子叮咬，讓兒子去買蚊帳，說明蚊帳在元朝就已經流行。

關於清代皇宮為什麼不用蚊帳，我能想到的靠譜解釋有兩種：

第一，大夥嫌支蚊帳太麻煩，用蚊香代替了蚊帳；

第二，宮裡閒人多，皇帝、皇后、皇太后們認為用人趕蚊子就行了，用不著支蚊帳。

您會說，那時候有蚊香嗎？當然有。清代北京文人圈流行一段謎語：

楮生滿腹貯秕糠，野艾從茲不擅長。既有微雲生氣焰，全無利喙肆鋒芒。
解嘲權比梅花帳，謬獎居然龍腦香。昔日高郵如若此，露筋何至歎紅妝？

謎底就是蚊香（紙蚊煙）。

注解

1. 參見《清宮二年記》卷下。

第七篇

裝潢設計

精采內容

- 大唐居家裝潢流行色
- 芥子園裝潢問題
- 中庭的植物
- 有關梁山的聲學改造

風俗畫

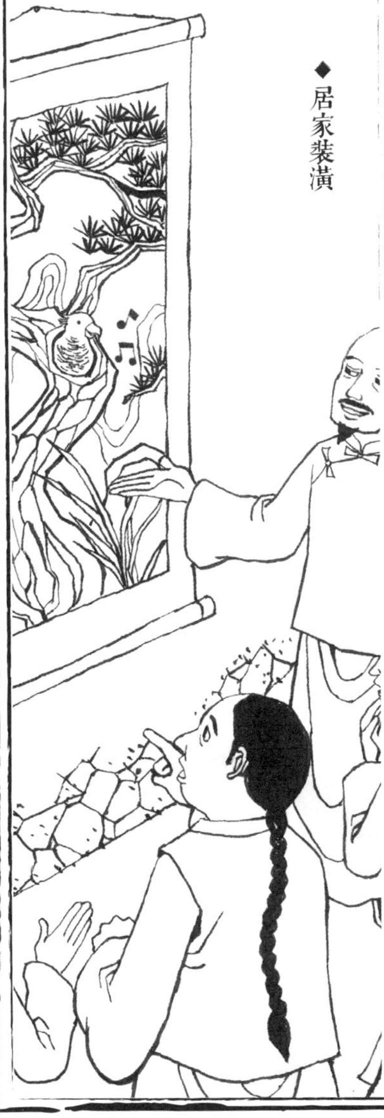

◆居家裝潢

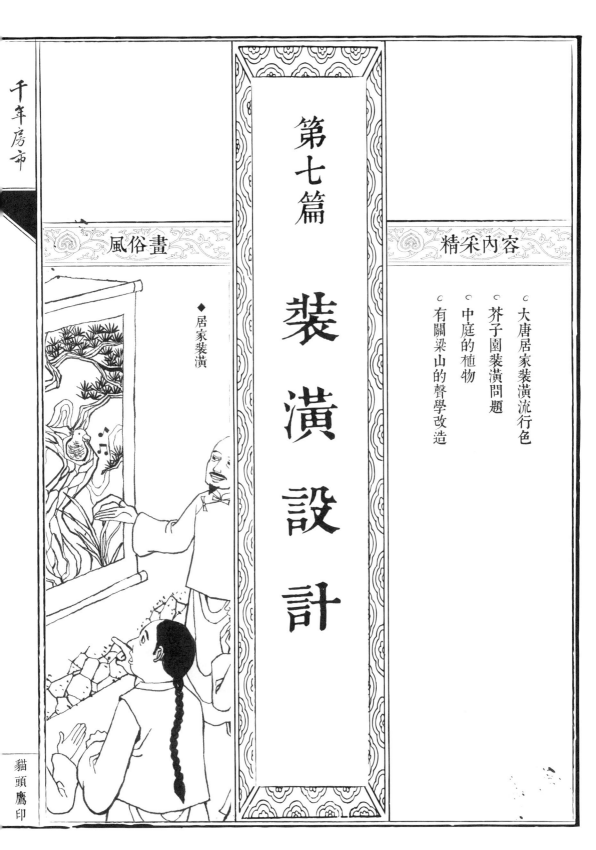

第一章　大唐居家裝潢流行色

中國今天的商品房，戶型大同小異，不外乎客廳、臥室、廚房以及衛生間，至於面積，超過二百平方公尺的就是大戶型了。跟現在相比，唐朝的住宅值得羨慕。

唐朝人不住樓，多住四合院，前門廳，後中堂，左右兩廂房，中間一小院，無論大小，都算得上獨棟別墅。當然，也有窮人住小茅屋的，也有置不起房子賃屋而居的，不過那只占少數，長安城內，一般的家庭都是四合院。最小的四合院，中堂不低於二十四坪，廂房各十二坪，加上十三坪的小院子，還附設馬廄和廁所，怎麼也得超過九十坪吧。官員更神氣，晚唐節度使在京建房，大都占地五畝以上，甚至有占地百畝的，這種大院落，現在全中國也找不出幾所來。

比完了戶型和面積，不妨再比裝潢。我們現在搞居家裝潢，拉管線，刷內牆，細木工包門窗，衛生間貼瓷磚，頂部天花板裝修，下面鋪地板，彩燈一裝，ＯＫ，程序和內容差不多，差別都體現在豪華程度上。比如說，您出手大方，上水管、下水管不妨全用銅，細木工就用紫檀，燈飾買它新台幣八萬以上的，馬桶上或許鍍金；我也裝潢，只能是ＰＶＣ的管子，壓縮板的廢料，八十元一支的日光燈，以及塑料的馬桶。

唐朝人搞裝潢也是這種情況。一般來說，唐朝業主有室內裝潢和室外裝潢兩個程序要走。室外裝潢，院內挖水池，堆假山，房頂裝獸頭，漆斗拱。室內裝潢，包門套，鋪地板，漆內牆，扯大竹席吊頂，用屏風做隔斷。平民也好，官員也罷，只要搞家裝，基本上都是上面這套，能體現差別的，還是豪華程度。

以室內裝潢為例。唐初功臣李靖住宅，毛坯牆只掛一幅駿馬圖，有如現在五毛錢一張的明星招貼畫；後來的宰相李林甫，卻用沉香做成塗料抹牆，用香柏做板材，地板是文石打磨的，光滑如鏡，穿靴子走上去，不小心就會摔個五體投地。而楊貴妃的姐姐裝潢中堂，花了二百萬銅錢還不夠，另賞絳羅五百段給裝潢工人，讓他們把活兒做得更漂亮一些，據說她那中堂裝潢好之後，門窗一關，螞蟻都爬不出來。

費這麼大勁搞裝潢，當然不只是為了住著舒服，更主要的，還是圖個體面：別人到家裡，四面一瞧，嘿，比楊貴妃她姐家還豪華！聽到這話，那才是人生至樂。唐德宗時有個馬璘，花了二十萬貫搞家裝，他死之後，上千的人過去憑弔，不是跟他有親，而是想藉故瞧瞧他的房子。馬璘陰魂不散，也會在棺材裡笑出聲來：咱們家的裝潢被這麼多人羨慕，死也值啦。

第二章　芥子園裝潢問題

把歷代的文人喊齊，問一聲誰最懂裝潢，第一個舉手的肯定是李漁——他把芥子園裝潢得既乾淨又美觀，既美觀又有創意，給古往今來的業主們樹立了一個居家裝潢的樣板。

那還是三百年前，李漁賣掉杭州的房子，租了條船，帶著一家老小四十多口，浩浩蕩蕩搬家到南京，在南京連買帶裝潢，整出一片小別墅來。您知道，這片別墅就是芥子園。

芥子園建好那天起，李漁就興高采烈地投身於裝潢工程之中了。他存款本來不多，杭州的房子也沒賣上好價錢，建完芥子園，餘錢所剩無幾，所以，他在裝潢的精打細算上動了腦筋。比如說，他沒花錢買牆漆，而是把自己的畫糊在了牆上，這樣裝飾內牆，既省錢又有情調。裝潢之時，李漁在正房的一側修了個儲藏室，搬家撿出的垃圾、裝潢留下的餘料，都被他隨手放進儲藏室裡，整個裝潢過程衛生且環保。他還發揮了藝術家的天分，把不同方位的窗戶裝飾成不同的花式，梅花三弄，花鳥魚蟲，精緻得唐詩宋詞一樣。

這些都不算，最能說明問題的，還是他給中堂做的裝飾。別家的中堂大都掛一幅畫，李漁也掛了，卻是活的：畫上一棵松樹，松樹上一隻鸚鵡，人不動，畫不動，人一動，鸚鵡就嘰嘰喳喳說起話來——原來他異想天開，在畫上挖洞，放進一隻活鸚鵡。裝潢完畢，朋友們來參觀，正指指點點呢，畫上的鸚鵡撲剌剌飛起來，把大家樂得直蹦，都誇李漁是個天才。

李漁也不謙虛，他說，兄弟有兩大特長，第一是寫劇本，第二嘛，就是搞家庭裝潢。他這話大家只能同意一半，因為他在書房的牆上打了個洞。家家裝潢都打洞，這也無可厚非，問題在於，李漁打的這個洞既不為走熱水管，也不為引進寬頻，而是小便用的。這個老流氓，在牆洞裡插上一節竹管子，每當要小便而懶得去洗手間的時候，都用該竹管解決問題。

李漁在今天有很多ＦＡＮＳ，他們都認為李漁這麼做很有創意，我卻覺得創意需要建立在不影響他人的前提上。在南京芥子園的復原圖中，李漁的書房正對著周處台，就這樣，他一邊舒服地小便一邊唱著新劇，黃澄澄的尿液穿牆而出，全濺在公眾的風景上。假如當時我正遊覽周處台，必會怒不可遏地揪出裡面撒尿的老小子，揍他個生活不能自理。這一尿，把我對這個清代名導演兼美食家的好感一掃而光。當時應該沒人揍他，以致三百年後，丁丁當當的裝潢聲中，總有朋友不客氣，為自己小便更舒服這類問題處處打洞。

裝潢創意獎

貓頭鷹印

李漁一生中最得意之事，便是居家室內設計。他在芥子園的牆上掛了幅畫，畫中有松樹，樹的位子挖了個洞，還在洞裡放一隻活鸚鵡。賓客每見之，無不驚奇，也滿足了李漁的炫耀心理。

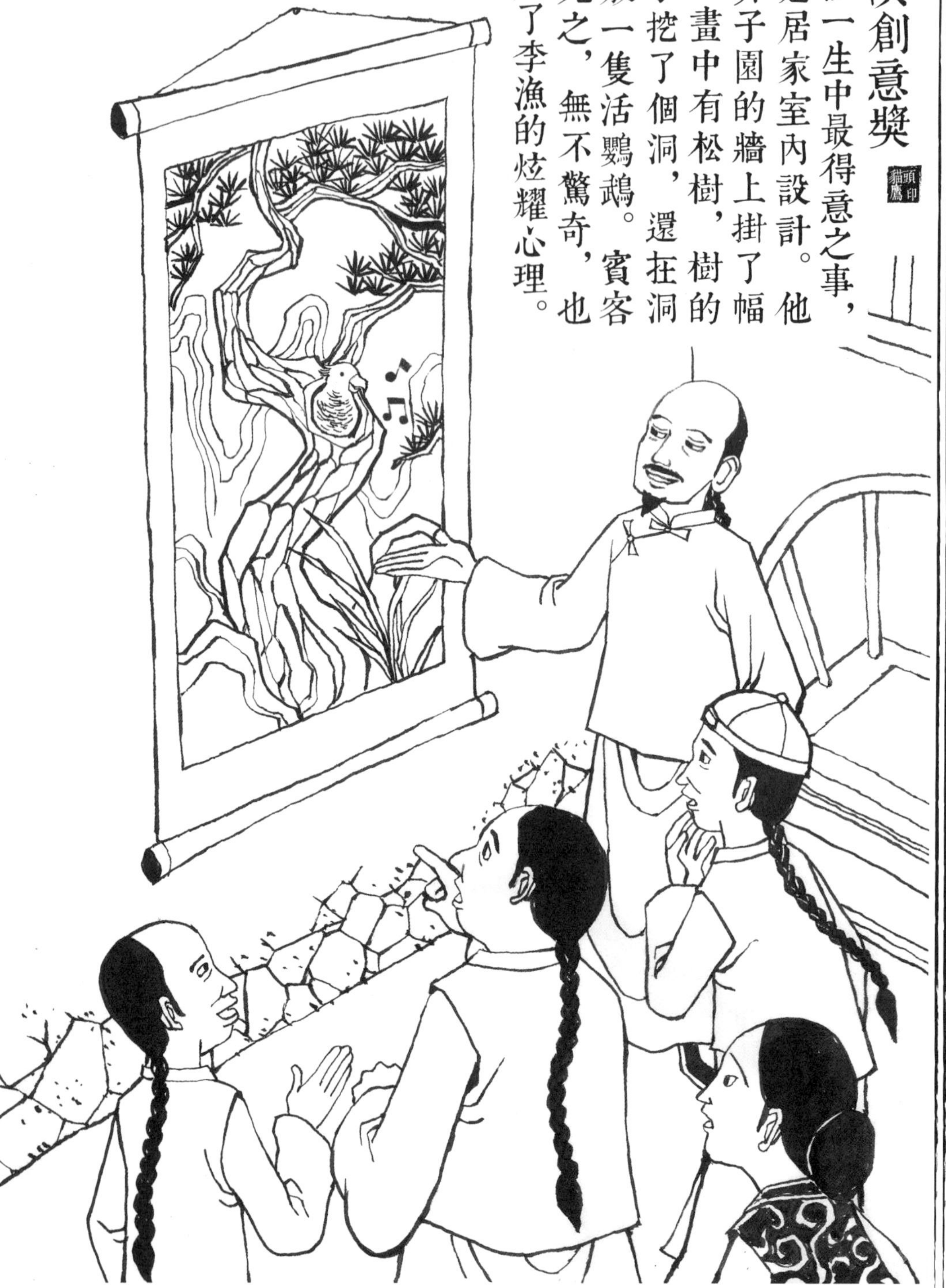

第三章 中庭的植物

古建築裡，中庭有三種涵義：

一指階前空地。漢成帝有〈班婕妤自悼〉賦：「華殿塵兮玉階苔，中庭萋兮綠草生。」即此。

二指廳堂正中。王建有〈田侍中宴席〉詩：「香熏羅幕暖成煙，火照中庭燭滿筵。」即此。

三指庭院。溫庭筠有〈菩薩蠻〉詞：「牡丹花謝鶯聲歇，綠楊滿院中庭月。」即此。

這篇文章要說的中庭，是第三種。

第三種中庭又有三種功能：

第一，用來起居，是古人洗衣、晾曬、散步、飲宴等等日常活動的重要場所。

關於中庭洗衣，有王建〈擣衣曲〉為證：

月明中庭擣衣石，掩帷下堂來搗帛。

婦姑相對神力生，雙揎白腕調杵聲。

關於中庭晾曬，有白居易〈感情詩〉為證：

中庭曬服玩，忽見故鄉履。
昔贈我者誰？東鄰嬋娟子。

關於中庭散步，有劉禹錫〈春詞〉為證：

新妝宜面下朱樓，深鎖春光一院愁。
行到中庭數花朵，蜻蜓飛上玉搔頭。

關於中庭飲宴，有蘇軾〈雪詩留景文〉為證：

歐陽趙陳在戶外，急掃中庭鋪木屑。
交遊雖似雪柏堅，聚散行作風花瞥。

古人到朋友家做客，從院子裡進入室內，為了不弄髒客廳，一般還會在中庭換鞋，例如晚清宣鼎《夜雨秋燈錄》「雅賺」條目所記鄭板橋逸事：

> （鄭板橋）再至邗江，則爭索先生墨妙者，戶外履常滿。

不過，也有些不檢點的傢伙喜歡在中庭小便，如清朝陳其元《庸閒齋筆記》卷九「諧語」條目所記丁少香逸事：

> （常州太守丁少香）官金華府經歷時，會當府試武童，眾官皆集，……丁適小遺於中庭。

第二，用來儲物，地上存放家用什器，地下埋藏穀物糧食。

例如《金瓶梅》第七回，孟三娘前夫楊宗錫家的中庭：

> 不多時，到了楊家門首，卻是坐南朝北一間門樓，粉青照壁。薛嫂請西門慶下了馬，同進去。裡面儀門照牆，竹搶籬影壁，院內擺設榴樹盆景，台基上靛缸一溜，打布凳兩條。

楊家沒有地下室，套房裡也沒弄儲物間，像靛缸和打布凳這樣的染布用具，只能擺在中庭。

再如《北夢瑣言》第八卷，唐朝尚書張裼家的中庭：

> 東都柏坡有莊而多高大屋宇，中庭有土堆若塚。人言其下時有樂聲，本主鬻之不售。八座不信，以善價買之，遽令發掘，其下乃麥曲耳。

類似景象我曾親眼目睹。在我們老家，農民收了糧食，麥囤裡放不下，也會在院子裡窖藏起來，管理不善的話，地窖進水，小麥發芽膨脹，地面就會高高拱起，狀如墳頭。

第三，用來種植，包括種樹、種花、種菜。

曹丕有〈柳賦〉：「在余年之二七，植斯柳乎中庭。始圍寸而高尺，今連拱而九成。」說明他家中庭種了柳樹。

曹植有〈感物賦〉：「伊陽春之散節，悟乾坤之交靈。瞻玄雲之蓊鬱，仰沉陰之杳冥。降甘雨之豐霈，垂長溜之泠泠。掘中堂而為圃，植諸蔗於前庭。涉炎夏而既盛，迄凜秋而將衰。」說明他家中庭種了甘蔗。

嵇含有〈伉儷詩〉：「臨軒種萱草，中庭植合歡。」說明他家中庭種了合歡。

陶淵明有〈歸田園居〉：「方宅十餘畝，草屋八九間。榆柳蔭後簷，桃李羅堂前。」說明他家中庭種了李樹。

鮑照有〈擬行路難〉：「中庭五株桃，一株先作花。」說明他家中庭種了桃樹。

戴叔倫有〈荔枝詩〉：「十年結子知誰在，自向中庭種荔枝。」說明他家中庭種了荔枝。

賀鑄有〈子夜歌〉：「三更月，中庭恰照梨花雪。」說明他家中庭種了梨樹。

李清照有〈添字采桑子〉：「窗前誰種芭蕉樹？陰滿中庭；陰滿中庭，葉葉心心、舒卷有餘情。」說明她家中庭種了芭蕉。

范成大有〈寒夜獨步中庭〉詩：「忍寒索句踏霜行，刮面風來須結冰。倦僕觸屏呼不應，梅花影下一窗燈。」說明他家中庭種了梅花。

宋朝政府號召全國人民提高土地利用率，要求大夥充分利用宅間空地，見縫插針搞家庭種植：「男女十歲以上種韭一畦，闊一步，長十步。」[1]可以想見，那時候許多市民家的中庭，少不了會有一畦綠油油的韭菜。

袁枚寫信給兩江總督尹繼善：「適窗前有綠梅一株，水仙數種，對之展讀，正與古香冷梅，同入襟懷。」[2]看來袁枚沒忘了給他的隨園別墅搞綠化，至少其中庭栽有梅花和水仙。

跟今天相比，過去的住宅容積率低，鄰棟間隔寬，房前空地多，且地面多不硬化，所以古人有興趣也有條件在中庭裡栽滿植物，打造出一所所貨真價實的生態住宅。

宋朝有一薛野鶴，他的住宅規劃理念，是以水景為主，綠地其次，建築占地則要最小，所謂「人家住屋，須是三分水、二分竹、一分屋」[3]。明朝有一顧璘，也提倡「多栽樹，少置屋」[4]，綠化率要超過建築密度。這兩位的想法，在今天實施起來當然代價太高，在過去實施起來卻是輕而易舉。

例如前述陶淵明詩：「方宅十餘畝，草屋八九間。」建築密度絕不超過百分之五，剩下百分之九十五的空間可以安排水景和綠地。王安石在南京買地建房，「百畝中庭半是苔，門前白道水縈迴」[5]。水景已經有了，中庭又超大（近百畝），什麼樣的生態別墅蓋不起來？

注解

1.《宋史》卷一七三，食貨志第一百二十六・食貨上・農田。
2.《小倉山房尺牘・答兩江制府尹公》。
3.《癸辛雜識》續集上，水竹。
4.《揚州畫舫錄》卷一七，工段營造錄。
5.〈浣溪沙〉。

第四章 有關梁山的聲學改造

《水滸》裡有好多聲音。

「今日林教頭扶我做山寨之主，吳學究做軍師，公孫先生同掌軍權，林教頭等共管山寨。……各人務要竭力同心，共聚大義。」（第十九回）這是晁蓋初奪梁山泊，在聚義廳演講。

「哥哥偏不直性！前日肯坐坐了，今日又讓別人！這把鳥交椅便真個是金子做的？只管讓來讓去，不要討我殺將起來！」（第六十六回）這是李逵不忿宋江讓位，在忠義堂發飆。

「我是一個不戴頭巾男子漢，丁丁當當響的婆娘！拳頭上立得人，胳膊上走得馬，人面上行得人！不是那等搠不出的鱉老婆！」（第二十三回）這是潘金蓮罵街。

「黑三郎殺人也！」（第二十回）這是閻婆惜求救。

此外，還有時遷在梁上學鼠叫，魯達在禪堂起鼾聲，朱貴在水亭射號箭，西門慶在樓上一夜情，小巷口聽似莊嚴的佛號傳入深閨，草料場劈劈啪啪的大火驚醒林沖……

聲音和聲音不一樣。有的是希望別人聽到的，比如晁蓋講話；有的是不希望別人聽到的，比如西門慶偷情。有的是別人想聽到的，比如巷口的佛號；有的是別人不想聽到的，比如禪堂的鼾聲。

據說一所好房子的標準，也包括能在聲音方面滿足業主的需要。具體來說，就是讓別人聽到你想被聽到的聲音，不讓別人聽到你不想被聽到的聲音，讓你聽到你想聽到的聲音，不讓你聽到你不想聽到的聲音。這話有些繞，咱們還是舉例說明。

比方說，五台山禪堂，魯智深每晚打鼾，讓別的和尚睡不著覺，這就不算是好房子。理想的禪堂，應該有石膏板做隔斷，還得是雙層的，每層十五公分，層間相距五公分，裡面填充礦棉，圍合一個帶玻璃門的小臥室，單讓魯智深睡，每晚玻璃門關嚴，只從天窗透氣，才有可能把他那九十分貝的鼾聲降低到四十分貝以下。

再比方說，梁山聚義廳，上面竹席吊頂，下面青石鋪地，東西兩面全是水磨磚牆，還用白石灰抛過光，晁蓋一講話，混響很長，回音很重，滿廳嗡嗡作響，別人根本聽不清說的是什麼，這也不算是好房子。理想的聚義廳，應該像禮堂那樣，多孔板吊頂，絨毛毯鋪地，牆面拉毛或掛吸音窗簾，四圍裝牆裙式低頻共鳴箱，再給晁蓋架一麥克。這樣吸音面積加大了，混響時間縮短了，回聲沒了，背景雜訊也消失了，不僅上面講話底下聽得真切，還能搞一些文娛活動，讓好漢們拉個歌什麼的：「說走咱就走哇，風風火火闖九州哇……」節奏整齊，不帶雜音。

古人房市怪現狀：
小至房間配置大至都市設計、從西周到民國，古人房市也瘋狂
（初版書名：千年房市：古人安心成家方案）

作　　者　李開周
責任編輯　張瑞芳、王正緯（二版）
編輯協力　李鳳珠
專業校對　魏秋綢
版面構成　吳海妘
封面設計　開新檔案製作委託所
行銷統籌　張瑞芳
行銷專員　段人涵
出版協力　劉衿妤
總 編 輯　謝宜英
出 版 者　貓頭鷹出版

發 行 人　涂玉雲
發　　行　英屬蓋曼群島商家庭傳媒股份有限公司城邦分公司
104 台北市中山區民生東路二段 141 號 11 樓
劃撥帳號：19863813；戶名：書虫股份有限公司
城邦讀書花園：www.cite.com.tw ／購書服務信箱：service@readingclub.com.tw
購書服務專線：02-2500-7718~9（週一至週五 09:30-12:30；13:30-18:00）
24 小時傳真專線：02-2500-1990~1
香港發行所　城邦（香港）出版集團／電話：852-2877-8606 ／傳真：852-2578-9337
馬新發行所　城邦（馬新）出版集團／電話：603-9056-3833 ／傳真：603-9057-6622
印 製 廠　漾格科技股份有限公司
初　　版　2017 年 1 月
二　　版　2022 年 8 月
定　　價　新台幣 540 元／港幣 180 元（紙本書）
新台幣 378 元（電子書）
I S B N　978-986-262-561-3（紙本平裝）／ 978-986-262-565-1（電子書 EPUB）

讀者意見信箱　owl@cph.com.tw
投稿信箱　owl.book@gmail.com
貓頭鷹臉書　facebook.com/owlpublishing

【大量採購，請洽專線】(02) 2500-1919

城邦讀書花園
www.cite.com.tw

國家圖書館出版品預行編目資料

古人房市怪現狀：小至房間配置大至都市設計、從西周到民國，古人房市也瘋狂／李開周著 . -- 二版 . -- 臺北市：貓頭鷹出版：英屬蓋曼群島商家庭傳媒股份有限公司城邦分公司發行，2022.08
面；　公分 . --
ISBN 978-986-262-561-3（平裝）

1. CST：不動產　2. CST：不動產業
3. CST：生活史　4. CST：中國

554.89092　　111009441